Doctrina de Dios

Doctrina de Dios

Donald D. Turner

EDITORIAL PORTAVOZ

Doctrina de Dios por Donald D. Turner. © 1999 por Academia Cristiana del Aire y publicado por Editorial Portavoz, filial de Kregel Publications, Grand Rapids, Michigan 49501.

Diseño gráfico: Nicholas G. Richardson

EDITORIAL PORTAVOZ
Kregel Publications
P. O. Box 2607
Grand Rapids, Michigan 49501 EE.UU.A.

Visítenos en: www.portavoz.com.

ISBN 0-8254-1756-2

1 2 3 4 5 edición/año 03 02 01 00 99

Printed in the United States of America

Como matricularse en La Academia Cristiana del Aire

Este tomo es el texto del curso por correspondencia de la Academia Cristiana del Aire. Si prefiere usted, puede leer y estudiar este material por si mismo o en grupo sin ningún contacto con la Academia. Pero, si usted quisiera aprobar este curso y rendir los exámines para obtener los certificados y el diploma que ofrece la Academia, tiene que matricularse. Hay un pequeño costo por la inscripción. Para pedir más información, escríbanos a:

Academia Cristiana del Aire
Apartado 50
San Juan, Texas 78589
EE.UU.

La Academia Cristiana del Aire es un ministerio de...

P.O. Box 39800 □ Colorado Springs, Colorado □ 80949-9800 □ EE.UU.

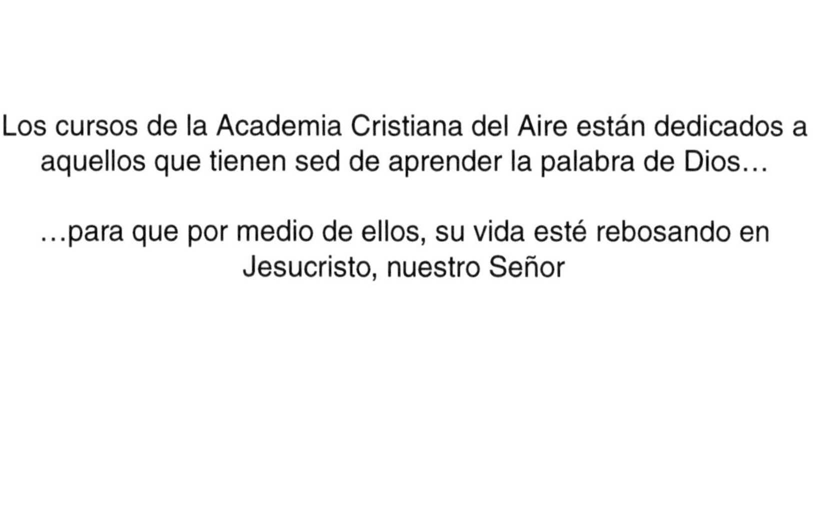
Los cursos de la Academia Cristiana del Aire están dedicados a aquellos que tienen sed de aprender la palabra de Dios…

…para que por medio de ellos, su vida esté rebosando en Jesucristo, nuestro Señor

Contenido

La doctrina de Dios

Prefacio

El estudio de la Palabra de Dios es sumamente importante para el hijo de Dios y su sana vida espiritual. El estudio de su Palabra vale muchísimo. No sólo por conocer mejor a Dios, sino por recibir tanto valor práctico en esta vida. *"Toda la Escritura es inspirada por Dios, y útil para enseñar, para redargüir, para corregir, para instruir en justicia, a fin de que el hombre de Dios sea perfecto, enteramente preparado para toda buena obra". (2 Ti. 3:16-17)* Por esta razón se ha dedicado este volumen.

Esta serie de libros de la "Academia Cristiana del Aire" son los textos de los cursos por correspondencia ofrecidos por este ministerio. Toda la serie incluye libros de doctrina, exposición y prácticas bíblicas a un nivel superior. El lector puede leerlos y estudiarlos por sí mismo o en grupo y/o estudiar los textos y cumplir con los exámenes de la Academia para recibir los certificados y el diploma. Para matricularse en la Academia, véase la página titulada así.

Estos libros han sido parte del estudio bíblico de miles de personas desde el principio de la Academia Cristiana del Aire. Esta Academia fue fundada por los doctores Donaldo Turner y Alan H. Hamilton en 1949 como parte del ministerio de HCJB, La Voz de los Andes en Quito, Ecuador. Es un ministerio mundial por radio de onda corta. La Academia fue iniciada para realizar una visión, del fundador de HCJB, el doctor Clarence Jones, de enseñar la Biblia a través de la radio.

El Dr. Turner es el autor de catorce de los dieciocho libros de la serie. Nació en St. Joseph, Missouri, en los Estados Unidos. Recibió su doctorado en Teología del *Talbot Theological Seminary.* Fue llamado por Dios a la obra misionera en Venezuela en el año 1921 donde permaneció veintisiete años. Allí estableció el Instituto Bíblico Las Delicias, institución que dirigió por diez años.

Es la oración de todos quienes han colaborado en este libro, que reciba usted bendiciones grandes y ricas por estudiar la Palabra de Dios y que este libro le sea de mucha ayuda.

Phillip "Felipe" Leach
Editor de la segunda edición

Lección 1

Estudio acerca de la doctrina

Bosquejo

A. La doctrina definida

B. La necesidad de estudiar la doctrina

1. Toda ciencia testifica de la imprescindible necesidad que tiene el intelecto de organizar sus conocimientos.
2. La mente humana busca la causa o razón mediante la existencia de las cosas y circunstancias presentes.
3. Todo hombre es religioso por naturaleza, pero sólo el cristianismo satisface, objetiva y subjetivamente.
4. El estudio de la doctrina fortalece la fe del cristiano contra los ataques y dudas, por cuanto comprende el plan de Dios.
5. El estudio de la doctrina es necesario para la propagación eficiente del Evangelio.

C. Conociendo la verdad mediante el estudio de la doctrina.

1. A pesar de los agnósticos, el cristiano tiene la certeza y puede demostrar que es posible conocer a Dios.
2. Muchas son la objeciones a la posibilidad de saber con certeza acerca de la existencia de Dios y de estudiar acerca de las realidades de Él, pero afirmamos que tenemos suficiente evidencia tan creíble como las otras ciencias. El hecho es que los científicos realizan investigaciones año tras año, confiados en que hay un plan ordenado y lógico a través del cual descubrirán en la materia las causas y efectos, orígenes, cambios y procesos razonables, para fines útiles y benéficos. Continuamente planean escribir en un libro sus conclusiones, con la esperanza de que el mundo crea sus descubrimientos, ejerciendo fe en lo escrito y actuando conforme a ello. Sin embargo, niegan la utilidad de la fe, a pesar de que cualquier lector de sus libros puede comprobar sus aseveraciones y así verificar lo escrito.

Pues exactamente eso es lo que dijo Jesucristo en Juan 7:17: "El que quiera hacer la voluntad de Dios, conocerá si la doctrina es de Dios, o si yo hablo por mi propia cuenta". Todo aquel que ejercita fe para hacer el experimento, llegará por esa fe a la certidumbre del conocimiento.

3. La revelación de Dios en la naturaleza y en la razón está de acuerdo con Su revelación más amplia registrada en la Biblia y en la persona de Su Hijo Jesucristo, de modo que todos puedan conocer la verdad.
4. Dios, como Ser Santo que es, Se revela a los que tienen motivaciones dignas y vidas sinceras, por cuanto el hombre natural no percibe las cosas que son de Dios, porque se tienen que discernir espiritualmente. Sólo la santidad comprende a la santidad y el amor al amor. Las determinaciones de obedecer y llevar una vida moral, son los principios que se requieren para tener éxito en el estudio de las realidades de Dios.
5. Finalmente, la fe es la demostración, evidencia o prueba de las cosas que no se ven, puesto que por la fe entendemos (He. 11:1-3).

C. La posibilidad de saber la verdad por el estudio de la doctrina
Juan 7:17; 6:68; He. 11:3; 2 Co. 5:15-16; 1 Co. 2:12-14

Lección 1

Estudio acerca de la doctrina

El Señor Jesucristo dijo: "Mi doctrina no es mía sino de Aquel que me envió" (Jn. 7:16). En otra ocasión, cuando acabó de predicar el "Sermón del Monte", vemos que la gente "se admiraba de Su doctrina, porque les enseñaba como quien tiene autoridad" (Mt. 7:28-29). Por otro lado, el Señor exhortó a sus discípulos a que se guardasen de "la levadura de los fariseos", es decir, de la doctrina errónea (Mt. 16:6, 11-12).

Para enseñar cómo distinguir entre la doctrina falsa y la verdadera, dijo: "El que quiera hacer la voluntad de Dios, conocerá si la doctrina es de Dios, o si yo hablo por mi propia cuenta" (Jn. 7:17). Es verdad que en estos casos la palabra "doctrina" significa "enseñanza", dando a entender que lo aprendido debe creerse y practicarse en la vida diaria.

La primera consideración aquí es que hay un Dios vivo Quien se ha revelado a los hombres. Él ha decidido mantener una relación personal con el ser humano, hablándoles de una forma inteligible y razonable, mientras conoce y juzga los motivos y las actitudes con que el o ella escucha.

La segunda consideración en estos versículos es que la doctrina cristiana tiene un origen divino, es decir, que viene de Dios. La segunda persona de la Trinidad, cuando vino al mundo como ser humano perfecto, dijo que Su doctrina provenía de Aquel que Le había enviado.

La tercera consideración es que existen maestros religiosos en el mundo que pretenden enseñar la verdad, pero que sus doctrinas son perniciosas y los discípulos de Cristo deben guardarse conscientemente de ser influenciadas por ellas. Es interesante notar que el Maestro Divino usó la palabra "levadura", al referirse a la "doctrina".

El hecho es que, como la levadura penetra en la masa totalmente dándole mayor gusto, y haciendo que esta sea no sólo mas fácil de digerir, sino que tenga mayor valor nutritivo, así la doctrina, sea buena o mala, leuda toda la vida de un hombre, por decirlo así, y llega a ser como alimento para su espíritu.

Cuán importante es, entonces, que dejemos atrás la vieja levadura de "Egipto", y que nuestra masa o cuerpo de doctrina esté saturada del Señor Jesucristo, limpia de la levadura o corrupción del error o de la mundanalidad. (Cp. 1 Co. 5:6-8 y Mt. 13:33).

Oremos para que Su Espíritu obre en nosotros con Su poder silencioso, invisible y misterioso, pero que penetra hasta lo más íntimo de nuestro ser.

A. Definición de doctrina

El Diccionario de la Real Academia define a la palabra "doctrina" como:

1. la enseñanza que se da para instruir;
2. ciencia o sabiduría;
3. la opinión de uno o varios autores acerca de una materia;
4. una exposición que se hace al pueblo, explicando la doctrina cristiana.

Considerando la segunda definición, que se refiere a la ciencia como "el conocimiento cierto de las cosas mediante los principios y causas, y éstos presentados en forma ordenada", se puede definir entonces a la doctrina cristiana como el conjunto ordenado de hechos conocidos con certeza acerca de Dios y de Sus relaciones con Sus criaturas. Podemos decir también que, doctrina es todo lo que se sabe acerca de Dios.

B. La necesidad de estudiar la doctrina

Podemos observar en la naturaleza, que Dios no ha puesto la flora y la fauna en el mismo orden de estudio científico, sino que éstos se encuentran mezclados entre sí, a fin de que todo aquello sea siempre hermoso y atractivo en vez de monótono y fastidioso. Por otro lado, vemos que la vida de cada persona, de cada nación, y aún el tiempo, es también muy variado, porque así lo ha determinado Dios.

No es extraño entonces que la revelación de Dios, ya sea en la naturaleza, en la Biblia, o mediante la providencia se presente en forma variada, necesitando cierto estudio o contemplación para poder colocar los conocimientos en orden lógico.

Si la Biblia hubiera sido escrita en forma de código penal, por ejemplo, y sellada con una firma que hubiera pretendido ser divina, los hombres no sólo hubieran negado la autenticidad de la firma, sino que hubiera habido poco interés en leer el volumen.

Es así como vemos que en la Biblia, por el contrario, Dios se revela a través de la vida, de la historia y de Su providencia, relatada de manera que todos la puedan comprender.

Como el buzo que se zambulle en el mar en busca de las perlas, o el minero que cava para encontrar el oro o los diamantes, así el cristiano puede y debe escudriñar la palabra de Dios para encontrar la vida. El propósito de estos cursos es el de ayudar a los estudiantes en esta tarea, tan emocionante y hermosa.

Se ha dicho repetidas veces que el hombre es inextirpablemente religioso. El evangelista y teólogo Carlos Finney decía que el hombre es un agente moral y como tal, necesita de un gobierno moral (un gobierno que no obliga por fuerza). Dios es el único que tiene el derecho de ser el Gobernador moral, porque es el Único con los atributos perfectos necesarios para gobernar correctamente, aplicando las sanciones y las recompensas debidas.

Sin embargo, Su derecho de gobernar no estriba en el hecho de que Él sea capaz de hacerlo, ni en que Él sea el Creador, Sustentador y Redentor, sino en la necesidad que tiene el ser humano de ser gobernado moralmente a fin de proveer la mayor gloria de Dios y el mayor bien para la humanidad.

Como buen Legislador, Él ha publicado las leyes por la cuales gobierna, y nos conviene estudiar estos decretos con la mira de conformar nuestras vidas a Sus demandas, a fin de poder gozarnos de los privilegios garantizados.

A la religión se la define como "el conjunto de creencias o dogmas acerca de la divinidad, de los sentimientos de veneración y del temor hacia ella, que incluye normas morales para la conducta individual y social y prácticas rituales, principalmente en cuanto a la oración y al sacrificio para darle culto". La religión de un hombre tiene que ver con la relación con su Dios.

La religión cristiana refleja la verdad, por cuanto presenta correctamente al Dios único y verdadero y enseña las prácticas que están de acuerdo con lo revelado por Dios, en cuanto a Sus relaciones con el hombre. Como la religión, involucra también los sentimientos, elevando sus efectos y aspiraciones al plano espiritual.

El verdadero cristiano ama a Dios con todo su corazón y no le parece una esclavitud odiosa el cumplir con los mandamientos divinos, por cuanto ama al

Legislador y confía en Sus propósitos benévolos. Se esfuerza por conocer todo lo que Dios ha revelado, a fin de saber la voluntad divina y obedecerla.

El estudio de la doctrina cristiana busca poner en orden las verdades acerca del Dios viviente y de Sus relaciones con los hombres. Es un estudio objetivo que trata de la realidades como:

- el Dios Creador que es superior e independiente del universo, revelado principalmente a través de Jesucristo y de la Biblia;
- el Espíritu Santo, quien es Dios mismo con nosotros, y
- desarrolla nuestro conocimiento y vida espiritual.

Frente a lo que decimos, cada persona debe estudiar individualmente la Palabra, pues nadie en este asunto, delega esta responsabilidad a un apoderado (Cp. Jn. 17:3; Col. 1:10; Hch. 2:38, etc).

Cuando el cristiano estudia la doctrina y pone en orden las verdades en cuanto a la fe, tiene un concepto cristiano de la vida bien lógico y completo. Comprende que la Biblia, como revelación de Dios, es completa, útil y consistente en todas sus partes, y llega a ser una obra digna de Dios, que revela a grandes rasgos el plan divino desde la eternidad hasta la eternidad.

Así, el cristiano que es instruído en la doctrina, tiene una filosofía adecuada para cada circunstancia de la vida, basada en la verdad revelada por el Único Ser capaz de explicar las cosas invisibles. Su concepto de Dios le satisface, porque Sus atributos sobrenaturales y morales son infinita y absolutamente perfectos y por tanto correlacionados, respaldando así la Santidad sublime.

Este Dios, al que es imposible conceptuarle más excelso o perfecto, tiene relaciones con el mundo y con los hombres que ha creado. Por medio de la doctrina, el hombre llega a tener conocimiento de estas relaciones y puede vivir de acuerdo a ellas.

Vemos entonces, que la doctrina se toca con la experiencia y las dos se confirman, de modo que el cristiano tiene la convicción de que el Dios de su doctrina es el Creador que le hizo y que conoce lo profundo de su corazón. Como resultado de este conocimiento, el cristiano recibe paz en su alma, gozo en el corazón, confianza para el futuro y un propósito digno para cada acto de su existencia.

Es necesario comprender la doctrina para que el cristiano pueda agradar a Dios. Como Dios ve el corazón y juzga los pensamientos e intenciones, es preciso que haya un concepto correcto de la redención por pura gracia, entendiendo que las buenas obras son el resultado, y no la causa, de la salvación. Sólo cuando son consideradas como el fruto y no como la raíz de la regeneración, las buenas obras pueden ser hechas para la gloria de Dios.

Vemos por lo tanto, que la doctrina cristiana es la base para la conducta cristiana.

Además, el poner en orden las verdades cristianas, sirve para la propagación del evangelio y para la instrucción de los convertidos. Los cristianos no declaramos sentimientos sino verdades; no opiniones sino certezas; no tradiciones sino revelaciones. El negar una verdad no cambia esa verdad, pero muchos niegan las verdades cristianas pensando que así escaparán de su responsabilidad personal ante Dios y del juicio final.

C. Conociendo la verdad mediante el estudio de la doctrina

Juan 7:17; 6:68; Hebreos 11:3; 2 Corintios 5:15-16; 1 Corintios 2:12-14. Hay personas como los agnósticos, que niegan la posibilidad de que un ser humano pueda llegar a saber con certeza si existe o no. Sin embargo, el cristiano verdadero pude decir con toda confianza: "Yo conozco a Dios y sé que soy salvo. Tengo la seguridad de que mi alma irá a la presencia de Dios el día que yo muera". Nos preguntamos, ¿Cómo pueden dos hombres sinceros llegar a tan diferentes conclusiones?

La respuesta es que el primero no tiene fe y el otro sí. Aquí nos referimos a tener fe en lo que Dios ha dicho. Afirmamos entonces que el hombre puede conocer a Dios. Dios existe y se revela al hombre a quien creó y redimió. Para esto, Dios hizo al hombre a Su imagen y semejanza, capacitándolo para sostener relaciones espirituales con su Creador.

Vemos entonces que la fe es la base para llegar al conocimiento de Dios, pero también lo es para todo conocimiento. Si no tuviésemos confianza (fe) en nuestras facultades mentales y en la habilidad de nuestra mente para juzgar y coordinar razonablemente, no existiría entonces la ciencia.

Algunas objeciones en cuanto a la posibilidad de conocer a Dios, son que:

1. lo que se afirma acerca de Él, es inalcanzable como infinito que es, de modo de que no hay base para conocerlo;

2. no se Le puede concebir mediante una imagen mental adecuada de Su apariencia a fin de estudiarlo, ya que la ciencia se limita sólo al estudio de fenómenos físicos;

3. que si hubiera un Dios y este fuera ilimitado, el conocerlo sería limitarle, llegando esto a ser posible;

4. que el hombre puede comprender sólo lo que sea análogo a su propia naturaleza; es decir, que el hombre no puede conocer al verdadero Dios, sino reducirlo a lo que esté a su alcance mental;

5. que hay que creer sin evidencia una revelación interna y subjetiva que no puede producir hechos capaces de ser analizados, etc.

Todas esta objeciones tienen una contestación satisfactoria. El hecho es que estos impugnadores del cristianismo no están de acuerdo entre sí en cuanto a las razones para rechazar la creencia en Dios.

Unos dicen que la mente humana no puede conocerse a sí misma o sus estados o condiciones, mientras que otros afirman que la mente no puede saber nada fuera de sí misma. Estos desprecian la fe en lo inmaterial, mientras confían implícitamente en sus propios juicios, aunque aceptan ciertos atributos y conceptos no materiales como el espacio, el tiempo, lo bueno y lo recto, lo lógico, etc.

En sus análisis siempre están investigando la moral, la psicología y los fenómenos mentales, mientras exigen de los cristianos que nos limitemos a lo material y visible. Escriben muchos textos y libros de instrucción, con la confianza de que sus lectores van a estudiar sus enseñanzas, pero sin embargo, no quieren aceptar que Dios haya hecho un libro para enseñar al hombre acerca de la verdad.

Lo cierto es que la existencia de millones de cristianos se levantan contra estos incrédulos, manifestando que están equivocados y afirmando que sí se puede conocer a Dios y creer en Él. Si no fuera posible conocer a Dios, ¿cómo se explica la Biblia, Libro sin igual; el Cristo, Su nacimiento, vida, enseñanzas, milagros y resurrección; la obra del Espíritu Santo regenerando a los pecadores, transformándolos en hombres santos?

Por otro lado tenemos la conciencia humana, la maravillosa razón del hombre, la naturaleza creada y todo lo que existe, las cuales son fieles revelaciones de Dios, aunque todavía inadecuadas, y que necesitan ser complementadas por la Revelación escrita que testifica de la Palabra Viva, Jesucristo, el único camino al Padre.

Cuando el Señor Jesucristo estuvo en el mundo, dijo a Sus enemigos: "El que quiera hacer la voluntad de Dios, conocerá si la doctrina es de Dios, o si yo hablo por mi propia cuenta" (Jn. 7:17). Este reto establece un principio fundamental para aquel que desea estudiar las doctrinas de Cristo, es decir, que la motivación debe ser digna, puesto que de lo contrario, Dios no va a iluminar a tal persona para saber con certeza las verdades de Dios.

La verdadera motivación es querer conocer a Dios para amarle y obedecerle. Las verdades de Dios no son para aquellos que manifiestan sólo una curiosidad mental, o para quienes desean saber sólo por saber.

Otro principio que encontramos en relación al estudio de la doctrina, está expresado en 1 Corintios 2:12-14, que dice así: "Y nosotros no hemos recibido el espíritu del mundo sino el Espíritu que proviene de Dios, para que sepamos lo que Dios nos ha concedido, lo cual también hablamos, no con palabras enseñadas por sabiduría humana sino con las que enseña el Espíritu, acomodando lo espiritual a lo espiritual. Pero el hombre natural no percibe las cosas que son del Espíritu de Dios, porque para él son locura, y no las puede entender, porque se han de discernir espiritualmente".

¡Así es! "Las cosas de Dios se disciernen espiritualmente". Este es el principio o ley más razonable posible, y sin embargo el más censurado por aquellos que no quieren someterse a ello. Dios como Persona infinitamente Santa, tiene el derecho de escoger a las personas que han de penetrar en Sus secretos. Aquí podemos ver que es justo el proceder de Dios al exigir una vida espiritual de aquellos que deseen conocerle y entrar en Sus consejos.

La fe da el conocimiento. En Hebreos 11:3 dice: "Por la fe entendemos". La fe puede ver certidumbres que la vista física no alcanza a percibir, y según Hebreos 11:1 el alma no requiere más prueba que la fe. El hecho de que creemos firmemente las verdades reveladas a nuestro ser y que esto satisface nuestro intelecto y da paz al corazón, es la evidencia necesaria para que la razón acepte la realidad de lo revelado, y actúe conforme a ello.

Afirmamos, pues, que la fe es un conocimiento de carácter elevado, razonable y satisfactorio. Por lo tanto, es posible conocer a Dios y saber de Él, estudiar Sus relaciones con el mundo y vivir en perfecta relación con Él (Jn. 17:3). Esperamos que el estudio de la Palabra de Dios, en base a estas lecciones, conduzca a cada estudiante a esta experiencia divina.

Repaso de la lección

1. Defina la doctrina cristiana.
2. ¿Por qué la revelación de Dios no está escrita en forma de código o diccionario, de modo que no hubiera necesidad de tener que escudriñar la doctrina para estudiarla?
3. ¿Qué involucra la religión?, y ¿por qué el cristianismo es la única religión verdadera?
4. ¿Qué efecto tiene en la vida el estudio de la doctrina?
5. ¿Qué respuesta se puede dar a aquellos que niegan la posibilidad de conocer a Dios?
6. ¿Cuál debe ser la motivación de una persona, cuando estudia la doctrina?
7. Explique cuál es el papel de la fe como evidencia o base para el conocimiento de Dios.

Lección 2

La Biblia
FUENTE DE LA DOCTRINA CRISTIANA

Bosquejo

Jesucristo puso Su sello divino sobre las Sagradas Escrituras, igual como un rey pone el sello oficial sobre toda nueva ley que debe regir en su dominio.

Existiendo un Dios santo y moral, Él ha decidido revelarse a los hombres, y si hay una revelación divina, entonces sabemos que hay un Dios. La revelación escrita complementa a la revelación que hay en la naturaleza, en la razón, en la conciencia y en la providencia. Se demuestra que la Biblia es la Palabra de Dios, a través de:

A. Su existencia actual a pesar de los grandes esfuerzos por destruirla:
   1. Las persecuciones
   2. Su olvido en la Edad Media

B. El carácter de su contenido
   1. Revelación de verdades inconcebibles por la razón humana
   2. Su autenticidad y exactitud
   3. Su unidad dentro de la diversidad

C. Su vitalidad, eficacia y perspicacia
   1. Para los incrédulos
   2. Para los creyentes

D. La profecía

Lección 2

La Biblia, fuente de la doctrina Cristiana

El Señor Jesucristo dijo: "La Escritura no puede ser quebrantada" (versión Reina-Valera), y que ha sido traducida en otras versiones con las palabras "ser anulada" y "fallar" (Jn. 10:35). Además, Él también nos dio el tema de toda la Biblia en el pasaje de Lucas 24:26-27, cuando declaró que desde Moisés todas las Escrituras hablaban de Él. El hecho es que Jesucristo mismo es la clave de las Sagradas Escrituras.

En Juan 17:17 declaró que la palabra de Dios el Padre es la verdad, mientras que en Juan 8:31-32 dice lo mismo acerca de Su propia palabra. En Juan 6:63 Jesucristo explica que Sus palabras son espíritu y vida, como también lo dijo el apóstol Pedro (1 P. 1:23). Durante Su ministerio terrenal, el Señor Jesús hizo referencia a las Sagradas Escrituras 35 veces, poniendo así Su sello divino al pie del documento como palabra de Dios.

En Juan 18:37 dijo: "Yo para esto he nacido, y para esto he venido al mundo, para dar testimonio a la verdad. Todo aquel que es de la verdad oye mi voz". Vea también Juan 16:26 y Apocalipsis 22:18-19 en relación al sello que puso el Hijo de Dios sobre el Nuevo Testamento.

Muchas obras acerca de la doctrina o teología presentan primero varios argumentos para probar la existencia de Dios, y después hablan de las Sagradas Escrituras, la Biblia, como la revelación hecho por Dios al hombre. Luego, en base a la Biblia, sacan sus enseñanzas acerca de los atributos y el carácter de Su Creador, de Su plan de redención, etc.

Por eso afirmamos que la Biblia es la que presenta la revelación de Dios, demostrado de dos formas:

- porque los hombres no pudieron haberla ideado sin la inspiración divina;
- y porque no la hubieran escrito aun si hubiesen intentado hacerlo.

El carácter de las Escrituras prueba lo primero, y el carácter del hombre prueba lo segundo. El propósito de la presente lección es demostrar cómo la Biblia cumple con los requisitos necesarios para ser la Palabra de Dios, fuente fidedigna de la verdad divina, y por lo tanto, de la doctrina cristiana.

En el curso *Introducción al Antiguo Testamento-I* se encuentran varias lecciones acerca del Libro Divino: su autoridad, propósito, inspiración, escritura, etc. Por lo tanto, no vamos a repetir todo lo que ya fue enseñado en dicho curso, esperando que usted lo haya estudiado anteriormente por la enorme importancia que conlleva. Sin embargo, mencionaremos varias consideraciones que se relacionan con el tema que nos concierne.

La naturaleza y la providencia divina, la conciencia y la razón humana, revelan a Dios pero de una manera incompleta, haciendo que el espíritu del hombre clame por más conocimientos divinos. La gran mayoría de los seres humanos han demostrado por sus actos de carácter religioso la existencia de influencias celestiales en esta vida, y un temor por un juicio final. Por eso Dios tomó la iniciativa, al no desear dejar a los hombres en una obscura ignorancia, decidiéndose a comunicarles Sus misterios y Su persona.

Dios decidió incluir en Su revelación, la manera en que el hombre pudiera conocer a su Creador, saber cómo ser salvo, comprender la manera de andar delante de su Dios, y tener la esperanza de vivir eternamente en Su gloriosa presencia.

Concluimos entonces que, frente a la realidad, un Dios Santo (como lo creemos los cristianos) debe existir con una revelación digna, adecuada y con autoridad por parte de Él. Además, afirmamos que puesto que hay tal revelación, entonces de hecho Dios existe.

A. La existencia actual de la Biblia

Primeramente, afirmamos que la simple existencia de la Biblia hoy en día, ya constituye una prueba de que es el Libro Divino. Algunos quisieran decir que su preservación a través de los siglos ha sido una feliz casualidad de la providencia, pero por supuesto que es mucho más que eso.

A través de los siglos, cuando las Escrituras fueron formándose, el pueblo judío (al cual pertenecían sus autores humanos) sufrió grandes desastres, derrotas, destierros y apostasías. Sin embargo, los primeros escritos no fueron aniquilados, ni se perdieron. En una ocasión el rey de Judá quemó el rollo del profeta Jeremías, pero inmediatamente el Señor le mandó al profeta a escribir otro rollo aun más amplio (Jer. 36:19-32).

Durante los cuatro siglos que hubieron entre el Antiguo y el Nuevo Testamento, los judíos fueron perseguidos y casi aniquilados; sin embargo, los manuscritos de la Biblia hebrea fueron preservados. Vemos también cómo cuarenta años después de la ascensión del Señor Jesucristo, Jerusalén y Judea quedaron en escombros.

En aquel tiempo, en contra de los cristianos y de la Biblia, se suscitó una serie de terribles persecuciones, con la expresa determinación de exterminarlos a ambos. Pero sabemos con certeza que aquellos perseguidores han muerto, y que la Biblia sigue siendo el libro más vendido por todo el mundo.

Los decretos imperiales que han ordenado la destrucción de todo ejemplar del Libro Sagrado, tampoco han logrado su malvado deseo. Los edictos que han condenado a muerte a toda persona en cuyas manos se encontrase una Biblia, tampoco han podido hacer desaparecer dicho Santo Volumen.

Aunque Nerón fue el emperador romano que tiene la mala fama de haber sido sumamente cruel, no fue él quien ordenó la persecución más sangrienta y más diabólicamente organizada contra los cristianos, sino que fue el emperador Diocleciano de Dalmacia quien, en el año 303 libró la última y la peor de esa serie de persecuciones que azotó a la primativa iglesia durante los primeros tres siglos.

Diocleciano ordenó que cada ejemplar de la Biblia fuese arrojado al fuego; además dio muerte a tantos creyentes que llegó a creer que había acabado con ellos e hizo una medalla con la inscripción: "La religión cristiana ha sido destruida y la adoración de los dioses restaurada". A pesar de todo, esto el cristianismo salió victorioso sobre sus enemigos.

Ya para el año 313 cesaron los esfuerzos por destruir la Biblia y doce años más tarde, el cristianismo fue proclamado como la religión oficial del imperio. Con esto, empezó otra clase de prueba más sutil y poderosa aun que las persecuciones: esto es, la prosperidad, que conduciría a la formación de una jerarquía.

Durante varios siglos antes de la Reforma, la Biblia era despreciada, y había sido dejada en el olvido, mientras las ceremonias y los decretos eclesiásticos eran lo que ocupaban toda la atención de los fieles y de sus ministros. A través de los siglos, le fue prohibido al hombre común del pueblo leer la Palabra de Dios en la lengua corriente, y la jerarquía eclesiástica trató de suprimir las primeras ediciones impresas. Sin embargo, la Biblia también sobrevivió a todo esto, y hoy día es un libro leído por millones de personas.

Concluimos pues, que la Biblia ha sido preservada por Dios a través de los siglos.

B. El contenido de la biblia

Juan 5:39; Apocalipsis 1:1

1. En cuanto a las verdades divinas. Entendemos por "revelación" aquellas verdades descubiertas, que el hombre no tendría la capacidad de entender por medios humanos. La Biblia contiene declaraciones acerca de Dios que la razón humana no podría haber ideado, tales como:

- Su perfecta personalidad, siendo tres Personas que forman una unidad o esencia absoluta;
- que creó al universo de la nada; y
- quien tiene un plan infinitamente sabio y lleno de gracia para el hombre.

En cuanto al hombre, la Escritura habla acerca de:

- su origen;
- su caída en el pecado;
- su depravación;
- su responsabilidad ante Dios,
- el juicio venidero y su destino final.

Todo esto no podría haber sido inventado por el hombre, y aun más, no podría haberlas escrito sin la inspiración del Espíritu de Dios.

También tenemos las declaraciones bíblicas acerca de la salvación que obró el Padre Celestial, el Hijo quien es el Redentor, y el Espíritu Santo quien es el que convence, lo cual fue iniciado desde antes de la creación del mundo para luego continuar a través de los siglos.

Todo esto manifiesta un grandioso plan y un sabio divino. Lo cierto es que ningún cerebro podría haber elaborado todos los hechos y pormenores involucrados en la redención, y proveer a su vez las soluciones perfectas que llegarían a satisfacer la justicia de un Dios santo, justo y misericordioso.

También tenemos lo escrito referente al diablo y a sus ángeles o demonios. Si acaso el hombre hubiera podido concebir tales ideas, jamás las hubiera presentado en forma de historia, biografía, poesía o epístola.

Además de todo esto, tenemos la profecía a la cual nos referiremos posteriormente, aunque mencionaremos este Libro como uno que se atreve a delinear el futuro y que sostiene enunciados que se elevan en alto entre todas las obras literarias del mundo durante siglos, confirmando así que debe ser, decididamente, escrito por alguien más que un simple humano.

2. En cuanto a su autenticidad y exactitud. Cuando Jesucristo dijo que "La Escritura no puede fallar", expresó la verdad de su exactitud, que es un libro digno de suprema confianza. Por siglos los enemigos de la Biblia han hecho grandes esfuerzos por desacreditarla, pero inútilmente.

Muchos amantes de la Biblia temblaron cuando los arqueólogos, hace menos de un siglo, empezaron a hacer excavaciones en las tierras bíblicas, sacando a la luz del día las ruinas de las antiguas ciudades, civilizaciones, tablas históricas, etc. Pero temieron en vano, ya que todo lo descubierto sólo ha servido para corroborar y confirmar lo que dice la Biblia.

Hasta la fecha no han podido impugnar ni una sola referencia a hechos históricos, pueblos, naciones, personajes, etc. Todos estos vivieron, gobernaron o guerrearon en el sitio y la época que la Biblia declara, según la evidencia descubierta en las excavaciones.

3. En cuanto a su unidad, dentro de su diversidad. La Biblia, esta obra divina, consta de 66 distintos libros que forman un solo texto, a través del cual se revela la voluntad de Dios al hombre.

El libro se divide en dos partes:

- el Antiguo Testamento que empieza con la creación del universo y termina con la latente expectativa de la venida del Mesías y Su precursor; y
- el Nuevo Testamento, que principia con la venida del Mesías y Su precursor, Juan el Bautista, terminando con una cláusula muy fidedigna, diciendo que no habrá más revelación hasta que el mismo Señor Jesucristo aparezca en los cielos para llevar a los Suyos consigo.

En cuanto a la unidad de la Biblia, algunos han hecho una hermosa comparación: contrastando los primeros capítulos del Génesis con los últimos capítulos del Apocalipsis, ponen de manifiesto el gran plan de Dios como está revelado en Su Libro.

Si consideramos a Job como contemporáneo de los patriarcas, y a Juan el apóstol que escribió al final del primer siglo después de Jesucristo, vemos que hay un período de casi dos milenios para la preparación de este gran libro. Si descontamos los cuatrocientos años que existen entre los dos Testamentos, en los cuales no fue escrito ningún otro libro canónico, tenemos dieciséis siglos en que los más o menos 40 escritores humanos escribieron la Biblia.

Estos escritores pertenecieron a todo rango social, desde un pescador hasta un rey. Todos vivieron bajo muy variadas condiciones, desde el padecer bajo la esclavitud del cautiverio, hasta vivir en gran prosperidad y lujo. Sin embargo, cada uno aportó algo dentro de la revelación.

Vemos entonces, que la doctrina de Dios se desarrolla desde el primer versículo donde Él es llamado Elohim o Todopoderoso, hasta donde se le llama Padre, Hijo y Espíritu Santo. Esto se estudiará más adelante, sin embargo aquí queremos recalcar la unidad y armonía interior que existe en las Escrituras, lo cual prueba su origen divino.

C. La vitalidad, eficacia y minuciosidad de la Biblia

En Hebreos 4:12 dice: "Porque la palabra de Dios es viva y eficaz, y más cortante que toda espada de dos filos, y penetra hasta partir el alma y el espíritu, las coyunturas y los tuétanos, y discierne los pensamientos y las intenciones del corazón". Esto se aplica tanto al Hijo como el Verbo de Dios, como a la Revelación o expresión escrita.

En Hebreos 10:31 se habla del Dios vivo, igual que aquí cuando se refiere a la Palabra viva. En 1 Pedro 1:23 dice: "Habiendo sido renacidos, no de simiente corruptible, sino incorruptible, por medio de la Palabra de Dios, la cual vive y permanece para siempre".

Vemos que como la semilla es capaz de producir planta y fruta, así la Palabra de Dios, cuando es sembrada en los corazones, tiene poder para producir vida divina y espiritual. Todo esto confirma lo que la experiencia dice, esto es, que la Biblia es el aliento, es decir, la misma expresión de Dios.

Por esto el Señor dijo en Juan 6:63: "Las palabras que yo os he hablado son espíritu y son vida". Es importante que todo siervo del Señor cultive una confianza implícita en la vitalidad y eficacia de la Biblia, que es la espada del Espíritu.

Como ilustración de esta vitalidad de la palabra escrita, mencionaremos la práctica que tenía el Dr. Rubén A. Torrey, a quien el Espíritu Santo usó para sacudir a las sociedades de ateos en una forma poderosa. En sus reuniones evangelísticas él desafiaba a los ateos a asistir a nueve cultos consecutivos y prestar atención a la Palabra predicada, y que no se convirtieran. Después de su largo ministerio, afirmó que nunca conoció de un ateo que haya aceptado su reto con éxito.

Cuando alguien venía con la idea de que Dios no existe, el Dr. Torrey solía preguntarle primero, si obedecería a la verdad si Dios se la enseñare. Si la persona decía que no, el Dr. Torrey no le daba ni una palabra y no perdía ni un momento más con él. Si le decía que sí, le daba un evangelio de San Juan, con las siguientes instrucciones:

> "Este libro profesa ser la Palabra de Dios, el cual explica el camino de la salvación. Si usted es sincero, seguirá el sendero marcado para encontrar a Dios. Lea por lo menos un capítulo diariamente, y antes de hacerlo, haga la siguiente oración: Dios, si es que Tu existes, enséñame tu voluntad y yo la cumpliré".

El Dr. aseguraba que literalmente hubieron centenares de ateos que llegaron al conocimiento de Dios, siendo transformados en cristianos sinceros. En este ejemplo vemos que la Palabra de Dios es viva y eficaz, y no volverá vacía sin efectuar su propósito.

A continuación veremos que la vida divina reside en la Biblia. Considerando que la Palabra es la espada del Espíritu (Ef. 6:17), Dios la usa para redargüir o convencer al mundo de pecado, de justicia y de juicio (Jn. 16:8-11). Además, la Palabra como simiente viva que es, al ser sembrada en el corazón, brota y produce regeneración y vida eterna (1 P. 1:23; 2 Ti. 3:15).

Por otro lado, la fe viene por el oír, y el oír la Palabra de Dios (Ro. 10:17). El Salmo 119:165 dice: "Mucha paz tienen los que aman tu ley, y no hay para ellos tropiezo" (cp. Sal. 37:31). Por esto hay un refrán que dice: "La lectura constante de la Biblia le guardará a usted del diablo, o el diablo le guardará (mantendrá alejado) a usted de la Biblia".

Lo mismo se aplica en cuanto al pecado (Sal. 119:9,11). El cristiano es limpiado o santificado por la Palabra (Jn. 17:17-19; 15:3), y por ella crece, es fortalecido y transformado (1 Pedro 2:2; Ef. 5:26; 2 Co. 3:18; 1 Ts. 2:13; Hch. 20:32).

Una vez un pastor en Escocia le preguntó a una muchacha: "¿Por qué no lees la Biblia?", y ella contestó: "porque siempre que la leo, me da coces". Sí, es más penetrante que una espada de dos filos: llega hasta el corazón y trae convicción (He. 4:12; Hch. 7:54; 2:37; Is. 55:10-11; Jer. 23:29).

Un chino que ayudaba en la traducción de la Biblia a su idioma comentó: "Aquel que hizo ese Libro me hizo a mí, porque sabe todo lo que está en mi corazón".

Para terminar, no debemos olvidar el consuelo divino que muchísimos han experimentado durante la aflicción, al leer la Palabra de Dios. Romanos 8:38 y Juan capítulo 14 son pasajes de consuelo, entre otros.

D. La profecía en la Biblia

Como última evidencia de que la Biblia es la Palabra de Dios, diremos que registra eventos que acontecieron tal cual fueron pronosticados, con una certeza de detalles que convencen a la razón humana de que fue Dios quien iluminó al profeta. La afirmación bíblica es: "Porque nunca la profecía fue traída por voluntad humana, sino que los hombres santos de Dios hablaron siendo inspirados por el Espíritu Santo" (2 P. 1:21).

La profecía, junto con los milagros, es una manifestación de la Deidad como lo dice Isaías 41:23: "Dadnos nuevas de lo que ha de ser después, para que sepamos que vosotros sois dioses; o a lo menos haced bien o mal para que tengamos qué contar, y juntamente nos maravillemos" (cp. también Is. 41:21-29; 42:8-9; 44:7-8; Jer. 23:9-40).

Las profecías escriturales son muy variadas, detalladas y claras, muy distintas de los dichos ambiguos de los oráculos paganos. En la Lección 17 del curso A-4 *La Vida de Jesucristo*, hay una lista de las profecías en el Antiguo Testamento que el Señor Jesús cumplió en Su vida terrenal.

También los antiguos profetas predijeron la prosperidad o la caída de varias naciones o ciudades, aun nombrando un rey siglos antes de que naciera (Is. 44:28; 45:1; 2 Cr. 36:22-23; Esd. 1:1-4).

Hay muchas profecías bíblicas todavía por cumplirse, y todo esto será considerado en el último curso de doctrina (Curso A-9), de modo que por ahora basta decir que la Biblia prueba que habla por inspiración de Dios mediante profecías ya cumplidas, y por lo tanto, cada persona debe prestar atención a sus declaraciones.

Haciendo una recopilación de las varias pruebas de la inspiración divina de la Biblia, encontramos que:

1. Es digno de fe por cuanto es históricamente correcta.
2. Cuando menciona fenómenos científicos, siempre habla en términos tan verídicos que hasta la fecha, a pesar de todos los descubrimientos modernos, no se ha desacreditado.
3. Cuenta los pecados de los héroes de la fe porque es una historia verídica, y no engaña.
4. Describe la naturaleza humana con fidelidad, a la vez que presenta una filosofía perfecta para todo ser humano, manifestando un conocimiento insuperable del carácter del hombre y una psicología divina.
5. Explica con naturalidad las cosas infinitas hablando de Dios, Su trono, Su voluntad, Sus propósitos y Sus atributos infinitos, todo sin conjetura ni dudas.

6. Presenta en Jesucristo una Persona perfecta, como Dios, quien habitó entre nosotros, y quien atrae a Sí al pecador, para recibir el perdón y la vida eterna.
7. Apela a los hombres de toda nación, raza y lengua porque les ofrece lo que ningún otro libro da.
8. Tiene más amigos y enemigos que cualquier otro libro, porque es Palabra viva y eficaz que afecta la conciencia de los lectores, exigiéndoles que se decidan a favor de Cristo o a sufrir las consecuencias.
9. Es el Tomo que aclara con autoridad las verdades más profundas que son de interés para todos, sin importar la época en que se viva.
10. Transforma la vida de los que creen, siendo el instrumento del Espíritu Santo para convencer y efectuar el arrepentimiento y conversión, tanto como la regeneración.
11. Ha sido preservada a través de los tiempos y sirve para cumplir con los propósitos de Dios y seguirá hasta el juicio final.
12. Ni una jota ni un tilde de ella pasará hasta que todo sea cumplido, según dijo el Salvador (Mt. 5:18).

El contenido de las Escrituras, incluyendo la declaración acerca de la condenación de todos los hombres que no creen en su mensaje, hace que su existencia hoy en día sea todo un milagro.

El hecho es que, a costa de muchas vidas, nosotros podemos tener la Biblia en nuestras manos y en nuestro idioma. Han sido muchos los mártires cristianos que con gozo arriesgaron sus vidas hasta la muerte para propagar y perpetuar este maravilloso Libro. ¡Esperemos que cada uno de nosotros sepamos apreciar este precioso tesoro!

REPASO DE LA LECCIÓN

1. Cite algunas palabras del Señor Jesucristo que ponen de manifiesto la alta estima que tenía de la Biblia.
2. ¿Qué necesidad había de que existiese una Revelación divina de manera escrita?
3. ¿Por qué se considera la existencia actual de la Biblia como un milagro?
4. En cuanto a su contenido, ¿qué cosas demuestran que la Biblia es la Palabra de Dios?
5. ¿En qué sentido y qué evidencias hay para decir que la Biblia contiene una palabra viva, eficaz y que penetra?

Lección 3

La existencia de Dios - I

Bosquejo

La Biblia se dirige al hombre como a alguien que sabe que Dios existe, pero que a su vez necesita una revelación más amplia.

A. En cuanto al origen del concepto de Dios
   1. La intuición
      Una verdad primaria, siendo
      a. universal
      b. necesaria
      c. independiente
   2. La razón
   3. La tradición

B. La Biblia y el concepto de Dios

Lección 3
La existencia de Dios - I

En Sus primeras palabras citadas en las Sagradas Escrituras, el Señor Jesucristo reconoció a Dios y le llamó Su Padre: "¿No sabíais que en los negocios de mi Padre me es necesario estar?" (Lc. 2:49). Cuando empezó Su ministerio, fue bautizado y al estar orando, de repente el cielo se abrió, y vino el Espíritu Santo sobre Él: ahí Dios el Padre Le reconoció como Su Hijo Amado (Lc. 3:21-22).

Posteriormente, el Señor fue tentado y en cada una de Sus tres respuestas al tentador, vemos que reconoció a Dios y la autoridad que tenía Su Palabra, la Biblia. El texto que usó para Su primer mensaje fue Isaías 61:1-2 cuya primera palabra dice: "El Espíritu del Señor" y la última: "Señor" (Lc. 4:18-19).

Luego observamos que siguió enseñando al pueblo y declaró: "Mi doctrina no es mía, sino de aquel que me envió. El que quisiera hacer la voluntad de Dios, conocerá si la doctrina es de Dios o si yo hablo por mi propia cuenta" (Jn. 7:16-17).

La noche en que fue prendido exclamó en oración: "Esta es la vida eterna; que te conozcan a ti, el único Dios verdadero, y a Jesucristo, a quien has

La noche en que fue prendido exclamó en oración: "Esta es la vida eterna; que te conozcan a ti, el único Dios verdadero, y a Jesucristo, a quien has enviado" (Jn. 17:3). Sus últimas palabras sobre la cruz fueron: "Padre, en tus manos encomiendo mi espíritu" (Lc. 23:46).

De esta manera vemos que Jesucristo vivió cada momento de Su vida en la presencia de Dios y que con Su ejemplo y con Sus palabras enseñó cómo cada persona debía vivir. Nunca trató de demostrar la existencia de Dios, sino que urgió a todos a amarle y a servirle.

En el Antiguo Testamento encontramos asimismo que sencillamente se reconoce la existencia de Dios, sin hacer el menor esfuerzo por demostrarlo. Aun en el libro de Job, que fue escrito siglos antes de Moisés, vemos que ni el patriarca ni sus amigos expresaron la menor duda acerca de la existencia de Dios; más bien, cada uno creía que Le conocía mejor que el otro, aunque el libro muestra claramente la necesidad de que Dios mismo sea el que Se revele al hombre, para completar lo revelado por medio de la naturaleza y de la conciencia.

En el primer versículo del primer libro de la Biblia, leemos lo siguiente: "En el principio creó Dios los cielos y la tierra". ¡He aquí una estupenda declaración! pues, si los cielos y la tierra no proveyeran evidencia de su Creador, sería entonces irrazonable empezar el libro de la Revelación divina de aquella manera.

Las Sagradas Escrituras luego van al extremo de decir en dos ocasiones: "Dijo el necio en su corazón: no hay Dios" (Sal. 14:1 y 53:1). Junto con esto cabe señalar el Salmo 10:4: "El malo, por la altivez de su rostro, no busca a Dios; no hay Dios en ninguno de sus pensamientos".

El hombre sabio entonces puede, según la Biblia, saber que Dios existe y es capaz de conocerle. Dios dice: "No se alabe el sabio en su sabiduría, ni en su valentía se alabe el valiente, ni el rico se alabe en sus riquezas. Mas alábese en esto el que hubiere de alabar: en entenderme y conocerme, que yo soy Jehová, que hago misericordia, juicio y justicia en la tierra; porque estas cosas quiero, dice Jehová" (Jer. 9:23-24). Véase también Oseas 6:3.

A. El origen del concepto de Dios

Según las Escrituras, el hombre es una creación especial de Dios, el cual fue creado a Su propia imagen y semejanza. Durante un tiempo indeterminado existió entre los dos una estrecha comunión. Luego, a causa del pecado, aquella comunión fue rota y el hombre fue paulatinamente alejándose de su Dios y perdiendo su conciencia de Él, hasta que Dios mismo emprendió Su Obra magna de revelarse a Sí mismo, con el fin de redimir a Su criatura de la perdición a la que se encaminaba.

Ahora surge la pregunta: ¿Puede el hombre conocer hoy día a Dios por medios naturales como la intuición, la razón o la tradición? Con esta pregunta no queremos despreciar la revelación divina, sino que como hemos de ver, Dios tiene que despertar en nuestro espíritu y capacidades el interés por conocerle.

1. La intuición. "Porque lo de que Dios se conoce les es manifiesto, pues Dios se los manifestó" (Ro. 1:19). "En tu luz veremos la luz" (Sal. 36:9). "¿Descubrirás tú los secretos de Dios? ¿Llegarás tú a la perfección del Todopoderoso?" (Job 11:7).

Si tomamos la palabra intuición en su significado menos estricto, es decir, como el reconocimiento de una verdad primaria, o una verdad aceptada sin que la mente se haya dado cuenta de cómo llegó a tal aceptación, entonces se puede llamar a la existencia de Dios una verdad primaria.

Una verdad primaria, que para muchos es sinónimo de intuición, es un conocimiento tan lógico, que la mente lo emplea para razonar sin tener la necesidad de justificar su uso.

Algunas de estas verdades se pueden aplicar a la concepción del espacio, del tiempo, lo bueno, lo malo, el principio de causa y efecto, a más de las ideas acerca de la eternidad, del yo propio inmaterial, y por lo tanto, también de la existencia de un Ser Supremo. Junto con las otras verdades mencionadas, la creencia de Dios llena todos y cada uno de los tres requisitos para ser una verdad primaria, que son los siguientes:

a. El concepto de Dios es universal, puesto que las naciones, sean "civilizadas o atrasadas" han tenido sus creencias en cuanto a un Ser Sobrenatural a quien oran y adoran.

La constitución del hombre es tal, que en los momentos de aflicción o calamidad, o de gran peligro, o en la presencia de la muerte, *sin analizar sus acciones*, pide o busca la ayuda de aquel Ser Sobrenatural que intuye que debe existir. Aun aquellos que dicen que no creen en Dios, por sus acciones demuestran que tienen una esperanza de que Aquel ser exista.

b. El concepto de Dios es necesario como base para confiar en nuestro propio razonamiento y en el de otros. Confiamos en nuestros pensamientos y razonamientos, porque tenemos la convicción de que el universo está establecido con sabiduría y que tiene propósitos razonables para existir; que detrás de las leyes sabias de la naturaleza hay un Legislador con infinita sabiduría y que mantiene firme Sus decretos.

"Lo infinito es el correlativo inevitable de lo finito. La raza humana tiene una capacidad innata en cuanto a lo religioso".

c. El concepto de Dios es una verdad independiente de toda otra verdad conocida, a la vez que no es contraria a otros conceptos, sino que armoniza con ellos. La creencia de Dios no contradice a la creencia del tiempo, o del espacio, o del bien; antes por el contrario, la una apoya a la otra y somos conscientes de que nuestra creencia en Dios es la más fundamental de todas las creencias, proveyendo una base para las otras creencias, haciéndolas concebibles y razonables.

Vemos entonces, que el ser humano es intuitivo por excelencia, y capta entre otras cosas las siguientes:

- el hecho de nuestra propia existencia como persona;
- nuestra capacidad de reconocer a otros como más que simples cuerpos;
- la creación entera diseñada con un orden fabuloso: el tiempo y el espacio que no tienen otra explicación sino que debió haber sido creado por una Persona con capacidad de establecer y gobernar todo aquello con sabiduría y para lo cual ha establecido un fin y propósito;
- también el sentido de lo moral, que nos habla de lo correcto que será recompensado, y de que el mal será juzgado y castigado.

Todo esto apunta hacia el Creador, de modo que aun el niño crece y cree y se desarrolla física, mental y espiritualmente a la vez, bajo la mano de Dios. Si al niño se le da mala comida, se puede enfermar y aun morir; igualmente, enseñanzas erróneas pueden desequilibrar su mente. Si un niño es criado correcta y sanamente, todas estas verdades en cuanto a Dios se irán fortaleciendo y no habrá obstáculo para él o ella en cuanto a creer en Dios Creador, Sustentador y Juez.

Así que, toda persona, por el hecho de pertenecer al género humano, tiene la capacidad de conocer a Dios y es responsable de tributarle adoración y de no ser idólatra (Ro. 1:18-32, Sal. 115:1-8).

2. La razón. Entendemos que la razón humana no es una guía confiable ni suficiente para que el hombre pueda llegar a conocer a Dios. En tiempos pasados los comunistas han luchado tenazmente para "tirar a Dios de su trono", y esto ha servido para demostrar que existen los que no creen e incluso existen aquellos que se oponen a todo pensamiento en cuanto a Dios.

De todas maneras, vemos que esto pone de manifiesto que la creencia está muy arraigada en los corazones de los creyentes, miles de los cuales rehusan negar su fe, aun bajo amenaza de destierro o de muerte.

Todos los pueblos y tribus no cristianos, han tenido cierto concepto en cuanto a un Ser Supremo, manifestado de diversas formas. Sin embargo, ningún pueblo ha creído por sí mismo que Él, aunque sea bueno, se haya manifestado al mundo, o que se haya interesado en el hombre: mucho menos que le ame y que le haya redimido.

Por lo tanto, la razón le lleva al hombre a pensar en la existencia de Uno que es sobre todo, pero sin que llegue a una respuesta satisfactoria. Cuando el evangelio es presentado por primera vez a uno que no lo ha escuchado, el Espíritu de Dios no demanda que ponga a un lado la razón, sino que la use también para comprender la verdad.

Cuando un mensaje de la Biblia es predicado o escuchado, es necesario usar también la razón para que llegue hasta el corazón y luego a la voluntad para efectuar la decisión necesaria, a fin de ejercer fe en Cristo para salvación.

Por otro lado, la razón nos ayuda a captar y a definir los atributos que Dios tiene, los cuales son revelados en la Biblia y en la experiencia. Al conocer mejor a Dios, más le amamos. Cuando un conocedor de la ley le preguntó al Señor Jesús cuál era el gran mandamiento de la ley, la contestación divina fue: "Amarás al Señor tu Dios con todo tu corazón, y con toda tu alma, y con todas fuerzas, y con toda tu mente" (Lc. 10:27).

En Mateo 4:9-10 aprendemos que el adorar y servir a Dios equivalen a lo mismo, de modo que el Señor respondió a aquel hombre citando Deuteronomio 6:5 (compare también 6:13), diciendo que:

- con sus fuerzas debía demostrar su amor a Dios, esto es, sirviéndole;
- con su corazón, que es la base de las emociones, debía amar a Dios más que a padre, madre, hijos, tierra y aun la propia vida (Lc. 14:26);
- con toda su mente y entendimiento debe amar a Dios, es decir, no sólo pensar en Él, sino buscar y saber Su voluntad para cumplirla (Ef. 1:17; 5:17);
- y con toda el alma, se refiere a unir las emociones, los pensamientos, y las fuerzas físicas con la voluntad decidida y dedicada para amarle.

Este es el uso más alto que corresponde a la razón humana (1 Co. 14:14-19).

3. La tradición.

a. En primer lugar, la tradición ha sido y es un proceso que ha servido como medio de transmisión del conocimiento.

El Diccionario de la Real Academia define la palabra así: "Comunicación o transmisión de noticias, composiciones literarias, doctrinas, ritos, costumbres dadas de padres a hijos al correr de los tiempos, y que traspasan a las generaciones".

Otra definición según la antropología moderna es: "Tradición es la entrega interna a una sociedad, de los elementos de la cultura de dicha sociedad, de un individuo a otro (comúnmente de padre a hijo) a través del tiempo. Además, la transmisión dentro de una sociedad por medio de la educación de parte de los mayores e imitación por parte de los más jóvenes".

Ahora , si la tradición es la transmisión de cultura o conocimientos de una cultura, o conocimientos y costumbres de una generación a otra, ¿por qué entonces todos los hombres de hoy en día no conocen a Dios de igual modo como lo conoció Adán?

El hecho es que, por el contrario, fue el pecado el que se transmitió de una generación a otra. Después del diluvio, entró en este mundo el politeísmo (la adoración de muchos dioses) junto con la idolatría. Sin embargo, no se perdió completamente el conocimiento de un solo Dios verdadero.

Casos como la historia de Melquisedec en Génesis 14:17-24; o como la historia de Balaam en Números capítulos 22 al 24; o la historia del arrepentimiento de Nínive, prueban que aun fuera del pueblo de los hebreos, Dios sí era conocido por lo menos en parte.

En sí, lo que queremos decir es que la tradición no ha sido un medio eficiente para transmitir la verdad. Dado que los hombres se alejaron continuamente de Dios, también sus mentes se corrompieron junto con sus costumbres, de manera que no pudieron ni quisieron guardar la verdad.

Debido a esto, Dios inspiró a hombres escogidos para que escribieran las verdades que Él les revelaba o indicaba, hasta que toda la Biblia quedó terminada; de esta manera Dios no confió en la tradición ni permitió que fuera ésta la única forma de dar a conocer la verdad, sino que cada nueva generación recibe de Él mismo sus conocimientos acerca de Dios por lo que ha sido escrito.

Así que, no aceptamos de ninguna manera la idea de que Dios haya sido una invención de los sacerdotes antiguos, a fin de facilitar su dominio sobre el pueblo.

La tradición ha tenido varias deficiencias para comunicar la verdad, tales como:

(1) depender de la memoria del hombre, que es tan poco confiable (es difícil incluso recordar nuestras propias experiencias, cuánto más el pasar a nuestros hijos aquello que nos han enseñado nuestros padres hace muchos años). ¿Recuerda usted el juego en el cual una historia se pasa de boca en boca, hasta que al perder detalles y ganar otros se convierte en algo totalmente distinto? ¡Imagínese lo que sucede de generación en generación!

(2) Hay que reconocer que cada persona que cuenta algo, tiende a darle un matiz personal, esto es, lo hace según su punto de vista, muchas veces haciendo que el narrador aparezca en la mejor luz posible.

(3) Existe una ley de evidencia que dice que cada uno ve las cosas desde su propio ángulo. Por ejemplo, si existen cuatro testigos de un accidente, lo lógico es que cada uno tenga una perspectiva un poco diferente dependiendo de dónde estaba parado.

(4) Se debe tomar en cuenta que hay personas que a propósito cambian los hechos, ya sea para dar colorido al cuento, o por creer que suena mejor de otra forma, o por el deseo de complacer a los oyentes.

Por lo tanto, la tradición, como origen de la idea de Dios, no es sino una ayuda, la cual nunca satisfacerá el deseo de saber con certeza el carácter de Dios. Los padres que tienen algún conocimiento, ya sea intuitivo o por revelación acerca del Creador, o del Ser Supremo, pasarán a sus hijos sólo un poco de dicho conocimiento. Por consiguiente, cada generación recibirá menos de la verdad en sí.

Concluimos entonces, que hay una necesidad imperiosa de que exista una Revelación escrita, y Dios la proveyó a través de la Biblia.

b. En segundo lugar, las tradiciones y los dichos antiguos han sido transmitidos verbalmente. San Pablo dijo: "Mirad que nadie os engañe por medio de filosofías y huecas sutilezas, según las tradiciones de los hombres, conforme a los rudimentos del mundo, y no según Cristo" (Col. 2:8); y en Gálatas 1:14 habla del celo que tenía anteriormente debido "a las tradiciones de mis padres".

En 1 Co. 11:2 él usa la misma palabra refiriéndose a las enseñanzas que él mismo dejó en aquella iglesia, la cual es traducida como "instrucciones". La palabra griega significa sencillamente "lo dado", o también "las cosas entregadas". La tercera definición de la Real Academia dice así: "Doctrina, costumbre, etc., conservado por transmisión de padres a hijos en un pueblo".

Aquí comentaremos sobre "las cosas entregadas", es decir las tradiciones, en lugar del método de transmitirlos que ya consideramos en la sección anterior.

Los contenidos de dichas tradiciones pueden ser verídicos, parcialmente falsos o enteramente falsos. El hecho es que aunque haya evidencias a favor de la veracidad de alguna tradición "cristiana", no por eso quiere decir que sea importante o útil. Cualquier tradición en el sentido histórico, que no esté contenida en las Sagradas Escrituras, no es necesaria para la salvación, ni para poder andar como agrada al Señor.

En los evangelios sinópticos hay varias referencias a las tradiciones de los judíos, entre los cuales consideraremos una para hacer resaltar de nuevo la necesidad de creer el testimonio que Dios ha dado en la Biblia, sobre toda otra supuesta autoridad.

Ahora debe usted leer los siguientes pasajes que desarrollan más este tema:

- Mateo 15:1-20 con Marcos 7:1-23;

- Lucas 11:37-46 y
- Hebreos 9:9-10

Las tradiciones que allí se mencionan son:
- la costumbre de decir "Corban";
- el lavamiento o bautismo de las manos, del cuerpo, de los vasos; y
- el asunto de los juramentos o votos.

Estas cosas fueron administradas por los escritos de los rabinos que llegaron a suplantar en mucho a la Biblia. El Señor Jesucristo habló acerca de las tradiciones en términos tan enérgicos que no queda duda alguna acerca de Su concepto, o de la importancia de ellas y del daño que causaban.

En cuanto a la práctica que había de decir "Corban" (ofrendado, dedicado a Dios), los judíos usaban esta palabra como introducción a un juramento contra la codicia de cosas ajenas, o el robo y decían: "Corban todo lo tuyo que pudiera ser de provecho para mí". El uso de esta palabra, según los rabinos, hacía válido un juramento.

De todas formas, el término llegó a usarse del modo opuesto: "Corban todo lo mío que pudiera ser de provecho para tí". De esta manera, los hijos usaban la palabra como pretexto para no ayudar con lo suyo a sus padres necesitados, y no porque algo estuviera enteramente dedicado a Dios, o porque el dueño lo fuera a entregar a los sacerdotes, sino que sólo afectaba la relación de dichos bienes con aquella persona a quien fue dicho el "Corban".

Según las tradiciones o leyes extrabíblicas de los rabinos, tal dedicación era tan estricta que si el hijo lo había dicho a sus padres, y éstos llegaban a tener necesidades, él no podía ayudarles directamente, sino que tenía que hacerlo por manos de una tercera persona, dando la ayuda a un amigo quien a su vez lo pasaba a los padres.

Es claro entonces, que Jesucristo tuvo razón al reprender tal acción debido a la tradición. La Palabra de Dios es la que debe ser conocida, obedecida y enseñada, sin importar lo que digan los hombres (Dt. 6:4-9; 2 P. 1:19-21).

En cuanto a los lavamientos o bautismo de manos, vasos, etc., estos se basaban en las enseñanzas e imposiciones de los rabinos, según las instrucciones antiguas para las purificaciones levíticas y generales que habían en Éxodo 19:10-11, las cuales fueron extendidas hasta llegar a ser una infinidad de ritos y observancias.

Ellos decían que antes y después de comer, cada judío tenía que lavarse las manos con agua que no había sido usada para otra cosa. Por esta razón usaban tinajas especiales para estas aguas de la purificación (Jn. 2:6).

Si un judío no se había contaminado con algo grande, bastaba alzar las manos y derramar una cantidad de agua equivalente a lo que cabía en una

Si un judío no se había contaminado con algo grande, bastaba alzar las manos y derramar una cantidad de agua equivalente a lo que cabía en una cáscara y media de huevo. El agua tenía que correr hasta la muñeca y perderse sin volver a tocar los dedos. Esta aspersión requería que las manos estuvieran bien limpias, porque de otra manera hubiera sido necesario lavarse primero.

Pero si la contaminación hubiera sido mayor, era preciso sumergir las manos y los antebrazos hasta el codo. El Señor Jesucristo explicó claramente lo que era la verdadera purificación en Lucas 11:37-41.

En cuanto a los votos o juramentos, el Salvador no prohibió los votos a Dios, sino que criticó las ideas erróneas en cuanto a considerar el oro del Templo de mayor valor que la casa de Dios, o la ofrenda sobre el altar como de mayor valor que el mismo altar, según lo habían enseñado los ancianos.

El Señor Jesucristo inculcó a los judíos de pecado porque hacían que las enseñanzas de los hombres fueran como los mandamientos o doctrinas de Dios. Con sus labios oraban a Dios pero sus corazones estaban lejos de Él. Buscaban la gloria propia y la de los hombres en vez de la gloria que sólo viene de Dios (Jn. 5:44). Para Cristo, la Palabra de Dios era la única autoridad y la regla suficiente para la fe y para la práctica.

Las tradiciones entorpecen y hacen que los creyentes no lleguen a conocer la verdad; además, el querer cumplir con las tradiciones, y pasar por alto los mandamientos divinos, hace que haya condenación segura (Mt. 5:20; 23:33). El remedio para esto era, y es, sencillo: esto es, acercarse a Dios y a sus doctrinas con todo el corazón, desechando las tradiciones de los hombres.

A través de las enseñanzas de Cristo acerca de la importancia de cuidar lo interior del hombre, es decir, el corazón y lo que sale de él, en vez de lo externo y de ser muy escrupulosos en cuanto a la manera de comer, el Señor dio un nuevo concepto de Dios y de cómo debe ser nuestra relación con Él.

¡Algunos de aquellos rabinos osaban insinuar que Dios de día se ocupaba en estudiar las Sagradas Escrituras y de noche en estudiar las tradiciones o escritos y mandamientos de los rabinos!

B. El concepto de Dios y la Biblia

Génesis 1:1; Salmo 14:1; Job 1:25; 1 Juan 5:20; 2 Timoteo 1:12

En el primer libro de la Biblia que fue escrito, que es el de Job, leemos: "Yo sé que mi Redentor vive"; y en la última carta del apóstol Pablo: "Yo sé a quién he creído"; mientras que el apóstol Juan escribió hacia el final de su vida: "Pero sabemos que el Hijo de Dios ha venido, y nos ha dado entendimiento para conocer al que es verdadero; y estamos en el verdadero, en su Hijo Jesucristo. Este es el verdadero Dios, y la vida eterna" (1 Jn. 5:20).

Es interesante notar que aunque las Sagradas Escrituras son la fuente de la salvación para dirigirnos a Jesucristo y a Dios (Jn. 5:39-40; 17:3; Is. 12:3), ellas nunca se han dedicado a demostrar la existencia de Dios, sino que más bien a declarar las verdades acerca de Él, esto es, que Él vive (Is. 44:6, 24; Ex. 3:14; Gn. 24:62; Dt. 5:26; Jos. 3:10; etc.). También habla de la necesidad que tiene el hombre de ser instruido en la Palabra para conocerle mejor (Dt. 6:4-9; 29:29; 2 Ti. 2:15; Ef. 1:17-18; Is. 8:20; 2 Ti. 3:15).

Sabemos que la misma naturaleza enseña a cada ser humano que hay un Creador, y que es irrazonable adorar a una cosa creada o formada por las manos del hombre (Sal. 115:3-8; Is. 44:1-20; Ro. 1:18-32).

Así que, podemos decir que en la Biblia Dios se dirige al hombre como a alguien que ya sabe que Él existe y que tiene una idea aunque vaga de Quien es Él, razón por la cual necesita una revelación más concisa sobre Él, que se encuentra en la Biblia.

En Lucas 16:19-31 el Señor Jesucristo pone de manifiesto el lugar único y con suficiente autoridad que tiene su Revelación escrita. Véase también Apocalipsis 22:18-19.

En la Biblia encontramos un concepto de Dios que es imposible de superar. En ella también se muestra al ser humano en toda su cruda realidad, luego que se separó de Dios a causa del pecado. Además, presenta la revelación del amor divino más allá de la posibilidad de lo que la mente humana podría concebir.

Se aprecia la justicia de Dios con sus demandas inescapables, pero a su vez la gracia infinita encarnada en Cristo Jesús, el cual satisfizo la justicia divina, justificando al pecador que cree en Él.

Repaso de la lección

1. ¿Cómo demuestra la Biblia la existencia de Dios?
2. ¿Cuál es la declaración más clara en la Biblia, que habla de que el hombre puede conocer a Dios?
3. ¿Qué parte juega la intuición como medio para concebir el concepto de Dios?
4. ¿Qué es una idea primaria?
5. ¿Cómo ayuda la razón para entender el concepto de Dios?
6. ¿Sirve la tradición para hacernos conocer a Dios?
7. ¿Por qué aceptamos a la Biblia como la única fuente con autoridad para declarar la doctrina acerca de Dios?

Lección 4

LA EXISTENCIA DE DIOS - II

BOSQUEJO

La naturaleza le hablaba al Señor Jesucristo acerca de Dios

A. El argumento cosmológico

El argumento creacionista demuestra que el mundo tuvo una causa previa y eficiente. Mediante la fe, el cristiano cree y entiende que los cielos fueron hechos por la palabra de Dios, y que éstos cuentan la gloria de Dios y la expansión anuncia o evidencia la obra de Sus manos. El mundo se hizo a sí mismo o fue hecho: lo primero está fuera del conocimiento humano; lo segundo no viola en ningún momento la razón humana.

B. El argumento teleológico

El argumento de la presencia de designio y de orden en el universo, demuestra que ha habido una causa inteligente y directriz. El hombre comprende el universo y sus leyes, de modo que se concluye que es razonable creer que un mismo Creador hizo tanto al hombre como al universo. La adaptación tanto del ojo a la luz como al cerebro prueba que ha existido un designio. También las nubes comunican inteligencia y propósito. Muchas son las pruebas que comunican inteligencia y designio por parte de la primera causa del universo.

LECCIÓN 4

La existencia de Dios - II

Vemos que el Señor Jesucristo conocía perfectamente el mundo, la naturaleza y sus leyes, y al hombre con sus problemas físicos, mentales y espirituales. Él habló a menudo de las plantas y de la siembra y cosecha, aplicándolas a lecciones espirituales.

Con toda naturalidad se refirió a los lirios, la hierba del campo, las aves del cielo, las ovejas, las zorras y sus cuevas, los lobos, los árboles y sus frutos. Comprendía el cuidado necesario para una viña, entendía los diferentes tipos de tierra que hay para sembrar, y conocía a los hombres en todas sus expresiones de gozo, dolor, trabajo y preocupación.

Sin embargo, debemos decir que la fe o la confianza en Dios, no se consigue simplemente contemplando Sus obras en la naturaleza y en la providencia (Mt. 5:7), sino que viene por la Palabra de Dios (Ro. 10:17), la cual el Señor Jesucristo trajo de la manera más perfecta.

En esta lección vamos a seguir con la consideración acerca de la verdad de la existencia de Dios. Anteriormente habíamos visto que la creencia en Dios es intuitiva, esto es, una verdad primaria que la mente originalmente acepta de manera natural.

Ahora veremos algunas verdades que contribuyen a la conclusión de que Dios verdaderamente existe. Estas verdades corroboran nuestra creencia intuitiva, haciéndonos ver las cosas que influyeron para concebir inconscientemente en nuestras mentes dicha creencia, en cuanto a la existencia de Dios. Todas son convergentes y acumulativas; cada una se presenta independientemente como una conclusión probable, y al considerarlas todas juntas, si acaso no son concluyentes, por lo menos exponen la gran verdad de Dios.

En el análisis, presentamos argumentos que razonan sencillamente en la relación causa-efecto o viceversa, concluyendo que ha sido necesaria tanto la revelación a través de la naturaleza como de la palabra escrita.

A. El argumento cosmológico, en cuanto a la existencia del mundo

"¿Quién midió las aguas con el hueco de su mano y los cielos con su palmo, con tres dedos juntó el polvo de la tierra, y pesó los montes con balanza y con pesas los collados?" (Is. 40:12).

"Los cielos cuentan la gloria de Dios, y el firmamento anuncia la obra de sus manos" (Sal. 19:1).

"Cuando veo tus cielos, obra de tus dedos, la luna y las estrellas que tú formaste ..." (Sal. 8:3).

"En el principio creó Dios los cielos y la tierra" (Gn. 1:1).

"Porque así dijo Jehová, que creó los cielos: El es Dios, el que formó la tierra, el que la hizo y la compuso; no la creó en vano, para que fuese habitada la creó: Yo Jehová, y no hay otro" (Is. 45:18).

"Porque lo que de Dios se conoce les es manifiesto, pues Dios se lo manifestó. Porque las cosas invisibles de El, su eterno poder y deidad, se hacen claramente visibles desde la creación del mundo, siendo entendidas por medio de las cosas hechas, de modo que no tienen excusa" (Ro. 1:19-20).

La palabra "cosmos" viene del griego y significa "mundo", refiriéndose al conjunto ordenado de todas las cosas creadas. En ella se puede incluir a todo el universo con sus soles, planetas y lunas. El argumento cosmológico para creer en la existencia de Dios se basa en el reconocimiento de las cosas existentes, las cuales apuntan hacia un Ser Creador.

Se dice que toda cosa existente tiene que haber tenido un origen o causa. Se puede decir entonces que la existencia del universo demanda la existencia de un Creador, Quien es la causa previa y eficiente.

Por otro lado, cada efecto debe tener una causa adecuada, y puesto que la idea de una cadena infinita de causas que no tengan un punto fijo en ningún extremo no es aceptable por nuestras mentes, se llega a la conclusión de que hay una causa inicial de todo lo que existe.

Aceptando entonces, que la existencia del mundo nos lleva a entender que hay una causa anterior y adecuada, la pregunta es: ¿cómo podemos saber acerca de aquella causa? Sabemos que el argumento cosmológico no prueba la existencia de un Dios infinito con todos Sus atributos; sin embargo, da a entender que debe haber habido una causa previa, la cual tiene que haber sido algo real, por cuanto es imposible que la nada produzca algo más que la nada.

En Hebreos 11:3 leemos: "Por la fe entendemos haber sido constituido el universo por la palabra de Dios, de modo que lo que se ve fue hecho de lo que no se veía", donde es obvio que se refiere a que Dios mismo es el origen y la causa primera de todo lo visible.

Preguntamos entonces, ¿puede la razón llegar a la misma conclusión, independientemente de la revelación escrita? Contestamos que no completamente, porque es por la fe que entendemos las obras de Dios.

Sin embargo, aun aceptando la afirmación de que la causa del universo fue anterior a su creación, es otra cosa el que la mente acepte que es eterna. No importa si se alega que lo creado no demanda más que una causa creadora, la cual a su vez pudo haber sido un efecto, pero cuya serie de causas no sigue hasta el infinito, por cuanto tendría que llegar finalmente a algo que se hizo a sí mismo, lo cual nuestra mente no puede aceptar.

Si rechazamos tal cadena interminable, creemos entonces en una causa que siempre ha existido, la cual es eterna y que no tuvo principio.

Por otro lado, el ateo lógicamente tiene que creer en que la materia es eterna, aunque la ciencia demuestra que la materia se dirige de un origen dinámico a un fin estático, y por lo tanto, indica un principio causal.

Al haber inventado ya la bomba atómica, el hombre mismo ha aprendido a liberar y a desperdiciar la energía de la materia, aunque no sabe cómo ni pretende ser capaz de renovar dicha energía. El Dr. Robert S. Richardson del Observatorio del Monte Wilson, dice que el sol pierde por la irradiación, la cantidad de 4.600.000 toneladas de materia cada segundo. De esto deducimos que la materia no es eterna, sino que existió una causa eterna, la cual creó todo el universo.

Al considerar que la causa del universo es adecuada y eficiente, ¿de dónde, entonces, recibió la energía o poder para crear el universo de la nada y dotarlo de la fuerza necesaria, para seguir su rotación y traslación? Contemplemos el tamaño del universo entero, en el cual un rayo de luz que viaja a la velocidad de 295.000 kilómetros por segundo, necesita miles de millones de años para atravesar de una punta al otro lado.

Además, hay millones de grupos de estrellas, lo cual es imposible abarcar en nuestro pensamiento, sin entender la energía que se requiere para poner todo el universo en movimiento, y sostener cada cosa en su lugar. Vemos entonces que dicha "causa" primera es existente por sí misma, y para nuestro concepto, es todopoderosa.

Creemos que esta causa primera, debe tener voluntad por cuando decidió hacer el universo, y si tiene voluntad, por lo tanto tiene personalidad, y naturalmente le atribuimos todas las características que una persona como nosotros poseemos (pero por supuesto que en un grado elevadísimo). Los argumentos que siguen son más claros y apropiados para evidenciar la personalidad, como se presentará en seguida.

B. El argumento acerca del orden y designio de la creación, llamado teleológico

"Jehová con sabiduría fundó la tierra; afirmó los cielos con inteligencia" (Pr. 3:19).

"¡Cuán innumerables son tus obras, oh Jehová! Hiciste todas ellas con sabiduría; la tierra está llena de tus beneficios" (Sal. 104:24).

"El que hizo la tierra con su poder, el que puso en orden el mundo con su saber, y extendió los cielos con su sabiduría, a Su voz se produce muchedumbre de aguas en el cielo, y hace subir las nubes de lo postrero de la tierra; hace los relámpagos con la lluvia, y saca el viento de su depósito" (Jer. 10:12-13).

"El que hizo el oído, ¿no oirá? El que formó el ojo, ¿no verá? El que castiga a las naciones, ¿no reprenderá? ¿No sabrá el que enseña al hombre la ciencia?" (Sal. 94:9-10). Véase también Salmo 135:6-7 y Hechos 14:15-17.

Este argumento se presenta de la siguiente manera: Si un hombre que está atravesando un campo, se encontrara un reloj y al examinarlo dijera: "¡Que coincidencia! ¡Un vidrio, un poco de metal y unas piezas se juntaron por casualidad y con tan buena suerte, que se convirtieron en un marcador de tiempo (reloj), el cual corre coordinadamente con el sol!" Consideraríamos irracional su pensamiento. El hecho lógico es que alguien inteligente y hábil tuvo que haber diseñado dicho reloj, con el fin de señalar la hora exacta.

Esto ilustra la verdad primaria de que un conjunto de varias piezas o partes, hechas y combinadas de tal modo que, cooperando juntas, cumplan con un fin o designio, prueba que es resultado de un ser inteligente, con voluntad y poder.

En la naturaleza hay muchas leyes y delicados ajustes que gobiernan la existencia de las diversas materias orgánicas e inorgánicas, masas pequeñas y grandes, plantas, animales y seres humanos, de modo que todos coexisten y cada parte cumple con su razón de ser.

Es evidente la estructura sabia de que lo inorgánico sirve a lo orgánico, y todo sirve al ser humano. La tierra produce los alimentos para las plantas y las plantas son el sustento para la vida animal. La atmósfera, el sol y la luna, el calor del verano y el frío del invierno, la luz y la oscuridad de la noche, la lluvia, la nieve y la sequía, todos cooperan eficazmente para mantener la vida en este hermoso planeta.

La primera parte del argumento expresa que si no hay "mente en el universo", entonces tampoco hay mente en nosotros. Esto quiere decir que si un Ser pensante originó este mundo, y si las leyes que lo gobiernan hoy no fueron dictadas con inteligencia y un propósito sabio, ¿cómo es posible que nuestras mentes tengan la capacidad de escudriñar, descubrir y comprender dichas leyes?

El hecho es que el mundo exterior, esto es, la naturaleza existente fuera de nosotros, corresponde al mundo interior o el orden que hay dentro de nosotros. Un dios no hizo la naturaleza y otro dios a nosotros. La armonía en nuestro modo de pensar y las leyes de la naturaleza, apuntan hacia una causa inteligente y dirigente. El orden que está en el mundo y el que está en nuestra mente concuerdan, porque así fueron creadas por el Dios Sabio.

Las pruebas del designio y del orden existente de las cosas son tantas, que no dejan lugar para que la suerte o la feliz casualidad sea la explicación posible de todo, como algunos evolucionistas tratan de afirmar. El hombre inhala el aire al respirar, y luego cambia el oxígeno a bióxido de carbono, que las hojas de las plantas toman para "respirar", cambiando a su vez el bióxido de carbono en oxígeno nuevamente.

La hierba alimenta a los animales con los productos químicos que saca de la tierra, y luego ellos abonan nuevamente la tierra. Un agricultor dijo en una ocasión que sólo el estiércol de los animales era suficiente prueba para creer en un Dios sabio, porque si no sirviera para abonar la tierra, ¿entonces para qué serviría? Habría tanto, y si no se pudiera esparcir sobre la tierra para abonarla, pronto saturaría el espacio necesario para vivir.

Si hablamos del ojo, vemos que es una compleja combinación que permite que se reciban impresiones de objetos por la luz exterior, comunicando estas imágenes al cerebro para su interpretación.

Así, podríamos hablar de todas las maravillas que Dios ha creado con un propósito definido, tal como las partes del cuerpo, el propósito de los ríos, las estaciones del año, la variedad de fauna y flora, etc.

En Job 37:16 leemos: "¿Comprendes tú los equilibrios de las nubes, las obras de Aquel que es perfecto en saber?" El aire consiste en su mayor parte de oxígeno con hidrógeno, de modo que una molécula de vapor de agua pesa más que un átomo de oxígeno o de nitrógeno.

Es una ley de la física que el peso de un metro cúbico de cualquier gas está siempre en proporción al peso de los átomos o de las moléculas que lo componen. Parece, entonces, a primera vista, que el vapor de agua no debe flotar en el aire. Pero se ha descubierto que las moléculas de nitrógeno y de oxígeno que están en el aire, como todo gas en estado libre, no contiene átomos sencillos sino siempre dobles, esto es, en pares.

Por esta razón el aire pesa el doble de lo que pesaría si sus moléculas estuvieran compuestas de átomos sencillos, dando como resultado que el vapor de agua pese sólo el 62 por ciento del peso del aire.

Todo el sistema de evaporación del agua de los mares por la acción del sol se convierte en nubes, que los vientos empujan nuevamente sobre la tierra con el fin de regarlo con las lluvias, lo cual depende de este pequeño arreglo de átomos que ha sido hecho por este Gran Creador.

También al considerar el cuerpo del hombre vemos muchas maravillas que hablan a voz en cuello de la existencia de un Sabio Creador: el oído, el olfato, el tacto, el sistema respiratorio, digestivo, nervioso y circulatorio, además de las glándulas, los huesos, músculos, tendones y el cutis, la mano con su dedo pulgar que juega con los demás dedos, mientras que los pies tan pequeños en comparación del cuerpo le mantienen a éste en equilibrio.

La teoría de la evolución no es sino sólo una teoría que habla del método del desarrollo que ha tenido la materia en el universo para explicar el estado presente de las cosas. No pretende explicar el origen o la primera causa. Empieza, por lo primitivo, con una neblina tal vez candente como el principio del universo entero, dando a entender que siempre existió.

Así que, decir que la materia es eterna significa que una cosa tuvo su propio origen en sí mismo, lo cual no admite prueba. Más razonable es creer que la causa de todo es un Ser inteligente, y no que la misma materia es su propio creador.

Algunas personas alegan que uno puede creer en la Biblia y creer en la evolución al mismo tiempo. Si aplicamos el principio de interpretación enseñado en el Curso Preliminar que dice: "Hay que interpretar cada versículo o pasaje en el sentido común de las palabras, a menos que haya una razón clara para darle otro significado", resultará difícil creer ambas cosas a la vez.

Por cierto que uno puede creer que Dios creó al mundo y que lo dotó de la capacidad de evolucionar o desarrollarse; sin embargo, la evolución misma no admite la intervención de Dios, por lo menos de un Dios personal.

Decimos nuevamente que la evolución es una teoría no comprobada, la cual alega que el universo comenzó con la materia en una forma muy simple, y de la cual surgió la vida, primero en forma de una célula que por su propia cuenta se fue desarrollando hasta formar la vida compleja del ser humano. No es posible creer en la evolución y en el acto creacional de Dios Todopoderoso. De hecho, se requiere más fe para creer en una teoría, que para creer en hechos que pueden ser comprobados aun científicamente.

Si es que un cristiano quisiera interpretar la Biblia de acuerdo con la teoría de la evolución, debe hacerlo cumpliendo los siguientes requisitos:

1. Que se demuestre una serie completa, sin mayores intervalos, de los pasos evolutivos desde una forma primitiva hasta su forma desarrollada.
2. Que se formule una ley física que explique, sin recurrir a lo fortuito, suerte, o "feliz casualidad", los cambios evidenciados en los pasos evolutivos demostrados.
3. Que se demuestre que esta ley formulada ha regido para efectuar "la serie evolucionada demostrada".

Los partidarios de la teoría de la evolución, han presentado lo que ellos llaman "la ley de la selección natural" como origen de la evolución ascendente. Se ha comparado a un agricultor que selecciona lo mejor de su cosecha de granos para sembrar el próximo año, con la mira de mejorar el producto. Sin embargo, la teoría de la evolución niega la presencia de tal agente y atribuye dicha sabiduría a la materia.

Preguntamos entonces a los evolucionistas: "¿Si la evolución ha estado operando desde el origen, ¿cómo es que hoy no existen todos los pasos o estados dentro de la serie evolutiva? ¿Cuándo y cómo se hizo la transición del mono al hombre pensante? Si esta evolución solamente sirvió durante los milenios pasados, ¿cuándo y por qué dejó de funcionar? ¿Por qué no existen hoy en día ejemplos de materia, plantas y animales en diferentes grados de progreso, evidenciando así cada paso de la evolución desde la simple materia hasta el hombre?

Sólo cuando los evolucionistas logren contestar a estas preguntas satisfactoriamente, podremos los cristianos considerar su opinión respecto a la manera en que Dios creó todo.

Repaso de la lección

1. ¿En qué concepto tenía el Señor Jesucristo a este mundo?
2. ¿Podemos los cristianos alegar que estos argumentos bastan (sin las Escrituras) para probar al hombre que Dios existe?
3. ¿Qué puede decir usted acerca de la relación de causa y efecto como explicación de los fenómenos o manifestaciones materiales?
4. Explique el argumento cosmológico que demuestra la existencia de Dios.
5. Explique el argumento que demuestra el orden y designio en el universo, y dé algunos ejemplos.
6. ¿Son concluyentes estos argumentos sin la intuición?
7. ¿Cuál es la relación de estos argumentos con la Biblia?

Lección 5

La existencia de Dios - III

Bosquejo

A. El argumento moral o antropológico

La naturaleza intelectual y moral del hombre evidencia también la existencia de un Creador inteligente y moral. El ser humano es una creación especial con un elemento que ni las plantas ni los animales tienen; esto es, un espíritu, por medio del cual somos conscientes de Dios y de nuestras relaciones con Él.

El arrepentimiento y el remordimiento son pruebas de que el hombre tiene una naturaleza moral, un sentimiento de responsabilidad hacia Alguien fuera de sí mismo, y que tiene una autoridad absoluta.

El hombre tiene un impulso, una voz interior que le dice: "yo debo hacer esto o aquello" y reconoce su obligación de que un día tendrá que dar cuenta de sus hechos a Dios, el Juez (He. 9:27).

B. El argumento ontológico

Es el argumento que tiene que ver con la causa y el efecto, y es el de menor peso entre los argumentos filosóficos que tratan de probar la existencia de Dios. Afirma que, como tenemos en nuestra mente la idea de un Ser infinitamente perfecto en todos Sus atributos, y que como es imposible conceptuarle más alto o más perfecto, (y puesto que la existencia es necesaria para la perfección), entonces nuestra idea de Él precisa de Su existencia.

Si aclaramos nuestro concepto del Creador, que es antecedente al mundo, entonces la mente le atribuye eternidad; creó el universo, luego es omnipotente; hizo las leyes de la naturaleza y mora en perfección, por lo que es infinitamente santo.

Sin embargo, se necesita algo más que los simples argumentos filosóficos; es decir, debe haber una revelación divina que apele a la fe a fin de conocer y agradar a Dios.

C. El argumento Cristológico

Se basa en el maravilloso advenimiento de Jesucristo, quien reveló al Padre Eterno (Jn. 1:18). El mundo no ha conocido ni conocerá jamás a otra persona como Jesucristo. Y puesto que Cristo existe, debe también existir Dios.

De todas maneras, necesitamos las Escrituras para tener el conocimiento debido de Dios a través de lo que Cristo dijo en ella.

Lección 5

La existencia de Dios - III

El Señor Jesucristo hizo la siguiente pregunta: "¿Cuánto vale más un hombre que una oveja?" (Mt. 12:12). Anteriormente, hablando a sus discípulos palabras de consuelo e instrucción, Jesús les explicó que el Padre tenía contados aun los cabellos de sus cabezas, agregando: "Así que, no temáis; más valéis vosotros que muchos pajarillos" (Mt. 10:31).

Afirmó que el hombre era algo más que un cuerpo, cuando dijo: "Porque, ¿qué aprovechará al hombre, si ganare todo el mundo, y perdiere su alma? ¿O qué recompensa dará el hombre por su alma?" (Mt. 16:26). Para Él, lo inmaterial valía más que lo material, según se ve en Mateo 6:33: "Mas buscad primeramente el reino de Dios y su justicia, y todas estas cosas os serán añadidas". Véase también Juan 10:10.

Habló acerca de la conciencia en Mateo 21:40-41 y Juan 8:1-11, de las emociones en Mateo 21:37-39; 22:7, y del razonamiento en Marcos 2:8 y 8:17, etc. Enseñó que las emociones, la voluntad, la mente y aun los apetitos debían estar dedicados a Dios (Mt. 7:21; 12:50; Jn. 4:34; 5:30; Lc. 14:26-27, etc.).

Jesucristo sabía que el hombre fue creado por Dios (Mr. 10:6), que no podía vivir solamente de pan sino de la Palabra de Dios (Mt. 4:4), por cuanto la vida del hombre no consiste en la abundancia de las cosas que posee (Lc. 12:15).

El Señor nunca enseñó que el hombre es producto de la evolución, teniendo como predecesores a los monos unos millones de siglos atrás. El hecho es que la naturaleza del hombre corresponde a la naturaleza de su Creador, a quien puede conocer y con quien puede asimismo comunicarse.

A. El argumento de la naturaleza mental y moral del hombre, llamado moral o antropológico

Salmo 32:1-5; 38:1-4; Mateo 27:3-5

Este argumento va más allá de los que hemos examinado anteriormente, y dice que la existencia del hombre, con intelecto y con una naturaleza moral, prueba que tuvo como causa a un Ser con personalidad (es decir, con inteligencia y criterio moral).

Tiene por base al ser humano, llamado científicamente "el Homo Sapiens", que pertenece al primer orden de la clase de los mamíferos. En la historia de la creación que culmina en Génesis 1:26-27 y 2:7, vemos que Dios creó al hombre como la última de Sus obras, y descansó. Y así es, pues desde el advenimiento del hombre no ha aparecido otro ser viviente.

En el primer capítulo de la Biblia y en su primer versículo dice que: "En el principio creó Dios los cielos y la tierra". Después de crear de la nada toda la materia del universo, no se usó más el verbo "crear" en este relato, sino hasta llegar a la creación de los animales en el versículo 21, para luego usarlo en el versículo 27 refiriéndose al hombre.

Comparando Génesis 1:26-27 y 2:7 con Isaías 43:7, encontramos tres distintos verbos usados para explicar el método usado por Dios para dar origen al hombre. Primero, le hizo (Gn. 1:26); luego le formó (Gn. 2:7); y finalmente lo creó (Gn. 1:27). Estos son tres verbos distintos en el hebreo: "asah","yatsar" y "bara" respectivamente, los mismos que son usados en Isaías 43:7.

Esto se puede interpretar como la descripción del origen del hombre como ser humano con las mismas facultades que posee hoy día. La idea es que el cuerpo fue hecho de la materia creada en el principio, en este caso, del "polvo de la tierra". Después fue formada el alma, esto es, los sentimientos, la voluntad y la inteligencia. Si aquí se hubiera quedado todo, el hombre sería nada más una clase superior de animal.

Pero luego Dios creó al hombre, dándole lo que no había dado ni a la materia ni a los animales: esto es, el espíritu. De esta manera el hombre no sólo tenía conciencia de sí mismo, sino que también tenía conciencia de Dios.

En Romanos 8:16 leemos que el Espíritu de Dios da testimonio a nuestro espíritu de que somos hijos de Dios. Es con el espíritu que el hombre es consciente de Dios y de las verdades espirituales y divinas.

Primera Tesalonicenses 5:23 hace mención de "el espíritu, alma y cuerpo" del hombre. También es correcto interpretar la palabra "corazón" de Deuteronomio 6:5 como lo que se refiere a lo más íntimo de la persona, lo que ante todo tiene que ver con Dios, esto es, el espíritu. "Amarás a Jehová tu Dios de todo tu corazón, y de toda tu alma y con todas tus fuerzas".

En el Nuevo Testamento, hablando del nuevo hombre formado o creado en Cristo por la regeneración al creer en Él, dice que el nuevo hombre "es creado conforme a Dios en justicia y santidad de verdad" (Ef. 4:24; lea también Col. 3:10; Ro. 8:29; 2 Co. 3:18; 5:17-18). El hombre, entonces, fue hecho a imagen y semejanza moral y espiritual de Dios, y lo que se perdió cuando cayó en pecado se recobró en Jesucristo por medio del nuevo nacimiento espiritual.

Por poseer un espíritu, el hombre tiene conciencia y puede arrepentirse como lo hizo David en el Salmo 51. Hasta los bárbaros tienen conciencia de un Ser Supremo como justo y como gobernador moral de los hombres. Esto es ilustrado en el libro de Hechos, capítulo 28, donde los indígenas de la Isla de Malta recibieron a los náufragos con bondad, pero al ver que una víbora se trabó de la mano de Pablo dijeron: "Ciertamente este hombre es homicida, a quien, escapado del mar, la justicia no deja vivir". Tal era su convicción o sentido de justicia y de los juicios de Dios. Cuando vieron que ningún mal le pasaba, cambiaron de parecer y creyeron que era un dios.

La confesión de Judas Iscariote en Mateo 27:3-5 y su suicidio, habla a voz en cuello del sentido moral que tiene el hombre, de su conciencia, del reconocimiento de culpa y de la aceptación de castigo. El argumento aquí es entonces, que el hecho de que el hombre sea un ser inteligente y moral, exige que haya sido creado por un Ser que sea inteligente también en el más alto grado, y de igual manera en cuanto a lo moral y al libre albedrío.

El hombre es en parte un cuerpo material. El argumento teológico emplea como prueba de la existencia de un Dios Creador inteligente a la manera maravillosa en que el cuerpo humano está diseñado para la vida. Se puede ver que el sistema alimenticio está bien coordinado con los alimentos que produce la tierra; el sistema nervioso está conectado al cerebro y con todos los sentidos, de modo que sean útiles. Vemos también al sistema circulatorio de la sangre y la linfa, el corazón, las arterias y las venas por medio de las cuales corre la vida por todo el cuerpo.

Consideremos lo siguiente: si la tierra existe para producir plantas y las plantas sirven para alimentar a los animales, quienes a su vez alimentan y sirven al hombre, entonces ¿cuál es el propósito de la existencia del hombre? ¿Será sólo para completar el círculo de la vida física, ayudando al todo para así continuar existiendo pero sin otro propósito que su propia existencia? ¡Claro que no!

Sabemos que el ser humano tiene un llamado superior que la mera existencia física. El hombre tiene una naturaleza moral que afecta a todo lo que hace y piensa. Hay un sentido del "deber", un impulso que le lleva a pensar: "yo debo hacer esto porque es bueno y debo dejar de hacer aquello porque es malo".

También reflexiona diciendo: "yo debía haber hecho tal y cual cosa". Nos preguntamos, ¿por qué y de dónde tiene el hombre esta conciencia? La respuesta es que, tomando en cuenta que hay un Creador moral y omnisciente, es razonable que a Su representante aquí en el mundo, a quien ha dado el dominio sobre la obra de Sus manos, a fin de someterlo todo al cumplimiento de la voluntad del Hacedor, le haya dado también una conciencia en cuanto a su responsabilidad frente a su Creador.

Concluimos diciendo que el hecho de que el hombre tenga una naturaleza moral es un argumento a favor de que tuvo su origen en un Ser moral en grado mayor, si acaso no infinito. Una fuerza impersonal no pudo haber producido un hombre con sensibilidad, con voluntad y conciencia.

El Dios santísimo sí pudo, porque Sus obras habían de reflejar el carácter del Hacedor. Siendo el Creador un Ser omnipotente, sí es posible comprender que Él haya dado al hombre el libre albedrío, una voluntad e inteligencia inventora.

Las historias del diluvio y de la torre de Babel prueban que Dios sabe gobernar moralmente a Sus criaturas. Él tiene recursos sobrados para probar Su soberanía, de modo que no hay temor de que la creación entera se equivoque de rumbo y todo llegue a un caos final. Él es el gobernador moral de aquel ser moral que creó, y el Juez ante quien cada hombre dará cuenta de sí (He. 9:27; Ro. 14:9,12; 2 Co. 5:10; Mt. 25:31-46; Ap. 20:11-15).

Estos tres argumentos a posteriori (del efecto a la causa), de la creación, del designio y de la moral, refuerzan la fe del creyente y tienen un papel importante en la formación de la creencia en Dios como verdad primaria o inherente.

De todas formas, sabemos que las personas no creerán por argumentos, sino por lo que dice la Biblia: "Así que, la fe viene por el oír, y el oír por la Palabra de Dios" (Ro. 10:17).

B. El argumento de la idea de Dios, llamado el argumento ontológico

Este argumento llamado "a priori" (de la causa al efecto), es generalmente considerado como el más débil. Muchos teólogos rehusan comentarlo, mientras que otros creen que es de cierto valor.

Este argumento dice que tiene que haber una realidad donde la mente reconoce que existe, cuando la existencia real es necesaria a la idea. Tenemos la idea en nuestras mentes de que existe un ser infinitamente perfecto. Como no podemos reflexionar de lo finito a lo infinito, ¿de dónde procede esa idea de lo infinitamente perfecto?

La debilidad de este argumento está en que es imposible probar que la idea de un ser infinitamente bueno no pueda surgir de la mente humana aparte de la realidad y existencia de tal ser infinito y bueno, lo cual es la base del argumento. En otras palabras, si tal idea puede imaginarse, aunque no haya tal ser existente, entonces el argumento no es válido.

Otra manera de expresar este argumento es basarlo sobre el espacio y el tiempo, de los cuales se dice que son infinitos y eternos, exigiendo alguna substancia o ser eterno que tenga tales atributos. Sin embargo, esto es afirmar lo que no se puede probar. Se dice que hay el ser o la existencia, y lo mínimo que se reconoce como existente, es uno mismo.

Desde este punto de partida hemos de razonar por medio de las convicciones intuitivas, inescapables y necesarias.

1. Si algo existe hoy, es porque siempre ha existido, por cuanto la nada nunca puede originar algo. De tal manera que, si algo existe, es porque debe haber algún Ser eterno.

2. Si existe algo eterno, es porque dicho Ser eterno existe de por sí, sin haber tenido otra causa.

3. No se puede fusionar un Ser eterno y existente por sí mismo, con lo finito. Un ser con la capacidad de vivir para siempre es infinito, por cuanto la eternidad es lo infinito. Concluimos entonces que este Ser Eterno es omnipotente, capaz de crear todo cuando Su voluntad dicte.

4. Dicho Ser eterno, que no ha tenido origen, debe ser perfecto. El mal destruye, de tal manera que lo eterno no puede ser malo. Nosotros nos llamamos imperfectos porque nos medimos en contraste con la idea de lo perfecto, y la mente conceptúa la perfección junto con lo infinito y eterno.

5. Lo que de por sí existe es eterno, y tiene todas las perfecciones en grado infinito. Tiene personalidad y se lo conceptúa como Dios. De esto podemos comprender el dicho: "Yo soy; por lo tanto, Dios es".

Lo que se puede decir a favor de este argumento es, que la mente humana acepta las evidencias de los argumentos a posteriori a favor de un Creador antecedente al universo, con poder suficiente para crear la materia de la nada; con la sabiduría necesaria para ordenar y gobernar el universo; y con la santidad y justicia necesarias para dar al hombre su conciencia y moralidad, puesto que atribuimos al Ser que tiene tales atributos en grado sobrehumano, la infinidad y la perfección en todos Sus atributos.

Aunque esto no se puede probar, nuestra mente nos lleva a hacerlo, aun sin razonar, aceptando que Él nos hizo con los sentimientos o instintos de amar, adorar, pensar, etc.

Aquí nos encontramos otra vez frente a la necesidad de una revelación de parte de Dios, y de la fe por parte del hombre. La fe extiende el pie y encuentra una base firme: "La Roca de la Eternidad". Reflexionando sobre nuestro "atrevimiento" en creer, se presentan algunas razones y nos parece lógica nuestra fe, en ocasiones hasta el punto de asombrarnos de que no hayamos expresado nuestra fe mucho antes.

Se cuenta de un misionero que predicaba a un grupo de indígenas en la selva, los cuales jamás habían oído del evangelio. Él les habló del amor de Dios, por medio del cual envió a Su Hijo único para redimirnos de nuestra maldad, muriendo en la cruz y preparándonos para vivir eternamente con Él en gloria. Al terminar su mensaje oyó a una de las viejitas africanas decir a su vecina: "Yo siempre he creído que debía haber un Dios como ese".

Concluimos con Hebreos 3:4: "Porque toda casa es hecha por alguno; pero el que hizo todas las cosas es Dios".

C. El argumento Cristológico

"¿Qué os parece del Cristo? ¿De quién es Hijo?" (Mt. 22:42). Este argumento ya fue mencionado anteriormente y será considerado más profundamente al estudiar la doctrina de Cristo (también llamado Cristología); sin embargo, es usado aquí para más o menos completar la lista de argumentos que la mente acepta casi inconscientemente, como base para la creencia en Dios.

Consiste simplemente en contemplar el hecho de Jesucristo, esto es, reconocer que una Persona llamada Jesús de Nazaret vivió en el primer siglo, de acuerdo a lo que dice tanto la Biblia como la historia. Se ha dicho que hay más evidencia en cuanto a la vida de Cristo que a la vida de Napoleón Bonaparte o de Julio César.

No sólo los cuatro Evangelios declaran cómo vivió, actuó y lo que dijo, sino que el Nuevo Testamento se deriva de Su vida. Muchos, aun contemporáneos, murieron como mártires por haber confiado en Cristo y recibido la paz celestial en sus corazones, sabiendo que se reunirían enseguida con Cristo en la gloria para nunca más morir ni sufrir. Su influencia sigue hasta el día de hoy, moldeando las vidas de millares en el mundo entero, y aun aquellos que luchan contra Él, testifican sin quererlo, de Su poder en las vidas de los cristianos.

Ahora bien, si Cristo existe, entonces también Dios existe. Si Jesús de Nazaret enseñó una mentira cuando se refería a Su Padre Celestial, entonces Él no es el Cristo. Pero, si Él no vino de Dios como lo decía, ¿de dónde provenían Sus conocimientos y poderes sobrenaturales? Al leer el Nuevo Testamento vemos la necesidad de decidir a favor o en contra de Jesucristo.

Si Cristo fue el producto de su siglo, ¿por qué entonces no produjo dicho siglo muchos hombres semejantes a Él, o por lo menos uno más? Y aun más, ¿cómo es que los muchos siglos tampoco han producido a alguien igual o superior a Cristo? El hecho es que Él vino de arriba, y es sobre todos. Sólo un Ser perfecto como Jesucristo, pudo haber venido al mundo para redimirnos.

REPASO DE LA LECCIÓN

1. ¿Cómo valoró Jesucristo al hombre?
2. ¿Reconoció el Señor que el hombre es más que un simple cuerpo? Indique una referencia.
3. Explique el argumento antropológico.
4. ¿Cree usted que el hombre es una creación especial de Dios? ¿Por qué?
5. ¿Qué valor tiene para usted el argumento moral?
6. ¿Qué provecho tiene para usted lo que dice el argumento ontológico?
7. Explique el argumento Cristológico y su valor.

Lección 6

La existencia de Dios - teorías humanas

Bosquejo

A. El ateísmo es la negación de la existencia de un Ser Supremo

B. El agnosticismo es la negación de la posibilidad de saber si Dios existe o no

C. El escepticismo es la duda arraigada de que Dios existe

D. El politeísmo es la creencia en muchos dioses, generalmente acompañado de la idolatría

E. El panteísmo es la teoría de que Dios es todo y todo es Dios

F. El deísmo expresa que Dios hizo al mundo, pero que luego lo abandonó

G. El dualismo dice que hay dos principios eternos, el uno que representa lo bueno y el otro, lo malo

Lección 6

La existencia de Dios - teorías humanas

El Señor Jesucristo desafió a aquellos que no creían en Él. Juan 7:17 dice: "El que quiera hacer la voluntad de Dios, conocerá si la doctrina es de Dios, o si yo hablo por mi propia cuenta".

En otra ocasión, cuando habló con los mismos fariseos, indició el por qué de su incredulidad: "¿Cómo podéis vosotros creer, pues recibís gloria los unos de los otros, y no buscáis la gloria que viene del Dios único?" (Jn. 5:44). Para esta lección también se aplica la pregunta del Señor hecha a Sus adversarios: "¿No erráis por esto, porque ignoráis las Escrituras, y el poder de Dios?" (Mr. 12:24).

En la presentación de los argumentos filosóficos o naturales que evidencian la existencia de Dios, hemos mantenido que dichos argumentos son lógicos pero que no obligan a todos los hombres a aceptar inevitablemente la verdad de Su existencia.

Es por la fe que entendemos que Dios es el Creador, Sustentador, Redentor y Juez del universo y de la humanidad. Pero nos conviene ahora considerar ciertas verdades y resultados de la aceptación o rechazo de dichas evidencias para creer en Dios.

El pasaje principal que desarrolla la introducción al tema de esta lección es Romanos 1:18-32. En primer lugar, los versículos 18 al 21 nos dicen que en el comienzo de la historia de la humanidad, ¡los hombres conocieron a Dios! También se aprecia el hecho de que las cosas invisibles de Él se hacen claramente visibles por medio de las cosas que han sido hechas, de modo que son inexcusables los incrédulos.

En otras palabras, Dios atestigua el valor de aquellos argumentos que fueron presentados en las Lecciones 4 y 5 (en cuanto a la creación ordenada, al designio y a la realidad del hombre en cuanto a su estructura intelectual y moral). Este capítulo sigue explicando los terribles resultados que acarrean aquellos que rehusan aceptar su evidencia.

El Señor Jesús, en las parábolas de los labradores malvados (Mr. 12:1-12), y de los siervos y los talentos (Mt. 25:14-30), enseñó la importancia de nuestro concepto de Dios y de nuestra actitud hacia Él (Jn. 3:16-21).

Luego, cuando los hombres dejaron el conocimiento de Dios para seguir la idolatría, el resultado en sus propias vidas fue un desastre. Sus mentes se obscurecieron, porque el hombre tiende a asemejarse a lo que adora. En su cuerpo el hombre se corrompió de manera vergonzosa. Estos funestos resultados de dejar a Dios, rechazando la luz de Su revelación en la naturaleza (tanto como en la Biblia), concuerdan con las enseñanzas cristianas de que la paga del pecado es muerte (Ro. 6:23), que el pecado separa al hombre de Dios (Is. 29:1-2), y que las cosas del Espíritu son insensatez para el hombre natural (1 Co. 2:14).

En estos tiempos modernos, la incredulidad ha tomado varias formas, las cuales debe poder reconocer el obrero del Señor.

A. El ateísmo

"El insensato ha dicho en su corazón, ¡no hay Dios!" (Sal. 14:1 y 53:1). El término "ateísmo" significa "no Dios", e involucra la negación de Dios. El ateísmo afirma que no hay Dios, una cosa muy distinta a decir que no se sabe si hay o no.

Algunas personas son ateas porque en su vida práctica viven como que si Él no existiese. A menudo son personas desilusionadas por la religión y que usan esa experiencia para condenar a todo lo que se relaciona con Dios. No buscan la verdad, sino que viven para sí mismos, sin pensar en Dios.

En cambio, los ateos dogmáticos son aquellas personas que afirman que Dios no existe. Pretenden saber lo suficiente del mundo y la vida para asegurarles a todos que no hay Dios, ni un Creador, Gobernador, ni Juez Supremo.

Pretenden tener una filosofía satisfactoria que explica las incógnitas del universo.

Un ateo pudiera preguntar ¿dónde está Dios?, a lo que uno podría responder, ¿dónde no está Dios? Aunque esta pregunta no satisface plenamente a todos, obliga al ateo a reconsiderar su punto de vista. La creencia en la existencia de Dios es tan común en medio de la humanidad, que es el ateo quien acusa a los demás de estar equivocados, cuando en realidad a él le corresponde probar su aseveración, lo cual es imposible de hacer.

Nos conviene recordar, sin embargo, que el ateo es un hombre como nosotros, creado y amado por Dios y capaz de sentir nuestro afecto. Debemos pues, orar por él, por cuanto no tiene la paz del perdón de sus pecados ni el gozo de la comunión de Dios en su alma. Siempre le atormentará el pensamiento: "¿Y qué, si después de todo sí existe Dios?"

El ateo es casi siempre un "materialista" y "evolucionista", y esto se debe a que necesita sostener alguna teoría acerca del origen del universo. El materialismo enseña que todo cuanto existe y se experimenta en el mundo, se puede explicar por medio de las leyes y atributos de la materia. Niega todo lo relacionado al espíritu y dice que la materia contiene en sí la capacidad de producir los sentimientos y el pensar humanos.

El materialismo excluye toda referencia a Dios o a lo espiritual, alegando que la materia no requiere causa ni legislador. Acepta al universo como algo que existe y la materia como causa propia de todo. Niega el concepto cristiano del pecado, de la redención, del espíritu, de la vida eterna, etc. La Biblia es puro mito y Jesucristo un engañado o un engañador. Su norma de conducta es el bien presente por cuanto para él no hay destino eterno, ni juicio final.

La mejor manera de presentar el Evangelio a un materialista es por las obras del Señor Jesús como Cordero de Dios, y a través de lo que Él ha hecho en su propia vida.

En cuanto a los evolucionistas, algunos aceptan la idea de que Dios creó el mundo en el principio, porque no han encontrado otra explicación adecuada, a pesar de que los evolucionistas ateos no admiten tal cosa. Ellos creen que todo se originó por sí mismo, a través de los millones de siglos que transcurrieron.

A pesar de todos sus esfuerzos, los evolucionistas no han podido demostrar que la materia inánime fue la que produjo vida, y ésta la vida vegetal, y luego la vida animal, y que la vida animal produjo la vida humana. Por esta razón es claro que la evolución no es más que una teoría, esto es, que no ha sido demostrada.

Según los descubrimientos modernos en cuanto a la composición de las moléculas, se puede ver que la materia no es tan sólida como antes se pensaba, sino que es energía que existe en diversas formas bajo un control invisible.

Nuevas leyes son descubiertas casi a diario, y los verdaderos científicos hablan con mucha reserva acerca de "las conclusiones definitivas de la ciencia".

Por esta razón, les conviene a los maestros en los colegios analizar mejor la teoría de la evolución. Basta decir que la Biblia hasta ahora no ha sido desmentida, y como la verdad necesariamente es una, vendrá el día cuando todos se convencerán de que la verdadera ciencia apoya la Palabra de Dios en cada una de sus declaraciones.

El hecho es que la "ciencia" ha ido cambiando y contradiciendo afirmaciones que han sido hechas en el pasado.

El Dr. Clark dice: "La verdad es que con muy poca evidencia se puede probar la existencia de Dios, pero para que un ateo pueda probar que Dios no existe, tendría que explicar totalmente cada fuerza (mecánica, eléctrica, vital, mental y espiritual), cada espíritu, en todo tiempo y en todo lugar.

B. El agnosticismo

Juan 18:38

Esta palabra significa: "no saber" o "ignorar", y da a entender que es imposible que el ser humano sepa si Dios existe o no. Niega la posibilidad de alcanzar tal conocimiento.

Establece desconfianza en todo lo que forma la base del razonamiento; reconoce sólo el momento presente y llega al punto de desconfiar en la memoria diciendo: "¿Quién sabe si aquello de que me acuerdo fue una realidad, o no?" Rechaza todo lo que no sea experiencia propia, por lo tanto, no se puede ejercer fe ni tener confianza en el pasado, ni en el futuro, ni en lo que se piensa, o lo que se siente.

Para el agnóstico no existe una verdad fundamental, puesto que cree que las cosas están sujetas a constante cambio, por lo que no puede saber la certeza o esencia de las cosas.

Para hablar con un agnóstico acerca del Evangelio, es necesario orar primero, y aprovechar las oportunidades que Dios dé para compartir que Cristo quiere ser su Salvador personal.

En estos días el agnosticismo ha llegado a tomar una forma llamada "positivismo", que es una filosofía fundada por Augusto Comte (1798-1859). Consiste en aceptar como verdad solamente aquellos hechos que se pueden observar o experimentar, sometiéndolos al examen y estudio.

Puesto que la idea de Dios no está sujeta a un análisis físico, entonces rehusan el ocuparse de ella, aunque por otro lado la ciencia, desde los días de Compte, ha estado ocupándose más y más de los estudios relacionados con la mente, esto es, de la psicología y de las enfermedades mentales (psiquiatría).

Toda clase de reacciones de los sentimientos y del cerebro son sometidas hoy día a estudio, pero no lo espiritual, lo cual no resulta justo.

Luego tenemos al filósofo Guillermo James, que habla del "pragmatismo", diciendo que el criterio para juzgar toda verdad se basa en sus efectos o resultados prácticos. Con esto como base, él reconoció cierto valor de la fe, aunque subjetivo, igual que muchos modernistas también lo aceptan, aunque rechazan la Biblia como la Palabra de Dios.

Ellos dicen que si acaso hay un Dios, la razón humana no es capaz de examinar lo infinito y absoluto. Declaran que se puede creer en la existencia de un Ser Supremo, y que la fe dará buenos resultados, pero no por eso admiten que el hombre está en capacidad de conocer personalmente a Dios y tener comunión con Él.

C. El escepticismo

Esta filosofía es muy semejante al agnosticismo, diferenciándose en que mientras el agnóstico niega la posibilidad de saber si hay un Dios o no, el escéptico sólo duda, en mayor o menor grado de la existencia de Dios.

Generalmente un escéptico tiene una humildad exagerada, diciendo que reconoce las limitaciones del saber humano. Sin embargo, el hombre que rehusa aceptar la revelación de Dios y las evidencias de Él es un orgulloso, por cuanto no se humilla ante la manifestación razonable que es suficiente para la gran mayoría de la humanidad, escudándose en "una mente superior".

Pasamos ahora de las filosofías que niegan la existencia de Dios, a aquellas que tienen una idea tan errónea en su esencia, que equivale a lo mismo que negarle.

D. El politeísmo

1 Corintios 8:5 con 10:14; 1 Samuel 17:43

Los descubrimientos arqueológicos han demostrado lo que dice la Biblia, esto es, que la religión original de la humanidad fue el monoteísmo, es decir, la creencia en un solo Dios.

Sin embargo, posteriormente los hombres empezaron a adorar al sol y a los cuerpos celestes, personificando a cada uno de éstos, para luego pasar a creer en un dios especial para cada cosa: el dios de la tierra, del mar, del sol, la luna, etc.

Esto dio lugar para hacer imágenes representando a tales personajes, dando lugar a la idolatría, de tal manera que toda nación llegó a tener sus propios dioses. Por eso, Jehová llamó a Abraham de en medio de aquella adoración a muchos dioses, que es lo que se conoce como politeísmo. Cuando Dios llamó a la familia de Abraham para que salieran de en medio de esa idolatría, proveyó un testigo para el mundo de que existe un Dios único y verdadero.

Más tarde el pueblo de Israel cayó en pecado e imitó a las naciones de su alrededor, a las cuales por su desobediencia y falta de fe, no habían exterminado como lo había mandado Dios.

Israel adoptó sus costumbres y sus dioses, y cometió grandes abominaciones en sus cultos idólatras. Por esta razón Jehová les envió a Babilonia, que era un país muy idólatra, donde vivieron muchos años como esclavos y aprendieron realmente la falsedad de la idolatría, por lo que no cometieron más este pecado (Jer. 7; 32:26-35).

Los egipcios también eran idólatras pero Dios, a través de las diez plagas (Ex. caps. 5 al 12), probó que ellos no eran dioses ni tenían vida. Los griegos fueron también muy idólatras (Hch. 17:16, 22-23), igual que los efesios (Hch. 19:23-27).

Hasta el día de hoy hay muchos millones de personas politeístas. Se ha dicho que en la India creen en más de 33 millones de dioses, en lugar de conocer al único Dios todopoderoso y omnipresente.

Para el cristiano no hay muchos dioses ni una sola diosa. Hay un solo Dios verdadero que existe y Se manifiesta en tres Personas: "Hay un sólo Dios y un sólo mediador entre Dios y los hombres" (1 Ti. 2:5).

El segundo mandamiento del decálogo en Éxodo 20:4-5 dice: "No te harás imagen, ni ninguna semejanza de lo que esté arriba en el cielo, ni abajo en la tierra, ni en las aguas debajo de la tierra. No te inclinarás a ellas, ni las honrarás, porque yo soy Jehová tu Dios, fuerte, celoso ...."

Los profetas hicieron mofa de los idólatras, como en Isaías capítulo 44, pero tal vez la acusación más fuerte contra ellos se encuentra en el Salmo 115. Después de decir que las imágenes son obras de manos de hombres, que: "tienen boca y no hablan, ojos y no ven, orejas y no oyen; tienen narices y no huelen, sus manos no palpan, sus pies no andan, no sale de su garganta un murmullo", agrega las siguientes palabras de terrible acusación: "semejantes a ellos son los que los hacen, y cualquiera que confía en ellos" (Sal. 115:5-8).

En otras palabras, las personas que rinden culto a los ídolos, o sea a las imágenes, no usan los sentidos con que Dios les ha dotado como seres humanos. Es la misma enseñanza de Romanos 1 con que empezamos esta lección, donde se prueba que la condenación de los idólatras es justa por cuanto toda persona tiene el juicio necesario para saber que no se debe adorar a lo creado sino al Creador.

E. El panteísmo

Hemos visto que el ateísmo niega la existencia de Dios; el agnosticismo niega la posibilidad de saber si Dios existe o no; el escepticismo no niega, pero expresa duda, y que el politeísmo es la creencia en muchos dioses. El materialista también niega la existencia de Dios, diciendo que no se necesita de Él para explicar el origen de todo, ni para mantener el universo.

Ahora llegamos al panteísmo, que en sus varias formas incluso cita el nombre de Dios, pero su concepto de Él es tan erróneo que equivale también a negarle. Se puede decir que el panteísmo sostiene que "Dios es todo y todo es Dios", o como dice el diccionario: "la totalidad del universo es el único Dios".

Muchas veces se asemeja al materialismo, o aun se puede decir que es una forma de materialismo, pero reconoce algo no material y lo llama dios diciendo que es el único Dios que conocemos.

En su forma más cruda el panteísmo materialista dice que la materia se engendró espontáneamente, y que ésta dio origen a la vida en el universo, a la cual llamamos naturaleza, siendo el único Dios existente. Hoy en día no hay muchas personas que sostengan esta teoría.

En sentido opuesto a esta teoría que atribuye todo a la materia, existe la teoría del panteísmo idealista conocido como "idealismo". Esta "considera a la idea como el principio del ser y del conocer". La mente es la última realidad y nuestra mente es llamada una parte finita de la mente infinita, que es Dios.

La idea de la mente dio origen a la materia, o como se dice también, la materia no existe sino sólo en nuestras mentes. El esfuerzo para traer a la memoria algo es nada más que la actividad de nuestra mente al ponerse en contacto con la mente universal, y recibir de ella el impulso o la información que necesitamos. De esta clase de panteísmo participa el Budismo, que dice que el individuo vino del alma universal a través de sus 88.000 reencarnaciones, y que finalmente pierde otra vez su identidad siendo absorbido nuevamente por dicha alma universal.

Otras formas del panteísmo alegan que la materia tiene, además de sus propiedades físicas, un principio de vida, o que la materia consiste en una pequeña alma en cada átomo o partícula de materia. Aquellos que sostienen esta teoría (llamada "hylozoimo" y "panipsychismo") también dicen que Dios es el alma del mundo.

Pero tal vez la forma más conocida del panteísmo es lo que se llama el "neutralismo"o "idealismo subjetivo". Esta teoría es considerada como el panteísmo clásico, y expresa que la realidad primaria del universo no es la materia ni la mente, sino un algo neutral del cual la materia y la mente no son más que aspecto o apariencia. Hay una sola substancia con dos atributos: el pensamiento y la extensión, o sea, la mente y la materia, y el conjunto de todo es Dios.

El "misticismo filosófico" es la forma absoluta del monismo o panteísmo y no admite ninguna separación entre lo finito y lo infinito, entre el ser humano y el Ser Supremo, sin atribuir semejanza sino identidad. Por cierto, esta teoría falsa acerca de Dios contiene muchos errores.

Según las Sagradas Escrituras, sabemos que:

1. Dios es mayor, antecedente e independiente del universo que ha creado.
2. El mundo fue hecho por Él y por Él subsiste, y es para Él.
3. El hombre es responsable ante Dios, su Gobernador Moral, Quien es Juez y Redentor a la vez.

El panteísmo, rebajando a Dios al nivel de la creación, destruye toda idea cristiana de pecado y de moralidad. Dice de hecho que, ¡cuando nosotros pecamos es Dios quien peca! Bajo el panteísmo no hay juicio por el pecado, sino que cada uno debe hacer lo que crea más prudente según su criterio, y si se equivoca, el único castigo es la consecuencia física, mental o económica aquí en la tierra.

El panteísmo niega la inmoralidad y suprime la adoración o el culto porque hace al hombre un dios, al igual que hace a Dios un hombre, árbol o piedra. Niega la condenación y la salvación. Hace nulo el libre albedrío y desprecia las actitudes del arrepentimiento, consagración, etc.

F. El deísmo

Admite la existencia de un Dios personal e infinito, que creó el universo en el principio, pero que luego lo abandonó por completo al azar, sin intervenir más en él. Dotó a la materia con todos los elementos necesarios, de modo que ahora todo se hace por leyes inexorables; no hay oración que llegue a los oídos de Dios o situación que mueva Su interés; no hay providencia, ni salvación o esperanza. Tal concepto del Ser Supremo, no es digno de llamarse una creencia en Dios y provee poco consuelo a sus seguidores.

G. El dualismo

Es la teoría de la existencia de dos seres o principios, ambos eternos, el uno bueno y el otro malo. De esta idea participa el "Zoroastrismo" o "mazdeísmo", la antigua religión de Persia, que llamaba al bueno "Ormuz" (Creador), y al malo "Ahrimán" (Destructor). También el "nestorianismo" sostenía algo del estilo separando a Cristo en dos personas y personalidades, en vez de aceptar la verdad de que Él fue tanto divino como humano, siendo una sola Persona.

Comparando todas estas teorías con el cristianismo de la Biblia, se puede apreciar un gran contraste. Aquí surge la pregunta, ¿que pueden producir estas teorías la vida y el gozo que hay al tener la fe en Dios por medio de Jesucristo? ¿Pueden acaso dichas teorías producir que un pecador perdido llegue a ser un hombre redimido para vivir una vida libre y hermosa para la gloria de Dios, y con la esperanza de una vida eterna en la presencia de su amado Redentor?

Sólo el cristianismo reconoce al pecado por lo que es, y provee un remedio eficaz para la liberación de su pena, dolor y presencia. Sólo la Biblia contiene una revelación inspirada por Dios, y que le enseña al hombre cómo entrar en contacto y comunión con Él. Sin embargo, esta relación es personal, individual y no nacional o heredada. De entre todas las naciones, Dios le llama hoy a cada persona a creer en Él y a ser salvo (2 P. 3:9).

Repaso de la lección

1. ¿Qué dice la Biblia acerca de la persona que cree en su corazón que Dios no existe?
2. ¿Qué dice en Romanos 1 acerca de los resultados de no creer en Dios?
3. ¿Por qué es tan difícil hablar del Evangelio a un agnóstico o escéptico?
4. Explique la diferencia entre un ateo materialista y un panteísta.
5. ¿Por qué el politeísmo generalmente está ligado a la idolatría?
6. ¿Qué concepto tiene el panteísta de Dios y del hombre?
7. ¿Cuáles incongruencias tienen estas teorías, y qué hace que el cristianismo sea la única solución?

Lección 7

Los nombres de Dios - I

Bosquejo

Dios Se ha revelado a nosotros a través de Sus Nombres en Las Escrituras. Algunos de éstos nombres son usados en plural,converbos singulares o plurales y con pronombres singulares o plurales.

A. Los nombres de Dios en el Antigua Testamento

1. El nombre "Dios" es lo más común en la Biblia
   a. Dios: "EL" en el hebreo
   b. Dios: "Elohim" en el hebreo
   c. El Dios Alto; el Altísimo; "El Elyon" en el hebreo
   d. Dios Todopoderoso; "El Shaddai" en el hebreo
   e. El Dios Eterno; "El Olam" en el hebreo

2. Señor; "Adonai" en el hebreo

3. Jehová; "Havah" en el hebreo

Lección 7

Los nombres de Dios - I

El Señor Jesucristo, después de Su resurrección, envió el siguiente mensaje a Sus discípulos: "Subo a mi Padre y a vuestro Padre, a mi Dios y a vuestro Dios" (Jn. 20:17). En otra ocasión respondió al diablo tentador diciendo: "Al Señor tu Dios adorarás" (Lc. 4:8).

Enseñó que Dios creó el universo (Mr. 13:19). Le llamó "Padre Santo" (Jn. 17:11): "Padre Justo" (Jn. 17:25), y Le describió como perfecto (Mt. 5:28). Explicó que el Padre Celestial ve todo (Mt. 5:48), sabe todo (Mt. 6:8, 32; 1:29-30); que es Espíritu, a Quien hay que adorar en espíritu y en verdad (Jn. 4:24). Afirmó de nuevo el primer mandamiento: "Amarás al Señor tu Dios de todo tu corazón, y de toda tu alma y de toda tu mente" (Mt. 22:37).

Jesucristo habló del amor de Dios hacia cada una de Sus criaturas, como si el amor fuera Su atributo más grande. A la vez, enseñó la verdad de que Dios co-existe en tres Personas cuando dio el mandamiento de ir a todo el mundo con el Evangelio, bautizando a los creyentes: "En el nombre del Padre, y del Hijo y del Espíritu Santo" (Mt. 28:18-20).

Unas cincuenta veces llamó a Dios Su Padre; oró a Dios muy a menudo; declaró que enseñaba sólo las palabras que el Padre le había enseñado y que hacía sólo las cosas que Le agradaban a Él (Jn. 10:28-29). El Señor dijo en Mateo 11:27: "Y nadie conoce al Hijo, sino el Padre, ni al Padre conoce alguno, sino el Hijo, y aquel a quien el Hijo lo quiera revelar".

Ahora nos concentraremos en entender más claramente la maravillosa Persona de Dios. Si Él no se hubiera revelado a Sí mismo, no sabríamos nada con certeza acerca de Él.

Unos mil quinientos años antes del nacimiento del Señor Jesús, Jehová contestó a la pregunta de Moisés acerca de Su identidad con las palabras: "Yo Soy el que Soy" (Ex. 3:14).

A través del Antiguo Testamento este nombre fue extendido y explicado más ampliamente a través de los nombres compuestos como "Jehová Jireh" (Gn. 22:14); "Jehová Nissí" (Éx. 17:15); "Jehová Shalom" (Jue. 6:24), y también a través de Sus mismas declaraciones, tales como: "Yo soy el Dios Todopoderoso" (Gn. 17:1); "¿Soy Yo Dios de cerca solamente, dice Jehová, y no Dios desde muy lejos?" (Jer. 23:23).

Sin embargo, al llegar al Nuevo Testamento encontramos en Jesucristo una revelación más completa: primero Su declaración positiva que Le identifica como el Jehová del Antiguo Testamento en Marcos 14:62; luego Sus declaraciones: "Yo soy el pan de vida" (Jn. 6:35); "Yo soy la vid" (Jn. 15:1); "Yo soy la puerta de las ovejas ... el buen pastor" (Jn. 10:7,11); "Yo soy la luz del mundo" (Jn. 9:5), etc. Véase también Juan 10:9, 36; 14:6; 15:5; Hechos 9:5; Apocalipsis 1:8; 22:13; 22:16.

En esta sección y en las próximas nos ocuparemos de los nombres de Dios; y de los credos y confesiones que demuestran el desarrollo del concepto de Dios en las iglesias.

A. Los nombres de Dios en el Antiguo Testamento

Génesis 32:29; Éxodo 3:13, 14; 20:7; Jueces 13:18; Salmo 96:8; 111:9; 135:13; 138:2

1. El nombre "Dios" en la Biblia. Es la manera más común en que se designa al Ser Supremo en relación con la humanidad entera en la Biblia, empezando con Génesis 1:1 y terminando con Apocalipsis 22:19. Esta palabra es usada 2.700 veces, de las cuales más de 2.300 ocasiones se refiere al Dios verdadero, y las demás veces a dioses falsos.

Los hebreos usaban los vocablos: "El"; "Eloah"; "Elohim"; y "El Elyon", etc. y se discute el significado básico de dichos nombres sin saber si es primeramente "poder" u "honor", o "terror". De este último se habla del "objeto de terror", y tal vez con esto se ve que Dios por Su poder ilimitado inspira temor o terror, de modo que los hombres le atribuyen honor.

a. Dios: "EL" en el hebreo (no se refiere al pronombre en español). El nombre singular hebreo "EL" significa poderoso, prominente. Es usado para designar a Dios unas 250 veces, y a menudo indica claramente el gran poder de Dios. Por ejemplo, en Números 23:22 se habla de aquel "El" que sacó a Israel de Egipto.

El siguiente versículo habla de aquella misma libertad que obró a favor de Israel, terminando con el mismo nombre "El", diciendo así: "¡Lo que ha hecho Dios!" Deuteronomio 10:17 habla primero de Jehová vuestro Dios (Elohim), y luego agrega: "Dios (El) grande y poderoso, y terrible". También vea cómo es usado en Isaías 9:6; Salmo 68:35; 77:14; Deuteronomio 3:24 y Nehemías 9:32.

Es ésta la palabra que a menudo se usa en unión con otras para formar nombres compuestos que más tarde examinaremos, como: "El Shaddai" (Gn. 17:1), y que se solía incorporar en nombres de personas tales como:

Israel - Príncipe con Dios
Misael - ¿Quién es como Dios?
Eliseo - Dios salva (o ve)
Elcana - Dios proveyó
Daniel - Dios es mi Juez
Ezequiel - La fuerza de Dios
Elías - Mi Dios es Jehová
Samuel - Pedido de Dios, etc.

También forma nombres de lugares como:

Betel - Casa de Dios
El Betel - Dios de la casa de Dios

b. Dios: "Elohim" en hebreo. Generalmente se considera que la palabra "Elohim" es la forma plural del nombre "El". Es más usado que en la forma singular y en su mayoría con pronombres plurales pero con verbos singulares, como en Génesis 1:1: "En el principio Elohim (plural) hizo (singular) los cielos y la tierra".

A veces se usa el verbo también en el plural, como en Génesis 1:26: "Y dijo Elohim (plural): Hagamos (plural) al hombre a nuestra imagen".

Algunos teólogos aceptan la creencia judía de que este uso del plural no prueba una pluralidad en Dios sino que es "plural cuantitativo", haciendo resaltar Su majestad infinita de poder, majestad y justicia.

Otros dicen que el plural incluye a los ángeles, quienes estaban junto con Dios. Sin embargo, lo mínimo que debemos decir es que permite, con toda naturalidad, aceptar la verdad que más tarde se revela, la de la co-existencia de las Tres personas en la Deidad.

Aquí cabe decir que una interpretación literal y aceptable de Deuteronomio 6:4 según el Dr. David L. Cooper es: "Oye Israel: Jehová nuestro Dios (plural), Jehová uno es", alegando que la palabra traducida "uno" no quiere decir uno sencillo, sino complejo o compuesto como en Génesis 2:14, donde dice que el hombre y su esposa forman una sola carne. Aunque sean dos cuerpos, son una unidad.

Al comparar Génesis 1:1 con Juan 17:5, 24; 1:3; Hebreos 1:2 y Colosenses 1:16 se ve que Jesucristo pertenece al Elohim, Quien "en el principio creó los cielos y la tierra".

Hay otros que alegan que el nombre Elohim viene de una raíz que quiere decir "jurar". Comprende a la palabra hebreo "Alah". Según esto, Elohim no significa solamente grandeza y gloria, sino también "el Dios que ha hecho juramento". Si consideramos el juramento divino del Salmo 110:4 como hecho antes de la creación del mundo, entonces podemos decir que nuestra salvación fue asegurada antes de que recibiéramos la vida humana, y desde Génesis 1:1 Dios ha obrado conforme a Su plan y pacto.

Por cierto, el Salmo 110 requiere irresistiblemente el concepto de una pluralidad de Personas que co-existen en la Deidad. Dios fue como Elohim que hizo pacto con Noé (Gn. 5:24; 1 R. 8:23; Jer. 31:33; 32:40; Is. 40:1; 45:22-23; Gn. 19:29; 30:22; Ex. 2:24). Vemos entonces que el Dios que ha hecho pacto es un Dios de pacto, además de tener poder infinito, pero que obra conforme a lo pactado, y es lleno de gloria y majestad en relación con el hombre.

c. El Dios Alto o el Altísimo: "El Elyon", poseedor de los cielos y de la tierra. Génesis 14:18-19, 22.

Esta palabra hebrea "Elyon" que quiere decir: "El más alto", se usa en la vida ordinaria como en los dichos: "el canastillo más alto (Gn. 40:17); "ponerte alto sobre todos" (Dt. 26:19); "el estanque de arriba" (2 R. 1817), etc.

Al usarse en referencia a Dios, quiere decir que Él es más alto, que está sobre todo, el Altísimo. Este es el mensaje del cuarto capítulo de Daniel, cuando el rey Nabucodonosor llega a la conclusión de que en verdad el Altísimo reina.

El pasaje que introduce este nombre en las Escrituras es el capítulo 14 de Génesis, donde hallamos este nombre en labios de un rey-sacerdote llamado Melquisedec. Cuando Abram regresa de ayudar a su sobrino Lot, viene a su encuentro este interesante personaje, Melquisedec. Su nombre significa: "mi rey de justicia", pero el título que se le da es el de "rey de paz". Es rey y es sacerdote.

Algunos creen que aquí se habla de una aparición del Señor Jesucristo: "Entonces Melquisedec, rey de Salem (paz), y sacerdote del Dios Altísimo (El

Elyon), sacó pan y vino, y le bendijo diciendo: Bendito sea Abram del Dios Altísimo, creador de los cielos y la tierra; y bendito sea el Dios Altísimo, que entregó tus enemigos en tu mano. Y le dio Abram los diezmos de todo" (Gn. 14:18-20).

Hubo entonces la comunión con pan y vino, seguido luego por el diezmo. El Dios Altísimo es Aquel que entregó los enemigos en las manos de Abram. Así el Altísimo Dios, el Dios Alto (El Elyon), es el Dios que expresa Su autoridad gubernamental tanto en el cielo como en la tierra (Nm. 24:16; Dt. 32:8; Sal. 83:17-18; 87:5; 47:1-9; 57:1-11; 91:1; 50:7, 14; 2 S. 22:14-15; Sal. 9:2-5; 21:7; Dn. 5:18; 7:18, 22-27).

Es la combinación de "El" que significa poder o potencia, con "Elyon" que significa supremacía. No puede haber nadie más alto que "El Elyon".

d. El nombre "Dios Todopoderoso" o "El Omnipotente": "EL Shaddai" (Ex. 6:3; Gn. 17:1, 28:3; 35:11; Jl 1:15; Is. 13:6; etc.).

Este nombre habla de Dios revelándose a través de Su poder. Significa "ser fuerte, usar o mostrar fuerza y poder desolador". Este último significado lo vemos utilizado en Joel 1:15 e Isaías 13:6. Se usa cuando Dios se manifiesta en una forma poderosa, ya sea para bendecir o para destruir (Gn. 17:1; 28:3; 43:14; 48:3).

Posteriormente éste llegó a ser uno de los nombres más conocidos de Dios, ya que el nombre de Jehová era el que distinguía al Dios de Israel (Nm. 24:4, 16; Sal. 91:1).

Lo maravilloso de esto es que, ¡este poder está a nuestra disposición para protegernos del mal y para fortalecernos para hacer el bien! También se ha traducido este nombre, como: "El Dios que es suficiente". "El" significa potencia o poder y "Shaddai" suficiente.

Dios, como El Shaddai, pudo fortalecer el cuerpo ya viejo de Abraham y el de Sara para que tuviesen el hijo de la promesa. Véase también Génesis 35:9, 11. En el libro de Job este nombre de Dios es usado más de treinta veces. En medio de muchas pruebas y sufrimientos El Todopoderoso estuvo con Job y le condujo hacia el lugar donde iba a recibir las bendiciones duplicadas. Así que, este fue el nombre por el cual los patriarcas conocieron a Dios.

"El Shaddai" nos enseña que Dios quiere que seamos fructíferos. ¡El mismo desea entrar a nuestras vidas y darnos Su fuerza, capacitándonos para llevar fruto para Su gloria!

e. El Dios Eterno o el Dios de los siglos. En hebreo: "El Olam" (Gn. 21:33; Dt. 32:40; Sal. 90:2; Is. 40:28).

Este nombre fue revelado a Abraham después de sacar de su casa a su sierva egipcia Agar, con su hijo Ismael. En la Epístola a los Gálatas el apóstol

Pablo explica que toda esta historia ilustra una verdad importante, esto es, la diferencia entre la dispensación de la ley y la de la gracia (Gá. 4:21-28).

Abraham también había tenido allí un altercado con Abimelec, acerca del pozo de Beerseba, después del cual hicieron una alianza o juramento, quedando los hebreos como dueños del pozo. Entonces Abraham invocó allí el nombre de Jehová, el Dios eterno: "El Olam".

Recuerde que "El" no es el pronombre en nuestro idioma, sino que es el nombre de Dios que significa potencia, terror. La palabra "Olam" conlleva el significado de oculto o escondido en estos ejemplos:

- en 2 Reyes 4:27 se traduce como "encubierto";
- en Levítico 4:13 se usa como "oculto";
- en el Salmo 10:1 se traduce "esconde".

La misma palabra "Olam" se puede relacionar con el tiempo como en:

- Levítico 25:32 donde se traduce "siempre";
- Josué 24:2 que se refiere a "antiguamente;
- Éxodo 21:6 que se usa como "siempre" (asimismo en Lv. 25:46; Ez. 26:20; Is. 42:14; 51:9; Dt. 32:7).

La relación entre lo oculto y el tiempo se une en cuanto a que el tiempo se pierde de vista, tanto hacia lo anterior o hacia el futuro que se desvanece, y la mente humana no lo puede concebir. En otras palabras, Dios ha sido, es y será a través de la eternidad, tanto pasada como futura, según el Salmo 90:2: "Antes que naciesen los montes y formases la tierra y el mundo, desde el siglo (Olam) hasta el siglo (Olam), Tú eres Dios".

Lo vemos también en Isaías 40:28: "¿No has sabido, no has oído que el Dios eterno (Olam) es Jehová, el cual creó los confines de la tierra? No desfallece, ni se fatiga con cansancio, y su entendimiento no hay quien lo alcance."

En Hebreos 11:3 aprendemos que Dios formó los siglos, las edades, y por lo tanto Él es aun antes que ellos (cp. Ef. 1:10; 3:21; Ap.1:6, etc).

2. "Señor": En Hebreo: "Adonai" (Gn. 15:2, 8; 18:3, 27, 30, etc). Este nombre, también usado generalmente en plural, se deriva de la raíz que significa "juzgar, gobernar", aplicado también a los hombres en el sentido de maestro, dueño, esposo (Gn. 18:12; 23:6, 11; 24:18; Is. 26:13). También se usa en ambos sentidos, humano y divino, en el Salmo 136:3 cuando dice: "Alabad al Señor de los Señores". Refiriéndose a los hombres se usa 215 veces, y en relación a Dios unas 300 veces en el Antiguo Testamento.

Cuando se habla de Dios como el "Señor de Señores", vemos que Dios es el Señor, Dueño, Juez de todo y digno de suprema lealtad y obediencia.

Recordemos que cuando el siervo de Abraham fue a buscar esposa para Isaac, habló acerca de los atributos de su amo y no de los suyos propios, y obtuvo lo que había ido a buscar.

Asimismo, esta palabra "Adonai" conlleva la idea de la relación entre una esposa y su marido (Gn. 1:12; 1 P. 3:6). Las responsabilidades pues, de siervos y de esposas, son para que los apliquemos también para con nuestro Divino Señor (cp. Sal. 123:2; Ex. 4:10-12; Jos. 7:7; 6:13-16; 13:8; Jue. 16:28; 2 S. 7:19-29; Dn. 9:13-19; Is. 6:1-8, etc.). Por lo tanto, siendo el Señor nuestro "Adonai" debemos respetarle y obedecerle como nuestro Dueño.

Dios "Adonai" se encarga de protegernos en amor y bondad, y proveer todo lo que necesitamos, a fin de que podamos seguir en Su servicio (Is. 54:5; 62:5; Jer. 3:14; 31:32; Ez. 16:7-14). El siervo produce los resultados de su labor y la esposa el fruto de su vientre, y todo esto para su Señor. El gozo es el cumplimiento de la voluntad de su Dueño, Maestro, Amo y Señor.

En el Salmo 110:1 leemos: "Jehová dijo a mi Señor", refiriéndose a una Persona de la Deidad que está hablando con la otra; la forma gramatical es en el singular "Adón" y no el plural "Adonai". Al comparar este pasaje con el de Mateo 22:41-45, Hechos 2:34-35, y Hebreos 1:13, y 10:12-13, vemos que habla acerca del Señor Jesús, lo cual demuestra la pluralidad de Personas que existe en la Deidad.

3. "Jehová": "Yave": del hebreo "Havah": "Yo soy el que soy", (Ex. 6:2-3; Sal. 83:18; Gn. 2:4, etc.). Este nombre es el que identifica al Dios de Israel y es usado más de seis mil veces en el Antiguo Testamento. Es el nombre sagrado que todo judío no se atreve a pronunciar.

Es difícil para nuestras "mentes occidentales" apreciar las consideraciones que han movido a los judíos a disimular las pronunciaciones originales de esta palabra. Antiguamente, era la costumbre escribir sólo las consonantes en el hebreo, siendo las vocales sobreentendidas por el uso y el acento que normalmente tenían.

Nuestro texto de la Biblia, tan recitado y comúnmente conocido por todos, es muy exacto en su traducción, aunque fue sólo desde el siglo XIII que se empezaron a utilizar las consonantes con las tildes que designaban a las vocales que las acompañaban. Las cuatro letras que componen el nombre de Jehová en el hebreo sencillo, son sólo una aspiración sin articulación vocal. Para el judío este nombre es demasiado sagrado, es indecible e inefable, puesto que se refiere a Aquel que habita entre los querubines sobre el propiciatorio, o cuya presencia está en el lugar santísimo del tabernáculo.

En el primer curso habíamos hablado acerca del respeto y cuidado esmerado que tuvieron los escritores judíos al copiar los manuscritos de los rollos de la Biblia, en especial cuando escribían el nombre inefable de Dios.

Hasta el día de hoy, cada Sábado se lee una porción señalada del rollo del Pentateuco y otra del rollo de los profetas, en las sinagogas de los judíos. Durante el transcurso de todo el año se lee toda la ley de Moisés. Hay un hombre escogido especialmente para leer, y no se lee de un libro impreso sino de un rollo copiado a mano, es decir, de un manuscrito.

Durante la semana, un grupo de eruditos repasa con aquella persona qué va a leer el siguiente Sábado, asegurándose que la porción será leída con los acentos tradicionales. Al llegar a la palabra "Havah" que equivale posiblemente para nosotros a "Yavé", los hebreos usan vocales que lo hacen sonar como si fuera "Adonai", o sea: "Señor". Con estas puntuaciones vocales, para nosotros llega a ser "Jehová". Reconocemos que "Yavé" es la forma más primitiva, pero "Jehová" ha llegado a ser tan común que es la razón por la cual ahora la usamos.

Desde Génesis 2:4 se usa este nombre en combinación con "Elohim", quedando el nombre de Dios como "Havah Elohim". Vemos su significado en Éxodo 6:2, donde muchas versiones lo traducen al español diciendo: "Yo Soy", y en el versículo siguiente (Ex. 6:3) se traduce como "Yo Soy el que Soy". Los expertos en el idioma hebreo dicen que se podría traducir de igual manera como "Yo Seré el que Seré", lo cual no sólo indica la existencia independiente del Todopoderoso, sino también la existencia en movimiento constante, que no tiene descanso.

"Yavé": "Havah" o "Jehová" también significa "Ser", en el sentido de vida. Él es el eterno Yo Soy, el siempre viviente, ante el cual los siglos son un eterno presente. De Él mana la vida; Él es el autor de la vida y de quien toda la vida depende. A la vez, Él es absolutamente independiente de todo lo creado.

Este primer uso de la palabra Jehová (Gn. 2:4) indica que ya no era simplemente el Creador, sino que se había dispuesto para entrar en relación con el hombre que había creado. En los capítulos 2 al 4 se usa este nombre repetidas veces, excepto en la conversación que se dio entre Eva y el diablo.

Cuando se salieron fuera de la voluntad de Dios, no usaron el nombre Jehová, sino Elohim (Gn. 3:1-5).

Dios había creado al hombre como el poderoso "Yo Soy", formándole del polvo de la tierra y dándole el aliento de vida (Gn. 2:7). También fue Jehová Dios el que le dio al hombre la responsabilidad de trabajar y cuidar la tierra, así como el que le proveyó de qué comer; le impuso las condiciones necesarias de obediencia, y Él fue el que reconoció la necesidad que el hombre tenía de una esposa, creando por lo tanto a la mujer (Gn. 2:8-25).

En la conversación entre el diablo y la mujer, Él es mencionado sólo como Dios, por cuanto desconocieron el pacto que Jehová había hecho con el hombre. Sin embargo, es como "Jehová Dios" que Él buscó al hombre que había caído, y le señaló las condiciones de un nuevo pacto entre ellos, obrando así su redención.

"Jehová" entonces, no sólo creó al hombre sino que requiere de él la santidad, por cuanto Él es santo (Lv. 11:44, 45; 19:1, 2; 20:26; Hab. 1:12, 13; Dt. 32:34-42; Gn. 6:5-7; Sal. 11:4-6; 66:18; Ex. 34:6-7). Jehová aborrece el pecado pero ha provisto la redención del hombre (Gn. 3:21; 8:20-21; Ex. 12:12, 13; Lv. 16:3-4; Is. 53:5, 6, 10). Por lo tanto, recalcamos que el nombre "Jehová" incluye la santidad, la redención y el amor (Jer. 31:3; Is. 63:9; Os. 11:8).

En los primeros siete capítulos del libro de Levítico, que presentan el sistema mosaico de los sacrificios, se usa el nombre de Dios "Elohim" sólo una vez, y otra vez juntamente con "Jehová", mientras que el nombre de "Jehová" se emplea ochenta y seis veces. Otra ocasión importante es en relación al diluvio cuando Noé, bajo instrucciones de Dios, hizo entrar en el arca una pareja de todos los animales, y siete parejas de los animales limpios que servían para el sacrificio (Gn. 6:22).

"Elohim" es Dios que cumple con Su juramento y preserva la creación, mientras que "Jehová" es Dios que provee para la adoración y la redención. Véase Salmo 89:15-16.

Debemos mencionar también que el nombre "Jah" o "Yah" es simplemente una contracción del nombre "Jehová", que se ha usado mayormente en la poesía (Ex. 15:2, Sal. 68:4, etc.). Más tarde estudiaremos la íntima relación del Señor Jesucristo con este precioso nombre: "Jehová".

(Como el tema de esta lección será concluido en la próxima, las preguntas de las dos se encuentran al final de la Lección 8.)

Lección 8

Los nombres de Dios - II

Bosquejo

(continuación de lección 7)

4. Nombres compuestos con "Jehová"
   a. Jehová verá o proveerá (Gn. 22:13-14)
   b. Jehová tu sanador (Ex. 15:26)
   c. Jehová mi bandera (Ex. 17:15)
   d. Jehová nuestro santificador (Ex. 31:13)
   e. Jehová es paz (Jue. 6:24)
   f. Jehová nuestra justicia (Jer. 23:5-6; 33:16)
   g. Jehová está allí (Ez. 48:35)
   h. Otros varios

B. Los nombres de Dios en el Nuevo Testamento

1. Dios (griego "Theos", Mt. 1:23)
2. Señor (griego "Kurios", Mt. 1:22)
3. Padre (griego "Pater", Mt. 5:16)
4. El Padre, el Hijo y el Espíritu Santo (Mt. 28:19)

Lección 8

Los nombres de Dios - II

El Señor Jesucristo dijo: "No se turbe vuestro corazón; creéis en Dios, creed también en mí" (Jn. 14:1). La confianza que tenemos en Dios, y el conocer a Jesucristo al depositar en Él la misma fe que depositamos en Dios, es la solución para cuando el corazón del hombre se turba. En el "Sermón del Monte" el Salvador enseñó mucho acerca de Su Padre Dios y de los beneficios de creer en Él. En esta lección continuaremos considerando los nombres de Dios, los cuales revelan mucho acerca de Su carácter y de Sus propósitos.

4. Nombres compuestos de "Jehová"

a. "Jehová-Yireh" - "Jehová verá" o "Jehová proveerá" (Gn. 22:13-14). "Jehová proveerá" es el significado de este nombre, y hace referencia a Abraham cuando iba a sacrificar a su hijo Isaac en el Monte Moría. Cuando Abraham subía al monte con la leña, la candela y el cuchillo, el muchacho le preguntó: "¿Dónde está el cordero para el sacrificio?", a lo que su padre contestó: "Dios se proveerá de un cordero para el holocausto".

Habiendo atado a Isaac y levantado el cuchillo para sacrificarlo, Dios se lo impidió y le mostró un carnero trabado en una zarza, que fue el sacrificio que luego ofreció en lugar de su hijo. El patriarca llamó el nombre de aquel lugar: "Jehová-Yireh".

En realidad, la palabra "Yireh" significa "ver", pero aquí es traducido como "proveer". Su visión es provisión. Quiere decir más o menos: "Dios verá lo que se ha de hacer". Desde aquel momento Abraham consideró a Isaac como un hijo redimido a quien Dios le había devuelto. De hecho, en su corazón lo sacrificó.

Al dar este nombre, es probable que Abraham pensaba en el futuro cuando vendría el "Cordero de Dios que quita el pecado del mundo", Aquel para quien no hubo substituto sino que pagó por todos nosotros el precio completo de nuestra pena y condenación.

Aunque este lugar llegó a ser el sitio del Templo de Salomón donde muchos millares de sacrificios fueron ofrecidos a Dios, fue en el Calvario que el sacrificio divino obró nuestra salvación. "El que no escatimó ni a su propio Hijo, sino que lo entregó por todos nosotros, ¿cómo no nos dará también con El todas las cosas?" (Ro. 8:32), de modo que Dios es todavía el Jehová-Jireh, el que ve y provee todas nuestras necesidades.

b. "Jehová-Rapha" (o Rophe) - "Jehová sana": "Jehová que te sana": "Jehová tu sanador" (Ex. 15:26 y Sal. 103:3). Cuando los hijos de Israel salieron de Egipto redimidos por el cordero pascual, cruzaron el Mar Rojo y entonaron cantos de alabanza a Dios. Cuando andamos con Dios todo va bien, aunque pueden venir pruebas (1 Co. 11:19 y Lc. 17:1). Después de tres días de grandes victorias vinieron tres días sin agua. Finalmente llegaron a un lugar en el desierto llamado Mara donde encontraron agua, pero era agua amarga que no podían beber. Así que, murmuraron contra Moisés como si él tuviera la culpa. Moisés oró a Jehová quien le mostró un árbol, el cual echó en las aguas y éstas se endulzaron.

De esta manera el Señor nuevamente enseñó a Su pueblo la realidad acerca de la redención. De un árbol salió el poder que cambió lo amargo en dulce; por un árbol el pueblo consiguió agua para beber y no murieron de sed. Más tarde, en un árbol que llamamos la cruz, Jesucristo obró nuestra redención, endulzando nuestras vidas con el agua de la vida eterna.

Fue en Mara donde Dios decretó sus leyes y estatutos para Israel y les dio la gran promesa de Éxodo 15:26: "Y dijo, Si oyeres atentamente la voz de Jehová tu Dios, e hicieres lo recto delante de sus ojos, y dieres oído a sus mandamientos, y guardares todos sus estatutos, ninguna enfermedad de las que envié a los egipcios te enviaré a tí, porque yo soy Jehová tu sanador".

c. "Jehová Nissí" - "El Señor es mi exaltación": "Yavé es mi bandera" (Ex. 17:15; Sal. 60:4). Después de las experiencias relatadas en el capítulo 15 de Éxodo, los hebreos recibieron el "maná" o pan milagroso, junto con las reglas acerca de su uso. En el capítulo 17 se relata la historia del agua de salvación que salió de la peña (véase 1 Co. 10:3-4).

Luego de esto, la Escritura dice que: "Entonces vino Amalec y peleó contra Israel en Refidim" (Ex. 17:8). Moisés intercedió y Dios dio una victoria completa al ejército de Israel. El versículo 15 dice: "Y Moisés edificó un altar y llamó su nombre Jehová-nisi", que quiere decir: "Jehová es mi bandera".

Sabemos que la vida cristiana es una lucha (Ef. 6:10-18; Ro. 8:37) y necesitamos una bandera bajo cuya sombra los cristianos podamos unirnos para hacer frente al enemigo. Dios mismo es nuestra bandera, no una organización, y qué hermoso es saber que pertenecemos a la compañía de Jehová de los Ejércitos.

d. "Jehová M'Kaddesh" (Mekaddaschem) - "Jehová nuestro santificador" (Ex. 31:13 y Lv. 20:6-8. Compare Dt. 7:6 y Zac. 8:3). Este nombre dado a Dios encierra una verdad muy importante para todo cristiano. Aunque fue empleado en el Antiguo Testamento exclusivamente en relación a los hebreos, el Señor Jesucristo y los apóstoles aplicaron la misma verdad también a los creyentes en Cristo (1 P. 1:15-16; 1 Ts. 4:7; Mt. 5:48; Stg. 1:4).

Se ve primeramente que Dios santificó (o apartó) a los judíos, lo cual quiere decir que les apartó o separó de la contaminación y del destino que tenían las demás naciones, para que fuesen su propio pueblo (Ex. 19:5; Tito 2:4; 1 P. 2:9).

La santificación entonces, es la acción de separar algo para un fin determinado. En este caso Dios nos separa del pecado y nos une a la justicia, nos separa de la mundanalidad y nos aparte para la santidad, nos quita de Satanás para unirnos a Dios mismo (Hch. 26:18; Ef. 2).

Por esto debemos andar en santidad, así como Él es Santo. Para esto debemos cooperar con el Espíritu de Dios a fin de alcanzar la santidad y la perfección (He. 12:14; 1 Ts. 4:3-4; 2 Co. 13:9; He. 6:1).

e. "Jehová Salom" (o Shalom) - Jehová es paz (Jue. 6:24). La palabra "salom" o "shalom", generalmente traducida como "paz", es usada de varias maneras en el Antiguo Testamento. Esto no es extraño, pues la paz se consigue de varias maneras. Por ejemplo, se usa en referencia a pagar sus votos (Sal. 50:14 y Dt. 23:21) y para reponer una pérdida (Ex. 21:34 y 22:5-6), lo cual es razonable pues solamente al pagar lo debido puede haber paz en la conciencia.

También tiene el significado de completo, acabado, cumplido o perfecto (Dt. 27:6; 1 R. 8:61 y 9:25; Gn. 15:16; 1 Cr. 29:19). Esto también hace sentido, puesto que si algo falta, tampoco puede haber perfecta paz. La palabra "paz" es usada unas 160 veces en el Antiguo Testamento y muchas veces en la frase: "ofrenda de paz" (Lv. 3 y 7:11-21).

Cuando el ángel de Jehová llamó a Gedeón y le comisionó para librar a Israel de los madianitas, Gedeón quiso saber cómo y con qué podría él hacer una hazaña tan grande. Jehová le contestó: "Porque yo seré contigo, y herirás a los madianitas como a un solo hombre".

Luego, Gedeón quiso hacer una prueba para estar seguro de que en realidad era Jehová quien hablaba. Así que pidió permiso para presentarle una ofrenda, y preparó una comida. Si el visitante hubiera sido un hombre cualquiera y nada más, entonces hubiera comido lo ofrecido.

Pero vemos que el huésped no comió, sino que le hizo colocar los panes y la carne sobre una peña, y vertió el caldo sobre ellos. Luego, el Ángel de Jehová extendió el báculo que tenía en la mano y tocó la ofrenda con la punta. Enseguida subió fuego de la peña, el cual consumió la carne y los panes. Al instante el Ángel de Jehová desapareció de delante de él.

Convencido, Gedeón tuvo temor y dijo: "Ah, Señor Jehová, que he visto al ángel de Jehová cara a cara. Pero Jehová le dijo: Paz a ti; no tengas temor, no morirás". Por esta razón Gedeón edificó allí un altar a Jehová, al que llamó "Jehová-Salom".

En Efesios 2:14 leemos acerca de Jesucristo (Quien es el Ángel de Jehová): "Porque El es nuestra paz". Isaías 26:3 dice: "Tú guardarás en completa paz a aquel cuyo pensamiento en ti persevera; porque en ti ha confiado". Véase también Tito 3:5 y pasajes semejantes que demuestran que nuestras justicias jamás pueden hacernos aceptables delante de Dios, sino que Él mismo ha hecho provisión para esto a través de la gloriosa redención que hay en Cristo Jesús.

f. "Jehová-Tsodlemi" - "Jehová nuestra justicia" (Jer. 23:5-6; 33:16). La verdad contenida en esta palabra complementa la del nombre anterior. El profeta Jeremías habló en contra de los falsos profetas, pastores, maestros y sacerdotes, los cuales daban a la nación de Judá una falsa esperanza de seguridad. Jeremías, por mandato de Dios, decía a los judíos que los caldeos iban a llevarles cautivos a Babilonia, lo cual aconteció posteriormente.

Pero junto con esta palabra dura del "profeta llorón", fue dada la visión de que en un futuro Dios recogería a Su pueblo y levantaría pastores que les apacentaran, y no temerían más, ni se asombrarían ni serían amedrentados.

Luego explica que esto se cumpliría por medio de un hijo justo de David: "Y reinará como Rey, el cual será dichoso y hará juicio y justicia en la tierra ... y este será su nombre con el cual le llamarán: Jehová, justicia nuestra" (Jer. 23:5-6).

La palabra aquí traducida como "justicia" encierra la idea de las balanzas rectas (Job 31:6; Sal. 62:9); de hacer justicia, lo recto (Dt. 16:18; Is. 5:7, 23; 10:1). Jehová es quien siempre hace esto y nunca se equivoca en Su juicio; por lo tanto sólo Él es nuestra esperanza de que seamos vistos como justos, ya que Él ha llegado a ser nuestra justicia (Ef. 2:8-9; Tito 3:5; 2 Co. 5:21; Ro. 8:1, 33).

g. "Jehová-Samma" - "Jehová allí" o "Jehová está allí" (Ez. 48:35). Este precioso nombre nos hace pensar en Jesucristo, nuestro Emanuel, esto es: "Dios con nosotros". Puesto que en el hebreo los verbos como "ser" y "estar" generalmente se omitían, existe la pequeña diferencia en la traducción. Lo importante es que sepamos que Jehová está allí. Esto nos recuerda del eterno presente de Dios. La referencia que vemos en Ezequiel se encuentra al final de su profecía.

Los últimos nueve capítulos del libro se ocupan de una visión celestial que Dios le dio al profeta acerca de la nueva Jerusalén, la ciudad santa, con su templo y la mansión del Príncipe, el gran Hijo de David. Termina diciendo: "Y el nombre de la ciudad, desde aquel día en adelante, será "Jehová Samma". Ciertamente sin nuestro "Jehová allí" no habría ningún atractivo para el creyente, por cuanto sólo donde Él está, allí está el cielo y la bendición para nosotros (Mt. 28:20; Ap. caps. 21 y 22).

h. Existen otros cuantos nombres compuestos o explicaciones de atributos junto con el nombre de Dios, acerca de los cuales daremos una breve explicación, por razón del espacio y tiempo. Estos son:

(1) "Jehová-Rohi" o "Jehová es mi Pastor", (Sal. 23:1; 80:1).
(2) "Jehová-Sebaot" o "Jehová de los ejércitos", (Jer. 10:16;16:9).
(3) "Jehová, La Hai-Rot" o Jehová Dios vivo", (Dt. 5:23-26; 32:37-40; Jos. 3:10; Nm. 14:21, 28; etc.). Para un judío no había un juramento más solemne que decir: "Vive Jehová". (2 R. 4:30), etc.
(4) "La Esperanza de Israel, Salvador Suyo en tiempo de Angustia" (Jer. 14:8; 17:13; etc.).
(5) "El Dios de Jacob" es un título que da mucha esperanza al creyente, ya que sabemos acerca de la lucha y la paciencia que tuvo Dios con él (Sal. 20:1; 46:7, 11; 75:9; etc.).
(6) "Roca mía" (Sal. 28:1; 18:2; 42:9; etc.).
(7) "Jehová es mi luz y mi salvación" (Sal. 27:1, etc).

Terminamos con la esperanza de que usted haya conocido mejor a Dios a través de los nombres que Él ha revelado de Sí mismo, y que su deseo de conocer más a Dios sea como el de los hijos de Coré que expresaron: "Como el ciervo brama por las corrientes de las aguas, así clama por tí, oh Dios, el alma mía. Mi alma tiene sed de Dios, del Dios vivo" (Sal. 42:1-2). También recuerde el mandamiento de Éxodo 20:7: "No tomarás el nombre de Jehová tu Dios en vano".

No podemos dejar de citar Proverbios 18:10 que dice: "Torre fuerte es el nombre de Jehová; a El correrá el justo y será levantado". Todos estos nombres son de origen divino, pero han sido dados para el uso de los hombres. ¡Gracias a Dios que Él quiso ser conocido por nombre!

B. Los nombres de Dios en el Nuevo Testamento

1. Dios (del griego "Theos"). ¡Qué precioso es que la primera vez que se usa este nombre en el Nuevo Testamento sea para explicar el nombre "Emanuel", que significa ¡Dios con nosotros! (Mt. 1:23). La palabra Dios (Theos) en el griego, no se deriva de ninguna otra, o por lo menos se desconoce su etimología.

Theos se refiere a una deidad y se usaba para referirse a los dioses falsos (Hch. 7:43; 1 Co. 8:5), y a un ídolo (Hch. 7:40), y con pocas excepciones fue usado para referirse al Dios verdadero. Así que a pesar de que no es la traducción exacta de ninguno de los nombres usados en el Antiguo Testamento, significa sin embargo lo mismo, porque es la palabra con que se refiere al:

- Creador (Gn. 1:27; Mr. 10:6; Hch. 4:24; Mt. 6:30)
- Dios de los patriarcas y de la nación hebrea (Mt. 15:4-6, 31; 22:32)
- Dios vivo (Mt. 16:16; 26:63)
- Bueno (Mt. 19:17)
- Poderoso (Mt. 19:26; 22:29
- "El" (del Salmista; Sal. 22:1; Mt. 27:46); etc.

Estas pocas referencias entre muchas sirven para probar que la palabra "Dios", del griego "Theos", en el Nuevo Testamento hace referencia al mismo Dios revelado en el Antiguo. Se refiere al Ser infinito, absolutamente perfecto en todos Sus atributos.

2. Señor (del griego "Kurios"). Empezando con Mateo 1:20 este título es usado centenares de veces. Se emplea para designar a cualquier amo o dueño (Mt. 20:8); a un magistrado (Hch. 25:26); o aun a dioses falsos (1 Co. 8:5); pero generalmente hace referencia a Dios mismo como Jehová el Señor (Mt. 1:22; 3:3; 4:7, 10; etc.). También es usado para referirse al Señor Jesucristo atribuyéndole a Él todo lo que el judío atribuía a Jehová Dios (Jn. 20:28; Hch. 2:36; 5:14; 7:59-60; 9:5-6; Ro. 10:9; etc.).

Relacionado con esto, vemos el caso de lo que sucedió al principio de la Semana Santa (Lc. 19:33-34), cuando Jesús mandó a desatar el asno, ante lo cual sus dueños ("dueños" del griego "kurios") preguntaron a los discípulos: "Por qué desatáis el pollino?", a lo cual ellos respondieron: "Porque el Señor (griego "kurios") lo necesita".

Aquí vemos que el Señor Jesús es el verdadero dueño de todo, y Quien tiene el derecho sobre lo que hay en la tierra. Debemos reconocerle como el dueño de nuestras vidas, y de "nuestros" bienes.

Posteriormente estudiaremos y veremos la verdad de que Jesucristo, aquel "humilde carpintero de Nazaret" es el mismo Jehová del Antiguo Testamento. Por ahora, basta decir que la palabra Señor en el Nuevo Testamento, es la misma que se usa para designar a Dios en el Antiguo Testamento cuando dice "Señor".

3. Padre (del griego "Pater"). Esta palabra se refiere al padre o progenitor entre los humanos, y Jesucristo nos enseñó que Dios, el "Terror de Isaac" (Gn. 31:42, 53; Is. 8:13), es el Padre de los espíritus (He. 12:9; Nm. 27:16), que amó de tal manera al mundo que envió a Su Hijo Unigénito a obrar nuestra redención (Jn. 3:16, etc.); y que es el Padre Celestial de todos los que creen en Jesús el Cristo, como el Hijo de Dios y el Salvador (Jn. 1:12; 20:17).

Esto no quiere decir que Dios sea el padre de todos los seres humanos, ni que nosotros los hombres seamos hijos iguales en esencia a Jesucristo, sino que en Él somos hechos hijos por la fe (Jn. 8:42-44; 14:7, 9-11; 17:3; He. 1:5; 2 P. 1:17; 1 Jn. 1:2-3; 2:14; etc.).

Es muy edificante estudiar todas las enseñanzas que se refieren al hecho de que Dios es nuestro Padre. El "Sermón del Monte" (Mt. caps. 5-7) explica mucho acerca de nuestros privilegios cuando confiamos en el cuidado del Padre Celestial, ante quien podemos orar, y le hemos de ver algún día. A la vez, vemos nuestra responsabilidad de obedecerle y de amarle a Él sobre todas las cosas.

La expresión: "De Dios nuestro Padre y del Señor Jesucristo" (Ef. 1:2; Fil. 1:2; Col. 1:2) usada por el apóstol Pablo, relaciona a Jesucristo con Dios como la fuente de toda gracia, aunque en Col. 1:3, él habla de dar "gracias al Dios y Padre de nuestro Señor Jesucristo".

Esto nos hace ver que como Dios amó a Su Hijo Jesús y Le acompañó en toda Su vida terrenal, supliendo Sus necesidades y protegiéndolo (a pesar de todo el sufrimiento que experimentó por voluntad divina para la gloria de Dios), así podemos confiar en que Él estará con nosotros también para guiarnos en todo lo que Él quiere que hagamos.

4. Últimas observaciones. Es importante notar que en el Nuevo Testamento tenemos el desarrollo de la revelación del carácter de Dios a través de los nombres de Dios. La naturaleza trina de Dios se puede ver claramente en la gran comisión, donde dice: "En el nombre del Padre, y del Hijo y del Espíritu Santo".

Si alguno quisiera hacer polémica pudiera preguntar, ¿cuál es el nombre de estas tres Personas nombradas, o los nombres, a lo cual contestaríamos que es Dios, o que este nuevo nombre que se refiere a Dios y que Jesucristo nos revela es: "El Padre, el Hijo, y el Espíritu Santo".

Concluimos entonces que nuestro Dios existe en tres Personas y que cada una de ellas ama a los hombres y quiere que todos sean salvos.

Los nombres de Dios revelan mucho de Su Persona. "Gloriaos en Su Santo Nombre" (Sal. 105:3).

Repaso de la lección

1. ¿Qué nuevo significado tiene para usted ahora el nombre "Dios"?
2. ¿Por qué se usan nombres en plural para referirse a Dios?
3. ¿Cómo es posible que el nombre de Jehová y el nombre Señor parezca tener un mismo origen en el hebreo?
4. ¿Qué significa el nombre Jehová?
5. ¿Qué quiere decir el título "Señor" en el Antiguo Testamento?
6. ¿Cuántos de los nombres compuestos de Jehová puede usted recitar, con su significado correspondiente?
7. En el Nuevo Testamento, ¿qué nombres se usan para designar al Ser Supremo?
8. ¿Qué enseñanza encuentra usted en el nombre "Padre" al referirse a Dios?
9. ¿Quién tiene el derecho de llamar a Dios "Padre celestial"?
10. ¿Qué provecho espiritual ha encontrado usted en estas dos lecciones?

Lección 9

La definición de Dios: los credos

Bosquejo

El Señor Jesucristo enseñó mucho acerca del Padre Celestial, pero no dio una definición filosófica acerca de Él. Jesús dijo: "Dios es Espíritu" y: "amó Dios al mundo".

A. La definición de Dios: Jn. 4:24; 1 Jn. 1:5; 4:16; He. 12:29

1. La posibilidad de definir a Dios
   Es discutible, pero igual que definimos algunas cosas en la ciencia que no conocemos a fondo, es correcto poner en orden lo conocido acerca de Dios para poder estudiar acerca de Él.

2. Algunas definiciones acerca de Dios
   Una muy citada es la del Dr. A. Strong: "Dios es Espíritu infinito y perfecto en quien todas las cosas tienen su origen, y por quien se sostienen y para quien fueron creadas".

B. Algunos Credos Antiguos

1. El Credo Apostólico
   Es una combinación de varias "confesiones bautismales" de importantes iglesias occidentales.

2. El Credo Niceno
   Promulgado primeramente por el Concilio General en Nicea, Bitinia, en el año 325 D.C.

3. El Credo Atanasiano
   Igual que el anterior, escrito con el fin de declarar la deidad de las tres Personas de la Trinidad.

Lección 9

La definición de Dios: los credos

El Señor Jesucristo nos dio una enseñanza, y a su vez un concepto cabal de Dios, cuando enseñó a Sus discípulos la oración que hoy llamamos el "Padre Nuestro" (Mt. 6:9-13; Lc. 11:2-4).

A la mujer samaritana le dijo: "Dios es Espíritu" (Jn. 4:24). Vemos que Jesús nunca se ocupó en dar una definición didáctica de Dios, sino más bien en revelarle, lo cual fue mucho más importante.

En cuanto a la existencia de Dios en Tres Personas y Sus atributos, el Señor Jesús es la revelación por excelencia, y en las Escrituras vemos reflejada toda esa hermosa realidad.

En Juan 17:3 el Salvador, unas horas antes de Su muerte, orando al Padre Celestial dijo: "Esta es la vida eterna: que te conozcan a Tí, el único Dios verdadero, y a Jesucristo a quien has enviado", dando a entender que Dios es único y verdadero, y que es posible para todo hombre conocerle a Él.

Puesto que Jesucristo era la revelación, fue posible para Él hablar de esta manera (1 Jn. 5:20). Esa misma noche Él declaró: "Yo soy el camino, la verdad y la vida. Nadie viene al Padre sino por mí" (Jn. 14:6).

A. La definición de Dios

"¿Quién es semejante a mí? (Jer. 49:19).

"¿A qué, pues, me haréis semejante o me compararéis? dice el Santo" (Is. 40:25).

"¿A quién me asemejáis, y me igualáis, y me compararéis, para que seamos semejantes?" (Is. 46:5).

"Dios es Espíritu" (Jn. 4:24).

"Dios es luz" (1 Jn. 1:5).

"Dios es amor" (1 Jn. 4:16).

"Nuestro Dios es un fuego consumidor" (He. 12:29).

1. La posibilidad de definir a Dios. Un estudio breve de los credos demuestra la dificultad que existe al intentar incluir todo lo necesario en una definición.

Hay que reconocer que es imposible definir o querer explicar la esencia de Dios. No hay nada similar y mayor con qué compararlo, ni nuestras mentes finitas pueden abarcarlo. Sin embargo, Dios se ha revelado y podemos decir que la mente desea entenderlo, para lo cual es necesario poner en orden lo que sirva para una definición como un punto de partida.

Podemos decir que un cristiano "maduro" no siente la necesidad de tener una definición acerca de Dios, sino para tratar de explicarle a otros su fe. Es verdad que el cristiano, a través de los años, concibe espontáneamente en su mente y espíritu un concepto cada vez más claro de su Dios como resultado de sus experiencias, mediante la oración, su andar diario con Él, a través de las luchas de la vida y por el estudio de Su Palabra.

Sin embargo, al meditar en todo esto, comprende que la fe ha sido el vehículo por el cual ha obtenido su conocimiento más íntimo, y también es consciente de que siempre ha sido Dios quien tomó la iniciativa en revelarse más ampliamente a su espíritu. De todas formas, trataremos de dar una definición científica de Dios para propósitos prácticos en el ministerio, y con fines de estudio para la enseñanza.

2. Algunas definiciones de Dios. Partiremos de algunas citas que ya mencionamos anteriormente. Tal vez la principal de ellas es: "Dios es Espíritu". Lea en relación a esto: Lucas 24:39; Deuteronomio 4:15-18; Juan 1:18 y Éxodo 24:9-10.

Por otro lado, Dios mismo nos da una descripción de Su carácter en Éxodo 34:5-7: "Y Jehová descendió en la nube ... y proclamó ... ¡Jehová! ¡Jehová! fuerte, misericordioso y piadoso; tardo para la ira, y grande en misericordia y verdad; que guarda misericordia a millares, que perdona la iniquidad, la rebelión y el pecado, y que de ningún modo tendrá por inocente al malvado; que visita la iniquidad de los padres sobre los hijos y sobre los hijos de los hijos, hasta la tercera y cuarta generación" (Nm. 14:17-18; Sal. 86:15; 103:8).

Hay además muchas definiciones teológicas, tales como la del Dr. A. Strong: "Dios es el Espíritu infinito y perfecto en quien todas las cosas tienen su origen, por quien se sostienen y para quien son".

El Dr. A. A. Hodge dice: "Dios es el Espíritu inteligente, personal, infinito, eterno, incambiable en esencia, sabio, poderoso, santo y quien posee todas las perfecciones inherentes a Su ser".

Del diccionario católico de Attwater: "Dios es el Espíritu supremo, quien sólo existe en Sí mismo, y es infinito en toda perfección".

El Dr. G. N. Clarke dice: "Dios es el Espíritu personal, perfecto en bondad, que impulsado por amor santo, crea, sustenta y ordena todas las cosas".

La Iglesia Reformada de Inglaterra expresa: "Hay un solo Dios vivo y verdadero, eterno, sin cuerpo, partes o pasiones, de infinito poder, sabiduría y bondad. Él es el Creador y Conservador de todas las cosas, así visibles como invisibles".

Ebrard dice: "Él es la fuente eterna de todo lo que es temporal".

Juan Howe expresa: "Dios es el Ser necesario, eterno, sin causa, independiente, que tiene poder, vida, sabiduría, bondad y cualquier otra excelencia que se pueda suponer, en la más alta perfección, en y por Sí mismo".

Del catecismo Westminster: "Dios es el Espíritu infinito, eterno, inmutable en Su Ser, lleno de sabiduría, poder, santidad, justicia, bondad y verdad".

El manual de la Iglesia del Nazareno dice: "Un solo Dios eternamente existente e infinito, Soberano del universo. Sólo Él es Dios, creador y santo administrador en su naturaleza, atributos y propósitos. Él, siendo Dios, es Trino en Su esencia, revelado como Padre, Hijo, y Espíritu Santo".

El Dr. E. Y. Mullins dice: "Dios es el supremo espíritu personal; perfecto en todos Sus atributos; quien es la fuente, el sostén, y el fin del universo; quien lo guía conforme a Su sabio, recto y amoroso propósito, quien se ha revelado en Jesucristo y en quien mora en todas las cosas mediante Su Santo Espíritu, procurando siempre transformarlas conforme a Su propia voluntad y traerlas a Su reino".

A pesar de todas estas profundas definiciones, sabemos que al decir: "Dios es el incomprensible, infinitamente exaltado sobre todo lo que es temporal", tenemos una cita que suena muy bien a los oídos, pero que realmente ayuda poco en cuanto a la vida.

Pero cuando afirmamos que Dios es el Espíritu infinito que en amor santo creó y sostiene todas las cosas, vemos la necesidad de parte del creyente, de darse cuenta del constante cuidado que tiene el Señor en todo, y de la importancia de arreglar su vida para que se encamine conforme a la voluntad y los propósitos de Dios. Esto necesariamente tiene que ver con dejar el pecado, y mantenerse en buenas relaciones con Dios y sus semejantes.

B. Algunos credos antiguos

El propósito que tenemos al mencionar los primeros credos de la Iglesia Cristiana, no es para abogar a favor de, ni en contra, del uso de credos. Hay algunos sectores de la iglesia evangélica que desprecian los credos. Su razonamiento es más o menos el siguiente: puesto que Dios ha hablado por Su Palabra, entonces ¿qué necesidad hay de formular una declaración llamada credo y aun más, de reconocer autoridad en ella? ¿No es acaso suficiente la Biblia?

Por otro lado, hay otros sectores de la iglesia que creen que desde los inicios de la iglesia primitiva, los credos han servido para unir a los que tienen la misma fe; para aclarar la manera de interpretar la Biblia, previniendo así cualquier herejía.

En una obra publicada en el año 1872 por el Dr. Juan Enrique Hopkins, se encuentran las siguientes razones a favor de recitar el credo en las reuniones cristianas:

- La antigüedad de la costumbre.
- Para traer a memoria todo el plan de la salvación.

- Es necesaria para preservar intactos los principios de la verdad divina, y así defender a la iglesia contra el error.
- Es importante para el creyente, como un acto de fe, puesto que genera sentimientos saludables de humilde gratitud y esperanza.

Varios sugieren que, cuando el apóstol Pablo le exhortó a Timoteo diciendo: "Retén la forma de las sanas palabras que de mí oíste, en la fe y amor que es en Cristo Jesús" (2 Ti. 1:13), estaba refiriéndose a algún credo, probablemente al que llamamos el "Credo Apostólico".

Hay algunas nuevas traducciones del Nuevo Testamento o porciones de él que interpretan varias partes de este texto como si fueran himnos cristianos o declaraciones poéticas de la fe, y que se asemejan a los credos. De cualquier forma, resulta difícil demostrar que la Biblia autoriza los credos, pero es igualmente imposible demostrar que lo prohibe. Claro está que un credo no debe suplantar a la Biblia, ya sea en la Iglesia o en la vida del creyente.

Una vez que se llega a estar convencido acerca de la verdad expresada en un credo, de tal modo que se pueda decir que aquello refleja lo que creemos, existe el peligro de estancarse en eso y no progresar en el desarrollo de la vida espiritual y en los conocimientos espirituales, mediante un constante y profundo estudio de la Palabra de Dios. Este estancamiento no es la voluntad de Dios para el cristiano, pues el don del Espíritu Santo no le fue dado para eso (1 P. 2:2; 2 P. 3:18; He. 5:12-14; etc.).

El único propósito que tenemos al mencionar los credos, es el de demostrar cómo los primeros cristianos interpretaban la Biblia, y cómo definieron a Dios. Ya que las herejías iban levantándose contra la verdad, los cristianos buscaron la mejor manera de aplicar las enseñanzas bíblicas a la nueva realidad y necesidad.

Lo que más nos interesa en esta lección son las declaraciones acerca de Dios, a fin de no detenernos en las definiciones formales. Estos credos son la expresión de la fe de multitudes de cristianos, y no el criterio privado de algún prelado o individuo.

Se puede ver que cada época hacía énfasis en alguna parte de la verdad para defenderla de sus enemigos. De esta manera, los credos fueron una declaración sobre cómo la iglesia en aquella época interpretaba la Biblia. Algunos sectores de la iglesia usaron las palabras: "confesión, catecismo, artículos, apología, credo", etc. para formalizar la declaración de su fe.

El Dr. A. A. Hodge presenta los siguientes propósitos para utilizar los credos en la iglesia:

- Para marcar, preservar y diseminar las adquisiciones alcanzadas en el conocimiento de la verdad cristiana por cualquiera rama de la iglesia, en alguna gran crisis de su desarrollo.

- Para diferenciar la verdad de las falacias de los falsos maestros, y definirlas con exactitud en su integridad y debidas proporciones.
- Para servir como vínculo de comunión eclesiástica entre aquellos que están de acuerdo y que pueden colaborar en armonía.
- Para usarlos como instrumentos en la gran labor de instruir a las multitudes. (Tomado de *Outlines of Theology*).

1. El Credo Apostólico. Este credo se encuentra en varios himnarios evangélicos. Reza más o menos así:

> "Creo en Dios Padre Todopoderoso, Creador del cielo y de la tierra; y en Jesucristo, Su Único Hijo, Señor nuestro. Que fue concebido por el Espíritu Santo, nació de la virgen María, padeció bajo el poder de Poncio Pilato. Fue crucificado, muerto y sepultado. Al tercer día resucitó de entre los muertos; subió al cielo, y está sentado a la diestra de Dios Padre Todopoderoso, y desde allí vendrá al fin del mundo a juzgar a vivos y a muertos. Creo en el Espíritu Santo, en la santa iglesia universal, en la comunión de los santos, en el perdón de los pecados, en la resurrección del cuerpo y en la vida eterna. Amén".

2. El Credo Niceno. En el año 325 después de Cristo, en la ciudad de Nicea de Bitinia, fue celebrado el primer Concilio Ecuménico para considerar cómo hacer frente a las herejías del Arrianismo y del Semiarrianismo.

Estos grupos negaban la deidad del Señor Jesucristo, al no reconocerle como una persona que fue enteramente humano, sino como una creación anterior a que el mundo existiese, esto es, una especie de semidiós. Según esta herejía, Jesucristo fue llamado el Verbo, el unigénito Hijo, o aun Dios, como anticipación a la gloria que iba a tener después de su pasión y victoria sobre la tentación.

Los ortodoxos consideraban que el arrianismo era en realidad un esfuerzo para introducir una especie de politeísmo o de agnosticismo dentro de la teología cristiana. El obispo Alejandro, de Alejandría, se opuso enérgicamente a esta tesis errada y escribió cartas y tratados en contra de ésta. Arius (arrio) contestó queriendo defender sus opiniones.

Entonces el emperador Constantino trató de imponer la paz, sin tener buen resultado, de modo que convocó un Concilio General en Nicea en el año 325 D.C. Tres años antes, Arius había sido excomulgado en Alejandría. Unos 300 obispos asistieron al concilio, junto con muchos otros de rango inferior en el ministerio.

El credo que formularon en dicho concilio expresa bien la verdad acerca de la deidad de Jesucristo. Posteriormente, para contrarrestar la idea errónea de los macedonios que negaban la deidad del Espíritu Santo (seguidores de

Macedonius, obispo de Constantinopla, quien enseñó que el Espíritu Santo es una criatura), se agregaron unas palabras más para asentar la verdad acerca de la Tercera Persona de la Trinidad. A continuación presentamos el Credo Niceno en su forma actual:

> "Creo en Dios Padre Todopoderoso, Creador del cielo y de la tierra, y de todas las cosas visibles e invisibles.
>
> "Creo en el Señor Jesucristo, el Unigénito Hijo de Dios, nacido de Su Padre antes de todos los mundos, Dios de dioses, Luz de luz, Dios verdadero del Dios verdadero, engendrado, no creado; siendo de una misma substancia con el Padre, por quien todas las cosas fueron hechas; quien por nosotros los humanos y por nuestra salvación bajó del cielo, y se encarnó por el Espíritu Santo de la virgen María, y fue hecho hombre. Fue también crucificado por nosotros bajo el poder de Poncio Pilato; sufrió la muerte y fue sepultado; al tercer día resucitó de acuerdo con las Escrituras; ascendió a los cielos; está sentado a la diestra del Padre, y vendrá otra vez con gloria a juzgar a vivos y muertos, y cuyo reinado no tendrá fin.
>
> "Creo en el Espíritu Santo, Señor y Dador de la vida, que procede del Padre y del Hijo; que es adorado y glorificado juntamente con el Padre y el Hijo; quien habló por medio de los profetas; y creo en una Iglesia Católica Apostólica; reconozco un solo bautismo para la remisión de los pecados, esperando la resurrección de los muertos, y la vida del mundo venidero. Amén".

3. El Credo Atanasiano. No se sabe con seguridad el origen de este credo, pues algunos creen que salió del norte de Africa durante el siglo VI, y su nombre se debe a Atanasio, quien sucedió a Alejandro como obispo de Alejandría y continuó luchando contra las ideas erróneas del arrianismo.

Otros creen que este credo vino de Galia (antiguo nombre para el sur de Francia) alrededor del siglo V, y que su nombre proviene de su contenido que está tan de acuerdo con las enseñanzas del gran Atanasio.

La historia cuenta que Recaredo I, rey de los godos en Toledo, España, a fines del siglo VI, se convirtió al cristianismo y convocó al Concilio de Toledo (año 589), en el cual fueron agregadas las palabras acerca de la deidad del Espíritu Santo. Como Recaredo I fue partidario de la doctrina que enseñaba Atanasio, en cuanto a la igualdad de las tres Personas de la Deidad, es muy probable que este Credo Atanasiano haya salido de su reino, que era España y Galia.

A continuación, tenemos una porción del Credo llamado Atanasiano, recordando que la palabra católica no quiere decir "romana", sino "universal":

3. "... Pero la fe católica es ésta, que hay un Dios en Trinidad y Trinidad en unidad.
4. No se confunden las Personas, ni se separa la sustancia.
5. Porque la persona del Padre es una, la del Hijo otra, y la del Espíritu Santo otra.
6. Pero el Padre, el Hijo y el Espíritu Santo forman una divinidad, igual en gloria y co-eternal en cuanto a Su majestad.
7. Lo que es el Padre, lo mismo es el Hijo, y el Espíritu Santo.
8. El Padre no es creado.
9. El Padre es infinito, el Hijo es infinito y el Espíritu es infinito.
10. El Padre es eterno, el Hijo es eterno, el Espíritu Santo es eterno.
11. Sin embargo, no hay tres eternos, sino un sólo eterno.
12. Asimismo, no hay tres seres no creados, ni tres infinitos, sino uno no creado, y uno infinito.
13. De igual manera que el Padre es omnipotente, el Hijo es omnipotente y el Espíritu Santo es omnipotente.
14. Mas no hay tres omnipotentes, sino un sólo omnipotente.
15. Así, el Padre es Dios, el Hijo es Dios y el Espíritu Santo es Dios.
16. Sin embargo, no hay tres dioses, sino un sólo Dios.
17. Luego, el Padre es Señor, el Hijo es Señor, y el Espíritu Santo es Señor.
18. Pero no hay tres señores, sino un sólo Señor.
19. Porque como somos conducidos por la verdad cristiana a confesar a cada persona separadamente como Dios y Señor, así mismo la religión católica nos prohibe decir que hay tres dioses y señores.
20. El Padre no proviene de nadie, ni fue creado, ni engendrado.
21. El Hijo proviene del Padre únicamente, sin haber sido creado, ni hecho, pero sí engendrado.
22. El Espíritu Santo proviene del Padre y del Hijo, no fue creado, ni hecho, ni engendrado, sino que procede de ellos.
23. Por lo tanto, hay un Padre, no tres padres; un Hijo, no tres hijos y un Espíritu Santo, no tres espíritus santos.
24. Y es en esta Trinidad que ninguno es primero ni último. Ninguno es mayor ni menor.
25. Las Tres Personas co-eternas son co-iguales entre sí, de modo que por todo, como se ha dicho anteriormente, tanto en la unidad como en la Trinidad, y la Trinidad en unidad ha de ser adorado.
26. Por lo tanto, el que desea ser salvo tiene que pensar así acerca de la Trinidad.
27. Pero es necesario para la salvación eterna creer fielmente en la encarnación de nuestro Señor Jesucristo.

28. La verdadera fe, por lo tanto, exige que creamos y confesemos que nuestro Señor Jesucristo es Dios y hombre.
29. Él es Dios, engendrado desde la eternidad por la sustancia del Padre; Hombre nacido sujeto al tiempo, de la sustancia de su madre.
30. Perfecto Dios, perfecto Hombre, subsistiendo mediante un alma racional y carne humana.
31. Igual al Padre respecto a Su divinidad, menos que el Padre respecto a Su humanidad.
32. Quien, aunque es Dios y Hombre, no son dos sino un Cristo.
33. Siendo uno, no por la conversión de Su Divinidad a carne, sino por la asunción de Su humanidad a Dios".

Repaso de la lección

1. ¿Contiene la Biblia alguna definición acerca de Dios?
2. ¿Qué beneficio hay en tratar de definir a Dios?
3. ¿Cuál de las definiciones dadas le parece a usted la más completa?
4. ¿Contiene la Biblia algún credo?
5. ¿Qué enseñan los credos en relación al progreso de la doctrina dentro de la Iglesia primitiva?

Lección 10

Los atributos de Dios - I

Bosquejo

La declaración del Señor Jesucristo: "Dios es Espíritu", es fundamental en la comprensión de la naturaleza de Dios.

A. Observaciones introductorias

La Biblia es la fuente para las enseñanzas de los atributos divinos. En ella no se habla de la esencia o substancia de Dios aparte de Sus atributos. Hay varias maneras de considerar los atributos en divisiones o clases, tales como los inmanentes, naturales o intransitivos; y los morales o transitivos.

B. La esencia de Dios

1. Dios es Espíritu, (Jn. 4:24). Por lo tanto existe, es poderoso y permanece. Él es Persona intelectual aunque incorpórea, pero capaz de manifestarse.

2. Dios es un Ser personal, con vida en Sí mismo. Él es el "Dios vivo" (Mt. 16:16; 1 Ts. 1:9; etc.).

C. Los atributos de la naturaleza de Dios

1. Dios es eterno
2. Dios es inmutable
3. Dios es omnipresente
4. Dios es omnipotente
5. Dios es omnisciente

Lección 10

Los atributos de Dios - I

Cuando el Señor Jesucristo dijo: "Dios es Espíritu", estaba contestando la sugerencia que la samaritana hizo, acerca del lugar apropiado que se necesita para adorar a Dios. Puesto que Dios es Espíritu y es omnipresente, puede ser adorado en cualquier lugar, sin limitación geográfica. Urge, entonces, saber todo lo posible acerca de Aquel a quien adoramos, Su esencia y Sus atributos.

El Señor Jesucristo añadió a la declaración que Dios es Espíritu, el hecho de que el Padre busca adoradores que Le adoren en espíritu y en verdad, implicando que Dios es un Espíritu personal, conoce los pensamientos más íntimos y los propósitos del corazón humano, y nos llama a todos hacia Él.

Dios es quien toma la iniciativa y obra activamente en el mundo a favor de que cada ser humano llegue a conocerle, lo cual es el mayor beneficio posible para el hombre (Jn. 17:3). Se ve también que, hay una relación íntima, una conexión vital, entre la esencia, los atributos o cualidades de dicha esencia y las actividades de la esencia, quien es Dios mismo.

Aunque no podemos saber todo acerca del Ser Supremo, mucho sí ha sido revelado, y nos conviene conocer lo más posible, pues de lo contrario estaríamos despreciando a Dios y a la revelación que Él ha hecho de Sí mismo.

A. Observaciones introductorias

A la juventud se le enseña:

"Siembra un pensamiento y cosecha una acción;
siembra una acción y cosecha un hábito;
siembra un hábito y cosecha un carácter;
siembra un carácter y cosecha un destino".

En esto vemos una declaración cierta entre los hechos y el carácter. Podemos invertir el orden un poquito y decir: "Según el carácter, así serán las costumbres y las acciones de una persona". A veces pensamos que el joven forma su carácter por sus acciones. Otras veces parece que el joven recibió su carácter de sus padres o abuelos, y hace lo que dicho carácter le dicta.

Sin alargarnos más, lo que queremos aplicar aquí es declarar que podemos conocer el carácter de Dios por Sus hechos y decretos, y cuando la Biblia nos dice algo acerca de Su carácter, podemos deducir que Él ha de actuar en relación con Su creación, estableciendo una base para interpretar Sus acciones pasadas.

Necesariamente las conclusiones correctas deben estar de acuerdo entre sí y con la Biblia. La historia, correctamente interpretada, ha de apoyar las mismas conclusiones. En este estudio, vamos a fundamentar las doctrinas sobre la Biblia como la autoridad competente, anotando de paso alguna que otra observación en cuanto a la razón humana.

En las lecciones anteriores se han presentado varias evidencias en cuanto a la creencia de que Dios existe, no simplemente en nuestras mentes o en la imaginación, sino en la realidad, es decir, objetivamente. El hecho es que la esencia de Dios tiene ciertas características y atributos, los cuales se pueden conocer por cuanto le han sido revelados y manifestados al hombre.

El Dr. A. H. Strong da la siguiente definición: "Los atributos de Dios son aquellas características de la naturaleza divina que le distinguen; son inseparables de la idea de Dios y que constituyen la base y fundamento para las varias manifestaciones a Sus criaturas. Los llamamos atributos, porque estamos obligados a atribuírselos a Dios como cualidades fundamentales o poderes de Su Ser, para poder dar cuenta razonable de ciertos hechos constantes en las revelaciones que Dios ha hecho de Sí mismo".

Hay varias maneras de dividir los atributos divinos. Muchos teólogos consideran que todo lo revelado acerca de Dios son Sus atributos, y que no es conocido sino por éstos, de modo que los dividen en:

- atributos naturales o pertenecientes a Su carácter, y
- en los morales, o pertenecientes a Su actividad.

A veces estos mismos son llamados inmanentes y transitivos. También son designados como los "no morales" (aquellos que no comprenden cualidades morales) y los morales. Otros los llaman positivos y negativos. Hay también aquellos que dividen los atributos de Dios de acuerdo a Su esencia, Su intelecto o Su voluntad.

El Dr. Strong, citado anteriormente, usa la siguiente división:
(Dios es Espíritu Infinito y Perfecto, el Origen, Sostén y Fin de todas las cosas)

	Que se refiere al:
I. Los atributos absolutos o inmanentes	Espíritu
A. La espiritualidad, que comprende:	
1. la vida	
2. la personalidad	
B. Lo infinito, que comprende:	Infinito
1. la existencia propia	
2. la inmutabilidad	
3. la unidad	
C. La perfección, que comprende:	Perfecto
1. la verdad	
2. el amor	
3. la santidad	
II. Los atributos relativos o transitivos:	Origen
A. Relacionados al tiempo y al espacio:	
1. la eternidad	
2. la inmensidad	
B. Relacionados a la creación:	Sostén
1 Omnipresencia	
2. Omnisciencia	
3. Omnipotencia	

C. Relacionados a los seres morales: Fin de todas las cosas

1. la veracidad y la fidelidad - *la verdad transitiva*
2. la misericordia y la bondad - *el amor transitivo*
3. la justicia y la rectitud - *la santidad transitiva*

En todo esto vemos la relación de que Dios es Espíritu Infinito y Perfecto, el Origen, Sostén y Fin de todas las cosas.

Según esta clasificación, Dios es presentado primero como Espíritu, luego como el Espíritu Infinito, y finalmente como el Espíritu Perfecto. La creación del universo no era necesaria para demostrar Su plenitud, ya que en Dios existe la plenitud (Col. 1:19; 2:9).

Es necesario que haya una esencia o substancia a la cual los atributos sean inherentes. En este estudio consideraremos primero lo revelado en cuanto a la esencia de Dios, y después los atributos de dicha substancia.

B. La esencia de Dios

1. Dios es Espíritu, (Jn. 4:24). Una substancia tiene existencia, poder y permanencia. Por lo tanto, puede ser materia o espíritu. El hecho es que la substancia de Dios es únicamente Espíritu. Él es Espíritu Personal con todos los atributos de un Ser inteligente.

Al decir que Dios es Espíritu, estamos diciendo que Él no tiene las propiedades de la materia, y por lo tanto, que las referencias escriturales a la mano, el ojo, el oído, etc., de Dios, son metáforas que llamamos "antropomorfismos", significando una figura retórica (no como creencia). No hay nada de malo en que la Biblia haga uso de estas figuras, porque explican más claramente lo que Dios quiere decir.

Sería difícil formarnos un concepto adecuado de Dios como Espíritu solamente, si tendría que ser expresado en términos de una ciencia o reino del cual no tenemos ningún conocimiento. Así que, puesto que Dios trasciende nuestros conceptos, Se revela en palabras que podamos comprender y que se reflejan en nuestra propia experiencia (Sal. 32:8; Is. 59:1; etc.).

Sabemos que Dios ve, oye, habla, obra, etc., pero como no sabemos la manera en que un espíritu perfecto hace estas cosas, han sido expresadas en un lenguaje que podamos comprender. Cuando la deidad se encarnó en Jesucristo, que por cierto, era Dios usando un cuerpo humano (y recordemos que en el Antiguo Testamento Dios también se manifestó en forma humana, visible), no por eso limitamos al Espíritu infinito a un cuerpo material.

¿Qué significa, entonces, que Dios hizo al hombre a Su imagen y semejanza? (Gn. 1:27). Según Colosenses 1:15, 3:10 y Efesios 4:23-24, junto con Génesis 1:28-29, es claro que estas palabras "imagen y semejanza" se refieren a lo intelectual y moral, más que a lo corporal o físico.

Otra cualidad de Dios es que es invisible, que ningún hombre puede ver la esencia de Dios en toda Su gloria (Ex. 33:20 y Jn. 1:18; Ro. 1:20; Col. 1:15; 1 Ti. 1:17; 6:16). El pasaje en Deuteronomio 4:12-19 es muy claro. Dice que los hebreos no vieron figura alguna el día que Jehová habló con ellos en medio del fuego en el monte Sinaí. Esta es la base para prohibir terminantemente el hacer y adorar ídolos.

La referencia aquí es Éxodo 24:9-10 donde leemos que 74 personas subieron al monte y "vieron al Dios de Israel". El siguiente versículo repite que "vieron a Dios", pero no hay la menor descripción de forma o figura alguna. Vieron debajo de Sus pies "como un embaldosado (o pavimento) de zafiros, semejante al cielo cuando está sereno".

Ezequiel también vio a Dios en visión (Ez. 1:3-28). "Y sobre la expansión que había sobre sus cabezas se veía la figura de un trono que parecía de piedra de zafiro, y sobre la figura del trono, había una semejanza que parecía de hombre sentado sobre él. Y vi apariencia como de bronce refulgente, como apariencia de fuego dentro de ella en derredor, desde el aspecto de sus lomos para arriba, y desde sus lomos para abajo, vi que parecía como fuego y que tenía resplandor alrededor" (Ez. 1:26-27).

Por la repetición de la palabra "parecía", vemos que el profeta está tratando de expresar algo nuevo y desconocido, empleando comparaciones con lo ya conocido. Cuando llega a la descripción de la Persona que estaba sentada sobre el trono, se refiere al brillo, la gloria, apariencia de fuego y de metal ardiente.

La apariencia era semejante a la de un hombre que tenía como lomos, pero desde dicho centro hacia arriba, todo era refulgencia y gloria, mientras la mitad inferior era como la gloria de un fuego, a cuyo alrededor había un brillo o refulgencia indescriptible.

En cuanto a la visión del Señor que tuvo Isaías en el capítulo seis de su profecía, de la cual hablaremos posteriormente, tampoco hay una descripción de Su forma o figura. Véase también Apocalipsis 4:3 donde dice que "el que estaba sentado (sobre el trono), era semejante a la apariencia de una piedra de jaspe y de cornalina" (piedras cuyos colores variados con rayas darían la impresión de llamas opacas): "y había alrededor del trono un arco iris semejante en aspecto a la esmeralda".

Hay otros pasajes de las Escrituras que describen una manifestación visible de la Deidad, antes de la encarnación (Gn. 18:1-33; 32:30; Dt. 34:10; Jos. 5:13-15; Jue. 13:3-23; 1 R. 22:19, etc).

Una comparación de Isaías 6:1-10 con Juan 12:37-41 apoya la interpretación de estos pasajes que acabamos de citar, refiriéndose a una manifestación en forma visible del mismo Señor Jesucristo, la Segunda Persona de la Trinidad, antes de Su encarnación.

Aquí nos preguntamos, ¿es posible que un espíritu se manifieste en forma visible? A veces Dios Se manifestó a través de símbolos o formas no humanas, pero visibles. Por ejemplo: "un horno humeando, una antorcha de fuego" (Gn.

15:17); "una columna de nube, ... y una columna de fuego (Ex. 13:21; véase también 1 R. 19:11-13 y Lc. 3:22).

No es lo mismo ver una manifestación de esta clase, que ver la misma substancia. Este hecho se ha comparado con el acto de ver la sombra en vez de ver la realidad, o mirar el reflejo de un espejo en lugar de ver a la persona en sí. Todas estas manifestaciones de Dios en forma de un ser visible, especialmente antes de la encarnación, son llamadas por algunos "teofanías", vocablo compuesto de dos palabras que significan "Dios" y "forma".

El título: "el ángel de Jehová", y no simplemente "un ángel" en el Antiguo Testamento, es usado para designar al mismo Jesucristo en Sus apariciones antes de su encarnación (Gn. 16:7-10, 13; 21:17-18; 22:11-12; Jue. 2:1-2; 6:11-14, 19-24). Compare Jueces 13:18 con Isaías 9:6, y Génesis 18 con Juan 8:56. Véase también Malaquías 3:1.

Concluimos pues, que el apóstol Pablo tuvo razón en llamarle al Creador el "Dios invisible", a pesar de que los hombres han visto las manifestaciones divinas en varias ocasiones.

2. Dios es un ser personal, con vida en sí misma. Esto puede considerarse como otra subdivisión bajo el tema de que Dios es Espíritu que tratamos anteriormente, por cuanto la misma palabra "Espíritu" implica personalidad, y no un espíritu impersonal.

De igual manera, la idea de espíritu perfecto no excluye lo inánime, pero sí elimina lo material. Un espíritu muerto no se concibe, como lo prueba la expresión: "el espíritu de un muerto", siendo comprensible para todos que el cuerpo muere pero que el espíritu no pierde ni su existencia ni su identidad, sino sólo su modo de expresarse, esto es, su instrumento, el cuerpo.

La Deidad consta de tres Personas, cada una de las cuales tiene una personalidad completa con todas sus cualidades y características.

En las Escrituras, Él es llamado "el Dios vivo" (Mt. 16:16; 1 Ts. 1:9; Jos. 3:10; 1 S. 17:26; Sal. 84:2, etc.). En el Salmo 36:9 vemos que Dios no sólo vive, sino que Él es el manantial de la vida, Aquel que da vida a todo ser (Jn. 5:26).

Cuando el apóstol Juan escribió en su primera epístola que "Dios es luz, y en Él no hay ningunas tinieblas" (1:5), y en su evangelio que: "En Él estaba la vida, y la vida era la luz de los hombres ... la luz verdadera, que alumbra a todo hombre" (1:4, 9), no sólo apuntaba hacia Dios como el Origen de todo lo que es vida, sino también de toda energía, de la luz intelectual y espiritual, y de todo lo que hace que la vida sea digna de desearse.

Según los científicos, se sabe que hay una conexión entre la luz, la energía y el calor, pero nuestro Dios que es luz, es el Origen de todo.

Sin duda, esta declaración tiene también otros significados, tales como que Dios ve todo y juzga todo. En Hebreos 12:29 leemos: "Porque el Dios nuestro es un fuego consumidor", lo cual habla de Su juicio y también de Su propósito en renovar esta tierra para establecer un reino eterno de justicia. Como contraste con esto, véase 2 Co. 4:4.

Con todo esto que hemos considerado, vemos que Dios es una Persona. Al estudiar más sobre Sus atributos, veremos que Dios tiene también todas las características psicológicas de la personalidad, tales como:

- intelecto (Gn. 18:19; Ex. 3:7; Hch. 15:18; Jer. 38:17-20; Ro. 4:17);
- sensibilidad (Gn. 6:6; Sal. 103:8-13; Jn. 3:16; 17:4; Jer. 31:3);
- voluntad (Gn. 3:15; Sal. 115:3; Jn. 6:38; Ro. 12:2; Ef. 1:5);
- Él habla, ve, oye, etc. (Gn. 1:3; 11:5; Is. 59:1-2).

Las Escrituras ponen de manifiesto el contraste entre el Dios verdadero y los ídolos o dioses falsos de las naciones, llamando a Jehová el Dios vivo que ve, oye, habla y predice el futuro, en contraste con los ídolos que no ven, ni oyen, etc. (Jer. 10:10-16; Sal. 115:3-9; Hch. 14:15; 1 Ts. 1:9; 2 Cr. 16:9).

También diremos que si Dios no fuese Espíritu Personal, ¿de dónde vino la Biblia? ¿Cómo surgió la conciencia del hombre? ¿De dónde salió la sabiduría de las leyes de la naturaleza y el orden del universo? Y, ¿para qué se hizo la vida?

C. Los atributos naturales de Dios

1. Dios es eterno. Al llamar a Dios "el Eterno", queremos decir que Él no tuvo principio ni tendrá fin. Él es el Origen del tiempo. Siendo Él el eterno "Yo Soy", todo el tiempo pasado y futuro está siempre presente delante de Él. Se ha dicho que "la eternidad para Dios es un ahora solamente".

Dios es infinito en relación al tiempo y no Le podemos limitar; sin embargo, Él estableció que hubiera tiempo y nos ha hecho a nosotros conscientes de la sucesión de tiempo. Como en Su esencia no hay cambio, mudanza o sombra de variación, Dios no puede ser medido por el tiempo, que es la duración de las cosas sujetas al cambio.

Sólo en relación a la creación tiene que ver con el tiempo. En el Salmo 90:2, 4 leemos: "Antes que naciesen los montes y formases la tierra y el mundo, y desde el siglo hasta el siglo, Tú eres Dios. Porque mil años delante de tus ojos son como el día de ayer que pasó, y como una de las vigilias de la noche". (Véase también Gn. 1:1; 21:33; Is. 40:28; 57:15; Sal. 102:27; Ex. 3:14; Jn. 1:1, 3; 1 Ti. 1:17; 6:16; Ap. 4:8; He. 1:2; 11:3; 2 P. 3:8; Ef. 3:21).

Algunos no consideran la eternidad de Dios como un atributo, sino como una "relación" de Su existencia. Puesto que la materia no puede producir la personalidad, es claro que sólo un espíritu personal pudo haber producido otro espíritu, así que Dios, siendo el Espíritu Infinito, tiene que ser Eterno. Nadie pudo haber existido antes que Él, ni será después, por cuanto no hay tal cosa como "antes de Él", ni "después de Él".

Él existe, no por razón de la voluntad, sino por razón de Su naturaleza, una existencia necesaria dada la existencia del universo, lo cual hace que Él sea eterno. Es el único que existe por Sí mismo, esto es, sin depender de otro ni para Su origen ni para el sostenimiento de Su vida, de modo que sólo Él puede ser eterno.

Se ha definido Su eternidad como "aquella perfección de Dios por la cual Él es elevado sobre todo límite temporal y toda sucesión de momentos, y poseyendo el todo de Su existencia en un presente indivisible".

El hombre ve, como por una ventana, la procesión de los eventos uno por uno, pero Dios desde Su trono ve todo a la vez desde el principio del tiempo hasta la eternidad futura.

2. Dios es inmutable. Según el diccionario de la Real Academia, la palabra "inmutable" significa simplemente "no mudable". Según el *New Standard Dictionary*, la inmutabilidad es el estado o cualidad del ser que no es capaz de cambiar, puesto que no es susceptible al cambio, sea por aumento o por disminución, por desarrollo o por evolución propia; incambiable, invariable, permanente, cuando se refiere a Dios como que es inmutable".

Al decir que Dios es inmutable, queremos decir que Él no cambia en Su carácter, voluntad, y propósito o fin. Puesto que es infinito, es imposible que sea más de lo que es, por cuanto ya llena todo, ni puede ser menos de lo que es porque entonces no sería Dios perfecto. Ni en Su esencia ni en ninguno de Sus atributos puede Dios estar sujeto al menor cambio, porque cualquier variación significaría que ha dejado de ser perfecto, si dicho cambio causara ya sea un deterioro o una mejora.

Dios no puede ser más sabio, porque ya sabe todas las cosas; no puede ser menos sabio, porque nada puede ocultarse a Su vista; no puede ser más santo por cuanto es absolutamente perfecto en santidad, ni menos sabio ya que sería imperfecto, de modo que no sería Dios. Así es sucesivamente con todos los atributos de Dios.

El versículo de la Biblia más citado para enseñar la inmutabilidad de Dios es Santiago 1:17 que dice: "El Padre de las luces, en el cual no hay mudanza, ni sombra de variación". Malaquías 3:6 también dice: "Porque yo Jehová, no me mudo". (Véase también Sal. 33:11; 102:24-27; 103:17; Ro. 4:20-21; Is. 46:10; 28:17; Ro. 11:29; 1 R. 8:56; 2 Co. 1:20; Gn. 18:25).

Esta verdad, sin embargo, no quiere decir que el Dios inmutable sea inmóvil, porque aunque no cambie ni en Su esencia ni en Su consejo, Él puede actuar y obrar, haciendo todo cuanto Su infinita sabiduría decida. Pero es seguro que siempre obrará en completa armonía con Su carácter inmutable; nunca hará nada injusto, insensato, o algo que no tenga como motivación y fin, el sumo bien para los demás.

La creación del universo no operó ningún cambio en la substancia de Dios; no agregó ningún atributo ni quitó nada de Él. En la encarnación del Hijo de Dios, Su Divina Persona no sufrió la menor variación, aunque sí entró en una nueva relación, recibiendo una naturaleza humana en unión con Su naturaleza divina, que es incambiable. Todo esto fue hecho conforme a Sus propósitos eternos.

En medio de estas verdades, encontramos los pasajes bíblicos que dicen que Dios se arrepintió y cambió de propósito, mientras que otros pasajes dicen que Él no es hombre para que se arrepienta, etc. (véase Gn. 6:6; Ex. 32:14; 2 S. 24:16; Nm. 23:19; 1 S. 15:29; Sal. 110:4).

La misma Biblia contiene la solución del problema en Jeremías 18:8: "Pero si esos pueblos se convirtieren de su maldad contra la cual hablé, yo me arrepentiré del mal que había pensado hacerles". Véase también Joel 2:13; Éxodo 32:9-10, 14 y Jonás 1:2; 3:4, 10; 4:10-11.

Ningún padre en la tierra puede, siendo justo, tratar de igual modo a un hijo contumaz y rebelde que a un hijo obediente y bien dispuesto. Cada uno merece y necesita un trato distinto. Dios no es inconstante, ya que mantiene una relación con los pecadores e injustos de una manera muy diferente a la que sostiene con los creyentes y justos.

Nadie acusa al sol de ser inconstante porque derrite la cera y endurece la greda. Las leyes de Dios declaran que: "el mal perseguirá a los pecadores, mas los justos serán premiados con el bien" (Pr. 13:21), y éstas no son contrarias a la inmutabilidad de Dios, sino conforme a Su carácter y a Su voluntad eterna.

Cuando un pecador se arrepiente y se convierte, dejando el mal y haciendo el bien por amor a Cristo, Dios ya no le ve bajo la ira, sino bajo la gracia, y esto no significa un cambio en el carácter o en el propósito de Dios, sino que esto es conforme a Su santa voluntad. Significa que ha habido un cambio de relación, no de esencia o de atributo.

A veces la Biblia habla de que Dios siente tristeza o que le pesa en Su corazón algo que ha hecho, pero ¿acaso quisiéramos tener un Padre Celestial capaz de condenar a un hombre, o a una generación a la muerte, sin que a la vez lo sienta profundamente?

Es verdad que en Su sabiduría, Él estaba consciente de lo que iba a pasar según Sus leyes divinas, al igual que Él sabía que la justicia perfecta demandaba la muerte sin más tardar. Sin embargo Dios, que es Persona con sensibilidad, en verdad se entristece mucho en el momento de ejecutar la sentencia.

Las otras referencias que mencionan que Él se arrepintió, hablan de un cambio de proceder causado por un cambio moral en el hombre. Esto requiere un reconocimiento por parte del Señor, donde Él ve una relación distinta a la de antes. Desde el punto de vista humano le llamamos a esto "arrepentimiento", aunque en realidad Dios no cambia en Su carácter, atributo, voluntad, o propósito, pues Él sigue siendo inmutable.

3. Dios es omnipresente. A este atributo se le llama también la inmensidad de Dios, o Su omnipresencia. Quiere decir que Él está presente en todo lugar y en todo tiempo con todo Su poder y personalidad.

Wiley y Culbertson dicen en su obra titulada *Teología Cristiana* que: "Así como el tiempo ha nacido de la eternidad, el espacio ha nacido de la inmensidad". Los pasajes paralelos de 1 Reyes 8:27 y 2 Crónicas 6:18 dicen: "¿Pero es verdad que Dios morará sobre la tierra? He aquí los cielos, los cielos de los cielos, no te pueden contener; ¿cuánto menos esta casa que yo he edificado?" (Véase también Sal. 139:7-12; Is. 66:1; Jer. 23:23-24; Hch. 17:27-28; Ro. 10:6-8; He. 4:13).

Siendo Dios Espíritu puro, está relacionado con el universo que Él creó, llenando todo rincón pero sin ser idéntico con el universo. Él es superior e independiente (o algunos utilizan la palabra "trascendente" para describir Su relación con el universo), de todo lo material que ha sido creado, aunque todo depende de Él, puesto que Él es el Sustentador de todo cuanto existe.

Él existió antes de la creación y sería el mismo aunque el universo no existiera. Asimismo, el universo no podría sostenerse ni una hora sin Él. En esto el cristianismo se distingue mucho del panteísmo y de las religiones paganas, y de la llamada "Ciencia Cristiana" fundada por María Baker Eddy, las cuales enseñan que la naturaleza es Dios, o que Dios es todo y todo es Dios, etc.

La verdad de la presencia infinita de Dios en cada rincón es un gran consuelo para los creyentes y una amenaza para los incrédulos. Aunque el Señor es omnipresente, el hombre obra bajo su propia responsabilidad: cuando peca, no es Dios el que peca, sino que el hombre peca a pesar de la presencia del Señor, y por eso el individuo es redargüido por su conciencia (Stg. 1:13-14).

Siendo superior al universo, el Padre Celestial pudo hacer provisión para nuestra salvación; siendo omnipresente puede hacer efectiva esa redención obrando convicción, arrepentimiento y fe.

Para expresar la omnipresencia de Dios se ha dicho: "Toda planta en el campo, todo árbol en la montaña, los pájaros en sus nidos y los que vuelan por el aire, exhalan la fragancia de la presencia de la Deidad". Con esto queremos decir que Dios es la fuerza que opera y obra desde adentro del sistema universal, por Su energía y Su designio.

Debemos evitar el error de concebir a Dios como idéntico a Su creación de modo que pierda Su personalidad e independencia; a la vez debemos evitar el error opuesto de enfatizar tanto Su superioridad al universo que olvidemos Su relación de sustentador y redentor con él.

4. Dios es omnipotente. Esto quiere decir que Dios todo lo puede, en el sentido común de estas palabras. Se entiende que no hay nada que Él no puede hacer en armonía con Su carácter y santa voluntad.

Podemos decir que Dios puede hacer todo cuanto quiere, pero que Su voluntad o querer está limitado por Su naturaleza, de modo que nunca se propondrá hacer algo que no esté en armonía con Sus perfecciones.

Este atributo está incluido en Su nombre "Todopoderoso" (Gn. 17:1). La Biblia enseña esta verdad repetidas veces: Gn. 1:13; 18:14; Ex. 15:7; Dt. 3:24; 32:29; 1 Cr.16:25; Job 42:2; Sal. 115:3; Is. 40:12-15; Jer. 32:17, 27; Ez.10:5; Dn. 3:17; 4:35; Amós 4:13; 5:8; Zac. 12:1; Mt. 3:9; 19:26; Lc. 1:37; Ro. 4:17; 2 Co. 4:6; Ef. 1:19; 3:20; Ap. 19:6.

El hecho de que Dios sea omnipotente no quiere decir que Él siempre esté ejerciendo toda Su potencia. Él ejecuta Su poder y lo usa sólo según Su santa y sabia voluntad. No obra por necesidad o automáticamente. Él es libre en el ejercicio de Su voluntad y Se ha limitado de varias maneras por el libre albedrío que ha otorgado a los hombres.

La misma omnipotencia de Dios es la base que le ha dado la libre voluntad al hombre. Si Dios no fuera el Todopoderoso, no le hubiera dado ésta capacidad al hombre. Más tarde hablaremos de la soberanía de Dios y de Su providencia, cuando consideremos la predestinación.

La creación del vasto universo con sus miles de millones de mundos, el cual fue hecho de la nada por la Palabra de Su potencia, es el testimonio más claro acerca de la omnipotencia del Señor. En Génesis 2:1-3 dice que Dios descansó en el séptimo día, pero esto no fue porque estuvo exhausto por la labor que hizo al crear este mundo, sino porque había cumplido con la obra que se había propuesto.

Si Él se hubiera propuesto el continuar haciendo sistemas solares sin fin, lo habría hecho. Hasta el día de hoy los científicos siguen descubriendo nuevas verdades acerca de este universo, y siempre tienen que admitir que es más grande de lo que antes se imaginaban. Con los nuevos viajes espaciales siguen descubriendo este maravilloso universo, y sigue cambiando su concepto del espacio y de las estrellas que lo habitan.

La unidad que se utiliza para medir las distancias en el espacio celeste es el tiempo que viaja un rayo de luz durante un año entero, a más o menos trescientos mil kilómetros por segundo. Uno de los cálculos que se han hecho para saber el tamaño "conocido" del universo, es que un rayo de luz necesitaría mil millones de años para atravesarlo desde un cabo hasta el otro, y estiman que esta distancia puede ser acaso la mitad de lo que realmente existe en el universo.

En cuanto al número de estrellas que hay en el espacio, se sabe que existen más constelaciones o grupos de innumerables estrellas de lo que antes se creía. Muchos de estos luminares son muchísimas veces más grandes que el sol de nuestro sistema planetario. Por ejemplo, nuestro sol tiene un diámetro de 1.382.000 kilómetros, mientras que Betelgense de la constelación Orión, la primera estrella (no la más grande), al ser medida por el sistema de Michelson, tendría un diámetro de 400 millones de kilómetros.

Se ha calculado que sólo en la Vía Láctea hay cien mil millones de estrellas. Se dice que la estrella más cercana a la tierra, conocida también como "Lobo 424", necesita más de tres años y medio para que su luz llegue hasta aquí. Todo esto lo ha hecho nuestro Dios.

¿Quién puede decir que Él no es Todopoderoso? Sólo un Ser Supremo Omnipotente se atrevería a crear un universo tan inmenso, puesto que sólo Él lo puede sostener a cada momento. De igual manera, Él es el consuelo y esperanza de cada creyente. Él es el que nos sostiene. (Véase Is. 45:11-13; 46:4; 66:5; Jer. 32:16-44; Hch. 4:24-31; Sal. 99:1; Fil. 2:10).

5. Dios es omnisciente. La omnisciencia es el conocimiento perfecto que tiene Dios de todo lo que existe o que puede existir. El hecho es que el Ser omnipresente y omnipotente, es también omnisciente.

Estando siempre en cualquier punto del universo, con Su capacidad de hacer lo que quiere, Él tiene la sabiduría infinita para saber qué hacer y cómo hacerlo, con respecto al pasado, presente y futuro, para que todos Sus actos sean hechos conforme a Su santo designio.

Este conocimiento de Dios es infinito, perfecto e instantáneo. Es directo, sin intermediarios. Y no es el conocimiento que viene a través de los sentidos de la imaginación, de la observación o de la reflexión, pues Su conocimiento es claro, sin confusión o dudas, siempre fiel a la realidad y a la verdad, a la vez que eterno.

Conoce los motivos y pensamientos más íntimos de los hombres, tanto como los hechos mismos. Él es el Único que sabe lo que era posible, o cuál hubiera sido el resultado bajo otras circunstancias (Is. 48:18; Mt. 11:20-24).

Un ejemplo de la ciencia de Dios se encuentra en Hechos 9:11-12, donde el Señor le dijo a Ananías que un hombre llamado Saulo de Tarso le necesitaba. Él conocía su nombre, procedencia, la calle y la casa, el nombre del dueño, lo que estaba haciendo (orando), y hasta los detalles de la visión que tuvo Saulo acerca de lo que pronto iba a suceder.

Véase también: Gn. 18:18-19; 1 S. 23:12; 2 R. 8:10,13; 1 Cr. 28:9; Pr. 15:3; Is. 29:15; 40:28; 44:28; Jer. 1:4; 23:23; Sal. 33:13-15; 94:9; 104:24; 139:1-16; 147:4, 5; Ez. 15:5; Dn. 2:22, 28; Amós 4:13; Mt. 6:8; Lc. 16:15; Hch. 2:23; Ro. 8:27; 1 Co. 3:20; Ef. 3:10; 2 Ti. 2:19; He. 4:13; 1 P. 1:2; 1 Jn. 3:20.

Dios conoce perfectamente el futuro, como atestiguan las profecías de la Biblia. Es preciso convencernos de que, el hecho de que Dios sepa de antemano lo que va a suceder, no es la causa del acontecimiento. "La presciencia no es causativa. El conocimiento de Dios acerca de cómo un individuo puede usar su libre albedrío no coacciona la elección de dicha persona. Dios ve de antemano pero no hace el arreglo".

Esto es demostrado a través de muchos ejemplos, como:

- la presencia del pecado en el mundo con todos sus resultados (Ez. 33:11);
- lo que hubiera pasado si otras ciudades hubieran tenido ciertos privilegios (Mt. 11:21, 23);
- la larga espera del Señor (2 P. 3:9).

Posteriormente hablaremos acerca de la presciencia, la predestinación, la soberanía de Dios, y el libre albedrío del hombre.

La sabiduría de Dios es manifestada en el hecho de que Él usa Su conocimiento perfecto de tal manera que los mejores propósitos posibles son efectuados por los mejores métodos posibles. Dios nunca se equivoca, ni en propósito ni en hecho. En su infinita sabiduría permite muchas cosas que no son de Su agrado, pero Él libremente ha dado esta capacidad al hombre, de modo que ni la omnipotencia ni la omnisciencia del Señor puedan ser violadas.

Algún día veremos que Dios ha hecho todo con sabiduría para Su propia gloria buscando el mayor bien para los suyos. Las obras que Él ha hecho, fueron hechas con el fin de glorificarle. Véalo en la creación (Sal. 19:1-6; 104; Pr. 3:19), preservación (Neh. 9:6; Ap. 4:11), providencia (Sal. 33:10-11; Dn. 4:35; Ef. 1:11), y redención (1 Co. 2:7; Ef. 3:10).

(Las preguntas de estas lección las encontrará al final de la próxima lección.)

Lección 11

Los atributos de Dios - II

Bosquejo

(continuación de lección 10)

D. Los atributos morales de Dios:
   1. La verdad con la veracidad y la fidelidad
   2. El amor con la benevolencia y la misericordia
   3. La santidad con la rectitud y la justicia

E. Observaciones finales: la necesidad de contemplar la gloria del Señor durante toda la vida

Lección 11

Los atributos de Dios - II

El Señor Jesucristo dijo: "Sed pues, vosotros perfectos, como vuestro Padre que está en los cielos es perfecto" (Mt. 5:48). Al considerar ahora los atributos de Dios, debemos recordar que Él es infinitamente perfecto en cada uno de ellos. Por eso Él es llamado: "el absoluto". En Él no hay imperfección de ninguna clase.

D. Los atributos morales de Dios

1. La verdad con la veracidad y fidelidad.

a. La verdad.

"¡Sea Dios veraz y todo hombre mentiroso!" (Ro. 3:4).

"Y ésta es la vida eterna: que te conozcan a ti, el único Dios verdadero, y a Jesucristo, al cual has enviado" (Jn. 17:3).

"Escribe ... estas cosas, dice el santo, el verdadero" (Ap. 3:7. Véase también Dt. 32:4; Jer. 10:8, 10-11; Jn. 3:33; 14:6; 1 Ts. 1:9; 1 Jn. 5:20-21; Ap. 6:10).

Al llamarle a Dios "el verdadero", nos referimos a Su carácter. La verdad de Dios quiere decir que todos Sus conocimientos, declaraciones y representaciones son eternamente conforme a la realidad. Naturalmente, incluye el hecho de que Él no puede mentir ni engañar, porque esto sería contrario a Su carácter.

Él también hizo al mundo de acuerdo con la verdad de Su naturaleza divina de Dios verdadero, y por lo tanto, hay una base sólida para nuestro conocimiento, raciocinio y concepto de la vida. Si no fuera así, no habría ninguna seguridad en cuanto a la vida.

Nuestra existencia no es un engaño o una decepción. Las leyes de la naturaleza por las cuales vivimos, dependen de la verdad de Dios y por esto tenemos el día y la noche, la siembra y la siega, el verano y el invierno. Dios no puede mentir, sino que es verdad, y por lo tanto, la revelación que Él nos ha dado es digna de confianza.

Este atributo de veracidad quiere decir que lo verdadero no es lo que Dios ha dicho por capricho, sino que es conforme a Su carácter. Asimismo, este atributo significa que Dios es genuino y real. La Biblia dice que los dioses paganos son llamados vanidad (Is. 44:9-10) y mentira (Is. 44:20), porque no son realidades sino ideas falsas que verdaderamente no existen. Nuestro Dios sí existe, y es el único Dios verdadero (Jn. 17:3).

b. La fidelidad. Este atributo se manifiesta en todo lo que Dios hace en relación a Sus criaturas. Él las trata con fidelidad, conforme a Su propia naturaleza. Cumple siempre lo prometido, sea para bien o para mal, según las condiciones morales de los hombres.

Aunque en Su longanimidad Él es grande en paciencia, nunca olvida una sola promesa ni quebranta jamás un pacto que ha establecido (Dt. 7:9; Sal. 36:5; 89:33; Is. 25:1; 49:7; 1 Co. 1:9; 2 Ti. 2:13; He. 10:23).

El cristiano aprende por experiencia el significado de las palabras: "La fe viene por el oír, y el oír por la palabra de Dios", porque con los años llega a constatar la fidelidad de Dios. El Salmo 37:3 dice así: "Confía en Jehová y haz el bien, y habitarás en la tierra, y te apacentarás de la verdad".

Si definimos la verdad como la correspondencia entre la idea y el objeto, y luego como un atributo perfecto del Dios eterno, quiere decir que Él se conoce a sí mismo a perfección. Además, Dios nunca hace ni dice algo contrario a la realidad, la cual Él conoce con exactitud.

Siendo el Todopoderoso, no puede ser tentado a valerse de un engaño o subterfugio para salir de un apuro. Siendo omnisciente y santísimo, reconoce la inutilidad de tal acción por cuanto sólo lo que corresponde a la verdad (o sea, al carácter de Dios) puede traer buenos resultados y glorificar al Creador.

Por lo tanto, Dios es la fuente de toda verdad, y toda revelación que Él hace de sí mismo tiene que ser verdadera. Nunca dice algo motivado por el prejuicio o por la pasión, sino por el amor que está en armonía con Su naturaleza perfecta y completa.

En cuanto a la fidelidad absoluta de Dios en todas Sus manifestaciones, algunos se preguntan por qué Dios no cumplió con aseveraciones que no fueron llevadas a cabo. La explicación se encuentra en la misma Biblia. Es de notarse primero que algunas de las promesas y de los juicios de Dios son absolutos, y fueron cumplidos en el sentido y en la manera en que el Señor los designó (2 S. 12:1-23). Pero otros estaban sujetos a ciertas condiciones, generalmente al arrepentimiento y a la obediencia, los cuales fueron expresados o sobreentendidos.

El ejemplo por excelencia de esto es la predicación del profeta Jonás a la ciudad de Nínive: "En cuarenta días Nínive será destruida". De los versículos 5 al 9 del tercer capítulo, se ve que los habitantes de la ciudad entendieron que así iba a suceder si continuaban con su pecado, de modo que se arrepintieron y escaparon el castigo. No se cumplió el juicio porque el pueblo cambió de actitud.

La transformación de los ninivitas vino a establecer una nueva condición en su relación con Dios. El juicio no cabía ya, y no lo llevó a cabo pues hubiera sido contrario a la naturaleza de Dios. Véase Jeremías 18:1-10.

Este atributo de la fidelidad de Dios, es la garantía que el creyente tiene de que todas las promesas de Dios serán cumplidas en el tiempo y en la eternidad. También asegura el cumplimiento de todo lo dicho para los incrédulos y rebeldes, en cuanto al destino funesto reservado para aquellos que mueren en sus pecados.

2. El amor con la benevolencia y la misericordia. Algunos tratan este tema bajo el título de "la bondad de Dios": "el Dios de amor" o "Dios es amor" (1 Jn. 4:8, 16; 2 Co. 13:11).

a. El amor. Al decir que Dios es amor nos referimos a aquella perfección o característica de Su naturaleza que le mueve a darse a sí mismo, o a impartirse, procurando el supremo bien del ser amado, y el santo deleite que experimenta al ver que Su amor es correspondido mediante la comunión espiritual.

Este amor no es un impulso emocional, sino un afecto racional y voluntario, gobernado por la verdad y la santidad. Él es amor desde antes de crear al mundo, porque así es Su esencia. La verdad de la naturaleza trina de Dios explica cómo es posible que el Eterno pueda tener estos atributos que requieren objetos para completarse (Jn. 17:24).

La ingratitud de la mayoría de los hombres no afecta este atributo del amor en la Substancia divina, aunque le hace cambiar la manera en que lo manifiesta, o sea a través de la bondad, la misericordia o la ira.

Como hemos dicho, Dios es persona sensible y capaz de sentir, y por lo tanto, de amar. Esto no quiere decir que Su amor es cambiable e inconstante según sea apreciado o rechazado, o según su antojo o capricho. Quiere decir más bien, que Su amor es un afecto sincero y verdadero, no sólo ilimitado sino también respaldado por los demás atributos divinos.

Esto garantiza el hecho de que Él busque tener relaciones personales con aquellos a quienes creó a Su imagen, pero siempre en el plano del espíritu, en verdad y santidad (Jn. 4:23-24; Lc. 1:74-75).

El amor de madre es una ilustración común del amor de Dios que vence todo obstáculo y sin embargo el Salmista dijo: "Aunque mi padre y mi madre me dejaren, con todo Jehová me recogerá" (Sal. 27:10).

Una vez, un cristiano grabó en su velero las siguientes palabras: "Dios es amor". Un vecino incrédulo quiso mofarse de su fe, preguntándole: "¿con eso usted quiere decir que el amor de Dios es tan caprichoso como el viento?" El cristiano le contestó: "No, amigo. Esta veleta enseña que Dios es amor, no importa la dirección en que sople el viento".

La manifestación del atributo del amor no se debe a motivos utilitarios, ni tampoco indignos. Dios es bondadoso, porque así es Su carácter. Él no está obligado a amarnos porque Él tenga necesidad de ello, ya que el amor entre las Tres Personas de la Deidad es completo y perfecto.

Dios ama, no por lo que pudiera conseguir para Su propio provecho, sino por lo que puede dar, por el bien que puede hacer, por el gozo verdadero y santo que puede causar.

b. La benevolencia, o el amor transitivo en general. El amor de Dios no es teórico, sino real y práctico. Su actividad se ve todos los días si uno tiene la vista ungida por el Espíritu para distinguirla.

Se ha dicho que el amor o la bondad de Dios guardan la misma relación con Su benevolencia, como la integridad y la generosidad. De Su carácter bondadoso fluyen sus promesas y providencia, a través de cada acto que manifiesta Su amor.

Algunos denominan la bondad de Dios como la disposición que Él tiene para impartir la felicidad a sus criaturas. Otros lo llaman el amor benevolente. Es decir, que siempre está ejerciendo el más alto bien a favor de todas sus criaturas.

Es algo común y general decir que los pájaros cantan del gozo de vivir; los cabritos, becerros, potros, etc., saltan y corretean, y todas las demás criaturas comunican que gozan de felicidad.

En cuanto a los ángeles de Dios, no hay razón para no creer que cuando cantaron aquella noche en que nació el Salvador, hubiera sido algo extraño para ellos, puesto que en las visiones proféticas y en el Apocalipsis se ve a los ángeles cantando continuamente las glorias de la Deidad.

Nosotros, los seres humanos, también tenemos razones de sobra para dar gracias a Dios por Su benevolencia. Este mundo es bello y agradable a los ojos: tenemos paisajes hermosos, flores, colores hasta en las plumas de los pájaros, montañas verdes y nevadas, bosques y ríos, etc. ¿Qué tal sería si los colores, las fragancias y los sabores de la naturaleza no fueran en ninguna manera agradables a los sentidos humanos?

También tenemos la música que deleita al oído, la fragancia al olfato, la belleza a la vista, el alabastro liso y la brisa suave al tacto, y la comida al gusto del paladar. Por eso declaramos: "Bueno es Jehová para con todos" (Sal. 145:9). "Tendrás afecto a la hechura de tus manos" (Job 14:15). "...vuestro Padre que está en los cielos, que hace salir su sol sobre malos y buenos, y que hace llover sobre justos e injustos" (Mt. 5:45).

Así vemos que, la benevolencia de Dios se extiende a todas sus criaturas, hasta el punto de poder mover al hombre más incrédulo hacia el arrepentimiento, al contemplar la benignidad del Señor para con él (Ro. 2:4).

c. La misericordia, o el amor transitivo en lo moral, y la ira. "Mas Dios muestra Su amor para con nosotros, en que siendo aún pecadores, Cristo murió por nosotros" (Ro. 5:8). "Dios es rico en misericordia" (Ef. 2:4).

Es en relación a lo moral y a lo espiritual que vemos las grandes pruebas del amor de Dios. La redención del pecador a través del sacrifico perfecto de Su Hijo, es la evidencia sobresaliente del amor divino.

Es de pura gracia (favor inmerecido), que el Padre proveyó una salvación gratuita para el pecador, y por esto el redimido está siempre consciente de la gracia de Dios para con él. Es verdad que Dios nos hizo (Sal. 100:3) y que tiene afecto para la hechura de sus manos; sin embargo, Él no ama al pecado.

De esta manera, la redención no fue provista por Dios por una necesidad inescapable, sino por Su amor voluntario (Jn. 3:16). La gracia de Dios ve al hombre como culpable e indigno; Su misericordia ve la miseria de su condición como un desheredado, perdido, pero la compasión divina sufre con el hombre y provee el medio de la redención.

El amor no aprueba todo lo que hace o dice la persona amada. Por amor, Dios es longánime (de larga paciencia), y no castiga al hombre en el momento que éste peca, sino que espera el arrepentimiento de corazón (Ex. 34:6; Ro. 2:4; 3:25; 2 P. 3:9, 15).

La Escritura dice que, siendo nosotros aún pecadores, Jesucristo murió para pagar nuestra deuda ante la justicia divina, obrando una segura y eterna redención, la cual se ofrece a todo el mundo (1 Jn. 2:2; Tit. 2:11).

De igual manera, el Espíritu Santo se ocupa hoy de convencer al mundo de la necesidad de la salvación provista en Cristo (Jn. 16:8-11; 1 Jn. 5:10-13). Aquí termina, por así decirlo, la gracia básica de Dios que se manifiesta a todo el mundo, y de este hecho proviene la separación entre los que reciben la gracia especial del Señor, y aquellos que están bajo la ira divina.

Cada individuo que acepta sinceramente a Cristo como su Señor y Salvador, experimenta la obra divina en él: su conciencia es limpiada de obras muertas, sus pecados son sepultados en la mar del olvido, la justicia del Señor obra a su favor, y el Espíritu Santo mora en él para efectuar la santificación de la nueva vida. Esta gracia se extiende desde la eternidad pasada hacia la futura (Ef. 1:4-6; Ro. 8:29-30; 1 P. 1:13).

Al hablar de la ira de Dios, no decimos que Su amor haya cambiado, sino que el hombre ya no se ha colocado bajo la luz del amor, sino en la sombra. Dios no puede manifestar Su amor perdonando al pecador, cuando éste rehusa aceptar dicha misericordia (Ro. 2:5; 9:22; Jn. 3:36; 1 Jn. 5:10; etc.).

El hombre necesita responder a este afecto divino con fe y obediencia (Mt. 22:37; Jn. 13:1; 21:15-15).

3. La santidad con la justicia y la rectitud.

a. La santidad. Definimos la santidad de Dios como aquella eterna y perfecta característica de Su esencia de pureza absoluta, que hace que Él siempre Se manifieste en rectitud y justicia.

También se podría cambiar el orden y decir que todo motivo, determinación y acto de Dios es recto y justo porque en Su naturaleza o carácter, Él es absolutamente puro, apartado de todo mal.

Hay dos ideas inherentes a la palabra "santidad", que proceden de una raíz que significa "cortar" o "separar". De aquí viene la idea de apartar y dedicar algo o alguien. Cuando se refiere a Dios habla de Su Majestad infinita como el Ser Supremo, Quien está en lo alto y es exaltado por encima de todo.

Él es único, distinto, eminente y excelente en sumo grado. Nadie ni nada se Le aproxima en la majestuosa y perfecta gloria. Los serafines cubren sus rostros delante de Él y cantan de día y de noche: "Santo, Santo, Santo, es Jehová de los ejércitos" (Is. 6:3). La refulgencia de Su gloriosa majestad causa asombro al hombre, y éste percibe su bajeza e insignificancia como criatura que es.

Este aspecto de la santidad y de la majestad se ve en muchas partes de la Biblia, especialmente en el Antiguo Testamento (Ex. 15:11; 19:17-20; 1 S. 2:2; Is. 57:15; Ez. 1:26-28; etc.). Es a esta parte de la santidad infinita a la que se refiere cuando dice: "Santificad al Señor Dios en vuestros corazones" (1 P. 3:15; Mt. 6:9; Is. 8:13; 29:23; Ez. 38:23). Esto significa que Él debe ocupar el lugar supremo en el trono de nuestro corazón (Mt. 22:32).

Con la siguiente lista, el estudiante puede nombrar y enumerar las cosas llamadas santas:

Ex. 3:5; 12:16; 15:17; 16:23; 19:6; 29:31; 30:25;
Lv. 16:4; 25:12; 27:14, 21, 30; Nm. 5:17; 16:37; 18:19;
Dt. 23:14; 33:2-3; Jos. 6:19; 1 S. 21:4; 2 Cr. 35:3; Ez. 9:2;
Neh. 11:1; Dn. 11:28; Sal. 105:42; 89:5-7, 19; 16:3, 10; 32:6;
Job 5:1; Pr. 9:10; 30:3; Dn. 4:17; 7:18, 22, 25, 27; 7:21;
Os. 12:1; Zac. 14:5.

También puede buscar en estos versículos la manera en que fue santificado un objeto o una persona:

Ex. 19:4-6; 29:43-46; 13:2; 19:10, 14, 23; 28:3, 41 con 29:1-46; 30:33; Lv. 8:10-11; Nm. 7:1; 6:2-3.

Luego, se puede hacer un estudio sobre la vida de cada uno en particular, después de su santificación, lo cual le será de mucho provecho.

El otro aspecto de la santidad es más conocido y se deriva de la misma idea de separación, pero en este caso tiene que ver con la separación del pecado, de toda injusticia, de la más leve imperfección.

Así que, este atributo tiene su lado negativo, que implica que Dios está separado de lo inmundo, (Job. 34:10; He. 1:13); y su lado positivo que tiene que ver con la excelencia moral y la perfección en la ética (Is. 6:3). De este último procede Su rectitud; del primero Su justicia (He. 1:9; Sal. 37:28).

La contemplación de la santidad ética o moral de Dios engendra en el hombre un sentimiento de indignidad, de culpabilidad y de impureza por la conciencia que es despertada para reconocer el pecado (Is. 6:5; Lc. 5:7; Sal. 66:18).

El Dr. L. Berkhof en su libro titulado *Systematic Theology* define la santidad ética así: "Es aquella perfección de Dios en virtud de la cual Él eternamente determina y mantiene Su propia excelencia moral aborreciendo el pecado y demandando la pureza en Sus criaturas morales".

Es sólo la majestad ética la que es transitiva, puesto que Dios no puede impartir Su supremacía a otro, ni esperar que Sus criaturas Le imiten en este particular. Así, entendemos que "Sed santos, porque yo soy santo" (Lv. 11:44; 1 P. 1:16; Mt. 5:48) se refiere a lo moral en el Nuevo Testamento.

Varios estudios acerca de doctrina consideran la santidad de Dios, no simplemente como un atributo más, sino como "la unión de todos los atributos, de la misma manera que la luz pura que es blanca, es la unión de todos los rayos de colores del espectro".

Si acaso se pudieran comparar los atributos infinitos unos con otros, éste sería el principal o central, en el sentido de que afecta a todos los demás, y también es dependiente de ellos en cierto sentido. Por ejemplo, si hubiera la menor imperfección en el amor de Dios, Él dejaría de ser Santo, porque no sería absolutamente perfecto. Su majestad moral exige la perfección infinita en todo Su carácter.

Clarke dice: "La santidad de Dios es la base del significado moral del universo. Es la más vívida y luminosa, la más exigente, penetrante y atrayente de todas las realidades. Es la gloria resplandeciente de Dios".

b. La rectitud. En la ley moral, en la conciencia y en la revelación que es la Biblia, se revela lo transitivo del atributo de la santidad, de la majestuosa pureza de Dios.

Allí se garantiza que Él siempre hace lo recto sin equivocarse, que todos Sus actos y determinaciones estarán de acuerdo con los principios de la justicia. "Jehová ama la rectitud" (Sal. 37:28).

A la rectitud de Dios también se le llama Su justicia en sentido positivo, o justicia remunerativa, aunque éste último concepto es más limitado. Reservando el atributo de justicia para lo retributivo (vindicativo, punitivo o correctivo), usamos la palabra rectitud, la cual designa aquella virtud de Dios que gobierna todos Sus actos para que siempre sean perfectos conforme al carácter santo del Señor.

Él ama la rectitud y exige un andar recto a todos aquellos que andan en íntima comunión con Él. Por Su rectitud, Dios justifica al que anda rectamente, esto es, al justo, y le exalta honrándole y respetándole.

En la ley del Antiguo Testamento, el pueblo de Dios fue exhortado a no pervertir el derecho del pobre, ni matar al inocente, ni al justo, ni aceptar cohecho, u oprimir al huérfano, a la viuda o al extranjero, etc. (Ex. 23:6-9).

La rectitud en el juicio demanda que no se haga acepción de personas, sino que el rico y el pobre sean juzgados por igual; que los jueces no hagan decisiones bajo el temor a los hombres, sino delante de Dios (Lv. 19:15; 24:22; Dt. 1:16-17; 16:19).

Aunque la ley decía que el justo había de ser declarado justificado, y el malo condenado (Dt. 25), muchas veces no pasaba así, como lo testificaron los profetas y, posteriormente, el Señor Jesús (Mt. 23).

La Escritura dice que Dios establece a los justos (Sal. 7:9), los libra, los oye y les contesta, los vivifica, etc. (Sal. 34:22; 35:23; 65:5; 119:40; 143:1, 11). Él siempre exige de los suyos lo que es recto, ni más ni menos. No espera más de lo que debe (esta es Su justicia legislativa), y en amor provee aún para que Sus siervos le puedan ofrecer lo que Él exige (Ro. 8:3-4; Gá. 2:20).

El hombre no puede justificarse delante de Dios por méritos personales; no tendría derecho ni la capacidad para reclamar o alegar, si no fuera porque Dios ha establecido los medios para su acercamiento a Él.

En Su amor, Dios proveyó para nuestra salvación y comunión con Él; en Su rectitud, exigió que la ley fuese cumplida (a través de Cristo quien la cumplió a perfección, Ro. 10:3-4); en Su justicia, demandó el sacrificio que el Hijo en amor efectuó, de modo que hoy, los que creemos en el Salvador Divino podemos confiar en la rectitud de Dios, por la cual será fiel a Su promesa de dar vida eterna a los que tienen fe verdadera en Él.

c. La justicia. No vamos a insistir en una división rígida entre la rectitud y la justicia como atributos de Dios muy diversos entre sí. Sabemos que están íntimamente relacionados, y ambas son expresiones de la santidad absoluta del Señor. Se ha dicho que la justicia es la santidad de Dios en su accionar jurídico.

Las leyes rectas y santas impuestas por la justicia legislativa del Señor, nos llevan a considerar la justicia jurídica. Las leyes civiles que no aplican sus sanciones o penas, no podrán mantenerse, y en tal caso no habrá justicia.

Por cierto, el pecado es el que hizo que este aspecto de la santidad de Dios se haya manifestado, porque si no hubiera entrado el pecado en el corazón del hombre, éste hubiera obedecido las leyes rectas de Dios, voluntaria y gozosamente.

Nadie puede ponerle a Dios bajo obligación (Ro. 11:35; 1 Co. 4:7; Lc. 5:3-6), de modo que ningún hombre sería calificado justo delante de Dios, si no fuera por la redención y las provisiones de Su gracia.

Todos los derechos naturales que los hombres tuvieron por ser criaturas de Dios se perdieron por la caída del pecado, pero por los pactos que Dios ha dado en Su gracia, los hombres tienen ciertas promesas que en Su rectitud, Él las ha de cumplir. Incluso Dios se ha comprometido bajo juramento, a llevar a cabo lo que ha ofrecido (He. 6:13-14; 7:21).

Así que, el hombre no tiene ningún derecho "natural" para demandar cosa alguna de Dios, pero démosle gracias a Él, quien ha provisto un sin número de beneficios para la humanidad.

Esta verdad acerca de la bondad suprema, la cual ha provisto todos estos favores a los seres humanos que hemos perdido todo derecho, es lo que hace que el pecado sea tan inicuo y culpable de todo mal. También hace más imprescindible la justicia jurídica y punitiva de Dios. Se ha dicho "que se haga justicia, aunque perezca el mundo", pero por el contrario, la justicia de Dios tiene como propósito o meta, la salvación del mundo.

En las Sagradas Escrituras se encuentra una descripción algo extensa de la justicia jurídica y punitiva del Señor. Él:

- no da por inocente al culpable (Ex. 20:7; Nah. 1:3);
- no perdona al rebelde (Ez. 7:4, 9, 27; 8:18; 9:10);
- no toma cohecho (Dt. 10:17);
- Su juicio es imparcial (Job 13:6-17; 22:2-4; 34:10-12; 35:6-7);
- es justo y todos sus juicios son rectos (Sal. 119:137; 129:4);
- el castigo de los malos se debe a Su justicia (Sal. 7:12; 9:5-7; 28:4; 52:1-7; 73:1-28; 96:10, 13; 2 Cr. 12:5-7; Neh. 9:33; Lm. 1:18; Is. 5:16; 10:22; Dn. 9:14; Ro. 1:32; 2:5; 2 Ts. 1:5-10).

Muchas referencias atribuyen el castigo de los inicuos a la ira o enojo de Dios, los cuales son considerados como el resultado de la santidad y de la justicia de Su carácter (Ro. 2:8; Lv. 10:6; Dt. 13:17 y 32:22; Sal. 2:12; 21:9;

58:9; 2 R. 23:26; Is. 30:27; Jer. 15:14; 17:4; y Sal. 74:1 donde está descrita la ira del Señor como fuego ardiente, humeante).

En cuanto a las causas de la ira de Dios, véase Jos. 9:20; Lv. 10:6; Nm. 1:53; 16:46; 18:5; Dt. 9:19; 2 R. 23:26; 1 Cr. 27:24; Is. 42:24-25; Jer. 7:20; 21:5; 32:31; Lm. 2:2; 3:43; Ez. 5:13; 7:3; 13:13; Zac. 7:12.

Sus efectos se ven en Sal. 76:7; 2:5; 90:7; 102:10; 6:1; 38:1; Job 21:17; Jer. 10:24; 42:18; 2 Cr. 29:8; etc.

La ira, el celo y la venganza de Jehová están relacionados entre sí: Nah. 1:2; Dt. 6:15; 29:20; 32:21; Job 16:9.

Son objetos de esta ira o enojo, solamente las cosas o personas dignas de ellos: Dt. 16:22; Sal. 5:5; 45:7; Pr. 6:16-19; Jer. 44:3-4; Os. 9:15; Mal. 1:3; Ro. 9:13; 12:19; 1 Ts. 4:6; He. 10:13; Ap. 2:6.

La plena manifestación de la ira de Dios se manifestará en aquel día de la ira: Is. 34:8; 35:4; 61:2, 4; Ro. 2:5.

Siendo que Dios es perfectamente justo, Él tiene que oponerse a toda injusticia. Esta oposición culminará con el castigo eterno, en los casos en que el amor, la misericordia, y la gracia no pueden ya intervenir por la incredulidad o la prolongada obstinación del sujeto.

Él convida a todos, pero no obliga a nadie, a salvarse. Entendemos entonces, que el castigo de Dios para con el pecador es la operación de una justicia perfecta, ya que Él no ha querido que ninguno perezca, sino que todos procedan al arrepentimiento, para recibir la fe y la salvación por gracia.

Sin estas condiciones no habría justicia ni santidad en Dios. La pureza no puede abrazar la iniquidad, ni la santidad puede bendecir la maldad.

e. Observaciones concluyentes. El carácter de Dios es completo, absolutamente perfecto. Cada atributo divino es infinito, eterno e inmutable. Es imposible para la mente humana y finita sondear completamente el carácter divino e infinito, pero lo revelado es verídico y la experiencia lo corrobora.

Posteriormente consideraremos aquellos atributos que tienen que ver con la voluntad, libertad y soberanía de Dios, los cuales se relacionan con Sus decretos y obras.

Con todo, no pretendemos decir que todo lo que hemos visto es suficiente en cuanto a los atributos de Dios, ni que si el estudiante aprende de memoria todo lo que hemos visto de la grandeza de Dios, le podrá conocer automáticamente. "... Es necesario que el que acerca a Dios crea que le hay ..." (He. 11:6).

La contemplación de la gloria divina debe ocupar nuestra atención durante toda la vida, lo cual será nuestro deleite durante la eternidad.

No debemos estudiar estas doctrinas sólo intelectualmente, sino que debemos examinarnos a nosotros mismos para dejar que éstas penetren hasta el corazón. No basta saber la verdad, sino amarla, y esto incluye un sincero amor a la Persona de Dios (Mt. 22:37). Le amamos a Él porque Él nos ama. Mientras más le conocemos a través del intelecto junto con el corazón, más llegamos a gozarnos y asemejarnos a Él.

Repaso de las lecciones 10 y 11

1. ¿Qué significa para usted la declaración "Dios es Espíritu"?
2. Defina lo que es un "atributo".
3. ¿Qué comprende usted por "la esencia de Dios"?
4. ¿Cómo puede Dios ser inmutable y a la vez tener sensibilidad?
5. Escriba un corto ensayo sobre el significado de la omnisciencia de Dios.
6. ¿Cómo se explica que Dios sea omnipotente si no puede hacer algunas cosas, como por ejemplo, mentir?
7. Al decir que Dios es veraz, ¿queremos decir que Él ha decretado lo que quiere que sea conocido como verdadero?
8. ¿Cómo puede Dios ser amor, puesto que hay pecado en el mundo?
9. ¿Qué significa para usted la santidad de Dios?
10. ¿Qué cambios debe efectuar en su propia vida, como resultado de estas dos lecciones?

Lección 12

La naturaleza una y trina de Dios

Bosquejo

A. La simplicidad de Dios

Quiere decir que Él no es una composición ni entra en composición con lo creado, sino que es puro Espíritu, esto es, una sola substancia o esencia.

B. La Unidad de Dios y su esencia única

Significa que Él es único, que no puede haber otro como Él: Omnipotente, Omnipresente, Creador de todo, y que Él no está dividido entre varios dioses combinados o unidos.

C. La naturaleza trina (la Tri-unidad)

Enseña que Dios existe en una pluralidad dentro de la Unidad. No son tres Personas en un Dios, sino un Dios en tres Personas. La manifestación triple se debe a Su eterna naturaleza trina. "En el principio ... el Verbo era con Dios y el Verbo era Dios".

La doctrina de la Trinidad se refiere a la manifestación de la Deidad por medio de tres Personas infinitas, iguales entre Sí en cuanto a dignidad, aunque la Segunda está sujeta a la Primera, y la Tercera a las otras Dos en cuanto a Sus operaciones.

D. Referencias en el Antiguo Testamento de las manifestaciones de Dios a través de tres personas, o que apoyan la pluralidad en unidad.

E. La manifestación de Dios en tres personas, en el Nuevo Testamento

Encontramos su pleno desarrollo después de la encarnación y del Pentecostés. Por todo el Nuevo Testamento vemos referencias a las tres Personas, sin que los escritores tuvieran la idea de predicar a otro Dios que no fuese Jehová, el Creador de los cielos y de la tierra.

Lección 12

La naturaleza una y trina de Dios

El Señor Jesucristo dijo: "Porque no soy yo sólo, sino yo y el que envió, el Padre" (Jn. 8:16).

"Y Jesús les respondió: Mi Padre hasta ahora trabaja, y yo trabajo. Por esto los judíos aun más procuraban matarle, porque no sólo quebrantaba el día de reposo, sino que también decía que Dios era su propia Padre, haciéndose igual a Dios" (Jn. 5:18).

"Yo y el Padre una cosa somos" (Jn. 10:30).

"Si me amáis, guardad mis mandamientos, y yo rogaré al Padre, y os dará otro Consolador, para que esté con vosotros para siempre: al Espíritu de verdad ..." (Jn. 14:15-17).

"Mas el Consolador, el Espíritu Santo, al cual el Padre enviará en mi nombre, El os enseñará todas las cosas, y os recordará todas las cosas que os he dicho" (Jn. 14:26).

"Por tanto, id y haced discípulos a todas las naciones, bautizándolos en el nombre del Padre, y del Hijo y del Espíritu Santo" (Mt. 28:19).

"He aquí, yo enviaré la promesa de mi Padre sobre vosotros" (Lc. 24:49).

De igual manera, en el bautismo del Señor Jesucristo, el Padre habló y vino sobre el Hijo el Espíritu Santo en forma visible (Lc. 3:21-22).

A. La simplicidad de Dios

Al decir que Dios es simple o sencillo, queremos enseñar que Su substancia no es compuesta ni puede ser dividida. Dios es en sí mismo indivisible. Su esencia, Su existencia y Sus atributos son manifestaciones sin que éstos existan aparte de Él, o que en combinación, formen Su substancia.

Él es Espíritu, sin cuerpo ni materia. Nadie Le compuso, nadie le dio Su deidad o Su vida. No es un sujeto que vive por medio de una vida que le fue dada. Él sólo es eterno, infinito y perfectamente sencillo, porque Él es todo lo que es, completa y simultáneamente.

Dios es la realidad absoluta más pura y simple, la esencia más rica, completa y determinada. Siendo infinito, eterno y existente de por Sí, necesariamente tiene que ser sin sucesión de modos, de manera que Su esencia, propiedades y modos de ser son uno solo.

Él siempre es lo que es en esencia, porque tal es Su naturaleza sencilla, indivisible y no compuesta. Por eso dice la Biblia que Dios no solamente ama, sino que Él es amor, etc.

Para que hubiera habido una combinación o composición en Dios, hubiera sido necesario que existiera algún otro ser antes que Él que lo hubiera compuesto, de modo que Él no sería el Dios eterno.

Tampoco Dios entra en composición con otros seres, como si una difusión de partículas de Su substancia formara nuevas entidades de existencia. El hecho es que todo lo compuesto puede ser dividido, pero Dios es indivisible, siendo en esencia simple.

Él hizo al universo y dio vida a todo ser, y aquello no quitó nada de Él, pues permaneció igual tanto en fuerza como en esencia.

Bien comprendida, la simplicidad no contradice en nada la realidad de Dios de coexistir en tres Personas. El hecho de la Trinidad o Triunidad no requiere de tres esencias, sino de una simple deidad que está en cada una de las tres Personas en su totalidad o plenitud (Col. 2:9).

B. La unidad de Dios y su esencia única

Ex. 2:3; Dt. 4:34-35, 39; 32:39; Sal. 18:31; 83:17; Is. 44:6-8; 45:5-6; 21-22; Mr. 12:29; Jn. 17:3; 1 Co. 8:4-6; Ef. 4:5-6; Hch. 17:24; Ro. 3:30; 1 Ti. 2:5.

Al referirnos a la simplicidad de Dios, queremos decir que Él es indivisible, uno en calidad y no compuesto. La unidad de Dios significa que numéricamente Él es uno, y el único ser es Su exclusividad o singularidad en el sentido de que, no hay otro como Él, ni a quien se le pueda comparar.

Todas estas características divinas enseñan lo que se conoce como el "monoteísmo", en oposición a los errores del "politeísmo" y el "dualismo". No es filosófico asumir la existencia de dos o más dioses que obran independientemente el uno del otro, cuando uno solo basta para explicar todos los hechos.

La mente rechaza la idea de dos dioses porque dos seres independientes no pueden ser omnipresentes, omnipotentes, perfectos o infinitos. El uno al otro se limitarían de modo que sólo serían semidioses, nada más.

Se puede decir que el mensaje del Antiguo Testamento es la unidad de Dios. Con la repetición de esta verdad, atestiguada con milagros y manifestaciones (Ex. 19 y 20, etc.), Dios deseaba guardar la lealtad de Israel y separar a Su pueblo de la idolatría. "Oye oh Israel, Jehová nuestro Dios, Jehová uno es" (Dt. 6:4) llegó a ser la síntesis del judaísmo (Mr. 12:29).

Dios es uno numéricamente, pero también es uno solo, indivisible y único, y no hay otro como Él en todo el universo.

Vemos entonces que, al hablar de la esencia o substancia Divina decimos que Él es uno, único y simple, pero al hablar de Su Personalidad, decimos que existe en tres Personas.

El Credo Atanasio dice: "Adoramos a un Dios en Trinidad, y a la Trinidad en la unidad; sin confundir las Personas ni dividir la Substancia". Cada uno de los Tres puede decir "Yo", y llamar al Otro "Tú", y a la vez ser la misma esencia en cada Persona.

C. La naturaleza trina de Dios o la Trinidad

Sabemos que la palabra "Trinidad" no se encuentra en la Biblia, así que ofrecemos la siguiente explicación del Dr. Benjamín B. Warfield:

> "La palabra *Trinidad* no es un término bíblico, ni estamos usando lenguaje bíblico cuando tratamos de definirla, pero lo que queremos expresar es que hay un solo Dios verdadero, y que en la unidad de la Deidad, hay tres Personas coeternas y coiguales en substancia, pero distinguibles en subsistencia.
>
> "Una doctrina así definida puede ser llamada bíblica sólo bajo el principio de que el sentido de la Escritura es Escritura. La definición de una doctrina bíblica en un lenguaje tan extra-bíblico puede justificarse sólo bajo el principio de que es mejor preservar la verdad de la Escritura, que la fraseología de la Escritura.
>
> "La doctrina de la Trinidad se encuentra en la Escritura en estado disuelto, pero no por eso cesa de ser Escritural". (Usado con permiso de *Biblical & Theological Studies*).

La existencia eterna de Dios en tres Personas es una verdad revelada, cosa que ningún hombre llegó a saber mediante el razonamiento.

Hay teólogos que hacen una distinción entre lo que llaman la tri-unidad de Dios y la Divina Trinidad. La primera tiene que ver con el modo trino en que Dios ha existido eternamente, siendo el fundamento de la doctrina, y la razón por la cual Él se manifiesta en las tres Personas de la Trinidad.

La distinción entre los dos pensamientos no es de tanta importancia, pero nos llama la atención el hecho de que las dos son verdad. A continuación veremos unos pasajes bíblicos acerca de esto, y luego algunas consideraciones filosóficas.

1. En el Antiguo Testamento hay más bien evidencias a favor de la unidad de la Deidad, con Su supremacía, por cuanto hubo la necesidad de mantener viva dicha verdad tanto por medio del pueblo escogido, como por la revelación, de manera que no debemos esperar un desarrollo de esta verdad en estos libros.

En el Nuevo Testamento, el pasaje sobresaliente es el prólogo del evangelio según Juan 1:1-14, donde vemos que en la eternidad pasada, el Verbo que estaba con Dios, también era Dios.

Nunca hubo un tiempo en que Dios no estuvo con Dios, si pudiéramos hablar así. Este Verbo eterno era la expresión de Dios, y fue por medio de Él que todas las cosas fueron creadas y recibieron luz y vida. Más tarde, este Verbo fue hecho carne y así reveló la gracia y la verdad del carácter de Dios.

Él no fue sólo una criatura, sino Dios con todo el poder de la Deidad, y con Su mismo carácter (Col. 2:9). Véanse también Hebreos capítulo 1; Colosenses 1:15-17 y Filipenses 2:5-11, además de varios pasajes en el libro de Apocalipsis.

Acerca del Espíritu Santo, tenemos también algunos pasajes bíblicos que declaran Su deidad y eternidad, como Hebreos 9:14, Hechos 5:3-4, y Juan capítulos 14 y 16, donde el Señor Jesús y el Espíritu Santo están unidos estrechamente con el Padre en la vida de los discípulos, después de la ascensión del Hijo al cielo.

Cuando el creyente recibe al Espíritu Consolador en su corazón, recibe también al Hijo, y al tener al Hijo, tiene también al Padre.

Confesamos que estos pasajes tienen que ver con la manifestación de Dios más bien que con una aclaración de Su modo de existir; sin embargo, Sus manifestaciones son revelaciones ciertas de Su carácter, y quedamos convencidos de que Dios es uno y trino en Su esencia eterna.

No decimos que son tres Personas en un Dios, sino un Dios en tres Personas o caracteres. El Ser Supremo nunca puede ser tres en el mismo sentido que es uno.

2. El esfuerzo para explicar filosóficamente (o metafísicamente) la naturaleza trina de Dios, se divide en dos partes. Algunos tratan de aclarar o de explicar Su modo trino de existencia, mientras que otros se esfuerzan por manifestar la necesidad de que Dios tiene un modo trino de existencia, y usan como prueba los atributos revelados que demandan las tres Personas eternas en la Deidad. Consideremos estos dos puntos de vista:

a. El Dr. G. N. Clarke en su obra: *Teología Cristiana* declara:

"El estado fundamental de un espíritu personal es la conciencia de sí mismo, que es la conciencia que una persona tiene como tal: una perfecta conciencia de sí mismo es completa conciencia de todo lo que "el yo" es y contiene.

"Para tener perfecta conciencia de sí mismo, el hombre debe pensar en sí mismo como un ser completo, tal cual es, todo y en todo, y debe por lo tanto, reconocer que el yo que tiene delante de sí en su pensamiento es idéntico al yo que piensa.

"La afirmación 'yo soy el que soy', significa que 'el yo en quien pienso es idéntico al yo que piensa'. Mientras más completa es esta identidad, tanto más completa es la conciencia de sí mismo. El Dios que piensa es consciente de sí mismo, y así la vida interior y perfecta de un espíritu personal consciente existe en Dios.

"Hay un aspecto de su ser en el cual es simple y puramente Dios. Hay un aspecto en el cual Él es el Dios que se manifiesta, y hay un aspecto en el cual Él es Dios y descansa en Sí mismo en todo, el conjunto global de su ser. La afirmación de que Él vive dicha vida triple, es la confirmación de la divina Tri-unidad.

"Se puede decir que Dios vive tres vidas viviendo una, pero es un solo Dios quien puede vivirlas y hacer las obras que a cada una le corresponde. De cualquiera de los tres centros de vida, Dios el todo obra desde todos ellos, al mismo tiempo y en muchas maneras, desde cada uno de ellos a la vez.

"Si la Trinidad que ha sido manifestada es la expresión natural de la Triunidad, esencial a la vida personal de un Espíritu perfecto, entonces el concepto de Dios que es característico al cristianismo queda vindicado, y la interna Trinidad de Dios puede verificar su pretensión de ser un elemento en la realidad eterna".

b. El argumento que se refiere a los atributos infinitos y eternos de Dios en base a una trinidad interna en la esencia divina, expresa lo siguiente: "Tampoco nos sorprendemos al oírle al Verbo hecho carne decir, al orar al Padre: Tú me has amado desde antes de la fundación del mundo".

Vemos aquí que sólo la doctrina de la Triunidad nos da un concepto social de Dios, o satisface propiamente la proposición de que "Dios es amor". El amor siempre necesita un vaso que da, y otro que recibe.

Si Dios es eternamente amor, no solamente el impulso del amor debiera ser eterno en Él, sino que también debe haber existido eternamente un objeto digno de todo afecto. Tal objeto debía ser tan grande y tan perfecto como Él mismo. Si no fuera así, Dios sería un ser egoísta que centralizó todo en sí mismo.

Pero vemos que el Dios con carácter perfecto encuentra eterno gozo y satisfacción al comunicar Su amor entre las personas de la Trinidad, desde la eternidad.

El Tercero en Dios lleva a la práctica el amor y la sabiduría que dominan en el Primero y en el Segundo, complementando la unidad y realizando el propósito de la Deidad:

- Dios, como el eterno corazón amoroso;
- Cristo como la expresión racional de dicho corazón eterno; y,
- el Espíritu, como el ejecutor de la obra de ambos, componen la Deidad.

Otras expresiones sobre el mismo tema son: Dios es el pensamiento consciente de sí mismo: y el pensamiento de Dios debe tener un objeto perfecto, que exista eternamente delante de Él; el cual, para ser perfecto, tiene que ser Dios mismo; y como Dios es uno, este objeto que es Dios, tiene que ser el mismo Dios que es uno".

Dios es todo amor, pero el amor no es amor a menos que haya un objeto de dicho amor. A Agustín se le atribuye el análisis del amor de Dios entre esta triple implicación, que incluye al "amador": "el amado" y "el amor mismo".

c. La dificultad con estos argumentos, según Warfield, es que "prueban demasiado". Si la representación de Dios tiene la misma realidad que Él posee, ¿qué de Sus otras representaciones, y la creación, que cuentan Su gloria? Tal razonamiento nos llevaría al panteísmo, que dice que Dios es todo y el todo es Dios.

Si una representación tiene realidad objetiva, ya no es una representación. "¿Por qué negamos a Dios el poder de la contemplación de Sí mismo que los seres finitos gozamos, aunque al costo de la hipóstasis distinta del contemplador y del ser contemplado?"

Además: "ni la idea perfecta que Dios tiene de Sí mismo, ni Su amor perfecto para Sí mismo, ni Su amor perfecto para Sí mismo, le reproducen para Sí mismo".

No podemos concebir a Dios como eternamente consciente de Sí mismo, y como el amor eterno, sin concebirle como una Trinidad. Y al verle así, surge una nueva plenitud, riqueza, y fuerza en cuanto a nuestro concepto de Él como un Ser consciente de Sí mismo y amante.

Por otro lado, por compleja que sea en sí la idea de la Trinidad, no la consideramos como una carga extra para nuestra inteligencia, sino que más bien nos trae la solución a las dificultades más hondas y persistentes en cuanto a nuestro concepto de Dios como un Ser infinito y moral, a la vez que ilumina, enriquece y eleva nuestro pensamiento acerca de Dios.

El "teísmo" requiere este concepto más amplio acerca de la Trinidad para convencer a la mente humana, la cual encuentra difícil el contentarse con la idea de la unidad abstracta de Dios; y el corazón humano clama por el Dios vivo en cuyo Ser hay aquella plenitud de vida, para lo cual sólo el concepto de la Trinidad hace provisión.

A continuación presentamos ilustraciones que hablan de la Trinidad. Empecemos con un triángulo equilátero, con la palabra de Dios en el centro, y los nombres: Padre, Hijo y Espíritu Santo, cada uno en un lado de la figura.

Consideremos también a la persona humana, conformada por cuerpo, mente o alma, y espíritu, que refleja a Dios, por cuanto Él nos hizo a Su imagen y semejanza.

Muchos pasajes bíblicos se aclaran con facilidad a la luz de la verdad de la Trinidad. La oración y la adoración son más reales y eficaces cuando son dirigidas al Padre, por medio del Hijo, en el Espíritu Santo. Veamos entonces algunos pasajes de las Escrituras.

D. Referencias en el Antiguo Testamento de las manifestaciones de Dios a través de tres personas, o que apoyan la pluralidad en unidad

"Dios, habiendo hablado muchas veces y en muchas maneras en otro tiempo a los padres por los profetas" (He. 1:1).

En el Antiguo Testamento, la Deidad se reveló a los hombres, especialmente a los israelitas, en varias maneras tales como:

- por Sus nombres, que manifestaban Sus atributos, obras y cualidades, como ya lo estudiamos en la lección 7;
- a través de Su gloria, Su presencia y Su rostro (Ex. 33:14-19, etc.);
- a través de la palabra divina (desde Génesis 1:3 en adelante);
- mediante el Ángel de Jehová, que estudiaremos más adelante en este curso;
- a través de la "Shekinah" o gloriosa presencia entre los querubines sobre el propiciatorio en el lugar santísimo (Ex. 40:34-38; Lv. 16:2);
- por los milagros hechos, y
- por Su Espíritu que vino sobre hombres escogidos para ciertos propósitos dentro del plan de Dios.

Asimismo, vemos el uso de nombres plurales con verbos singulares (Gn. cap. 1), pronombres plurales o singulares con verbos singulares, o nombres singulares que se combinan como en Josué 22:22, abriendo el camino para la manifestación posterior de las tres Personas que constituyen la Deidad.

Si lo mencionado anteriormente no prueba que Dios es una Trinidad, al menos permite la idea. Véanse Génesis 20:13 y 35:7, donde en el original hebreo el nombre plural de Dios es usado también con el verbo plural, y en ambos versículos se refiere al Elohim, el Dios de Israel.

En el Antiguo Testamento se hace referencia a dos Personas que sí son Dios. En Génesis capítulos 18 y 19, Abraham recibió a tres extraños, dos de los cuales resultaron ser ángeles, pero el tercero llamado Jehová, aunque tenía forma humana (Gn. 19:27); éste recibió la adoración y las oraciones del patriarca, y contestó con la autoridad que sólo Dios tiene. Al leer Génesis 19:24 vemos que Jehová desde los cielos hizo llover fuego y azufre sobre Sodoma, conforme a la palabra de Jehová quien estaba en la tierra en aquel momento.

En el Salmo 45:6-8 leemos de dos Personas llamadas Dios y, según el Dr. D. L. Cooper, es posible traducir la parte central del versículo 7 de esta manera: "Por tanto, oh Dios, tu Dios te ungió". Una lectura del versículo 6 junto con el 7 prueba que son dos Personas llamadas Dios.

En Zacarías 2:7-9 se habla de dos Personas llamadas "Jehová de los ejércitos", Una de las cuales envía a la Otra. Véanse también Génesis 16:7-

13; 22:11-17; 31:11-13; Éxodo 3:4; Jueces 6:11-24; 13:16-22; Isaías 53:10-11; Salmo 2; 22:1, 15; 107:20; 147:15; 110:1-2.

Hay otros pasajes donde hay indicios de tres Personas infinitas y coiguales, que a la vez son un sólo Dios: Salmo 33:5-6; Isaías 48:12-16; 63:8-10. También hay repeticiones del Nombre o referencias a Dios de tal modo que sugieren la presencia de un Dios en tres Personas: Génesis 48:15-16; Números 6:24-26; Isaías 6:3.

Vemos entonces, que el Antiguo Testamento revela un sólo Dios, único, eterno e infinito, pero que Se manifiesta a los hombres de varias maneras. Entre esas manifestaciones, sean visibles o comprendidas por Sus efectos, aparecen tres Personas: una que evidentemente queda en Su lugar en los cielos; la Segunda que es enviada por la Primera y en ocasiones es visible en forma humana; y la Tercera, también enviada, no visible en este Testamento, y que es llamada el Espíritu.

E. La manifestación de Dios a través de tres personas en el Nuevo Testamento, llamada comúnmente la doctrina de la Trinidad

En el Nuevo Testamento encontramos la historia inspirada de Dios, Quien se revela en Su Hijo y derrama Su Espíritu. Primero, encontramos los hechos históricos en los cuatro evangelios y en el libro de Hechos; posteriormente vemos la aplicación de la verdad a la vida cristiana, reflejada en las Epístolas.

En cuanto a la Trinidad, vemos que como el hombre es material e inmaterial a la vez, siendo una sola personalidad, así por analogía Dios puede existir como una pluralidad en unidad. A continuación presentamos las evidencias de que el infinito Dios se revela en tres Personas, y cuya evidencia nos obliga a creer dicha verdad.

El primer pasaje que citaremos por la magnitud de su alcance, es el prólogo del evangelio según Juan (1:1-18). Esta referencia la hemos considerado ya en esta lección, porque tiene que ver con la naturaleza trina de la esencia Divina, tanto como con la manifestación triple de la Deidad. Luego veremos los pasajes que narran la encarnación, el nacimiento del Hijo de Dios (Mt. 1:18-23; Lc. 1:30-35).

Aquí vemos referencias a Dios, a Emanuel y al Espíritu Santo; al Altísimo, al Hijo del Altísimo, y al Espíritu Santo, la virtud del Altísimo. Nos preguntamos entonces, si Aquel que Dios dio al mundo no es Su Hijo, ¿dónde está el amor inmensurable de Dios para con el hombre? ¿Dónde está el amor de Cristo? Si Jesucristo no es Dios, entonces tampoco hay salvación, por cuanto ningún otro pudo redimirnos.

En el bautismo del Señor Jesucristo, vemos de nuevo la manifestación simultánea de las tres Personas de la Santísima Trinidad (Mt. 3:3-17; Mr. 1:9-

11; Lc. 3:21-22; Jn. 1:29-34). Parece extraño, a primera vista, que ninguno de los evangelistas creyó necesario explicar este hecho de los tres caracteres Divinos, y esto se debió a que ellos no pensaban que predicaban a otro Dios sino a Jehová.

Más tarde, antes de ascender al cielo, el Señor ordenó que al bautizar a sus discípulos, lo hicieran en el nombre del Padre, del Hijo y del Espíritu Santo. Hasta el día de hoy esta es la forma en que se bautiza a los creyentes, y estamos conscientes de que hablamos de un solo Dios, bajo el nombre que incluye Sus tres manifestaciones.

La palabra "nombre" es singular aquí, pero sin embargo, las tres Personas son distintas una de la otra. Para recordar lo relacionado al "Nombre", véanse Éxodo 23:20-21; Deuteronomio 28:58; Isaías 30:27-33; 59:19.

En el día de Pentecostés (Hch. cap. 2), encontramos otra vez referencias a las tres Personas de la Deidad. Primero, el Espíritu Santo vino sobre los discípulos en Jerusalén como el Señor Jesús profetizó que el Padre Le enviaría. Luego, dio poderes sobrenaturales a los discípulos, probando así que era Dios.

Luego, el apóstol Pedro explicó que todo lo acontecido era el cumplimiento de la profecía, citando el libro de Joel, donde fue predicha la venida del Espíritu de Dios antes del día del Señor. Enseguida, Pedro habló del Señor Jesús, diciendo que Él fue "entregado por determinado consejo y presciencia de Dios", a quien Dios resucitó y le hizo Señor, exaltándole a la diestra de Dios en el cielo, y quien a su vez derramó la promesa del Espíritu Santo.

De aquí en adelante en el Nuevo Testamento, hay referencias a cada paso que hablan de Dios el Padre, Dios el Hijo o Señor, y del Espíritu de Dios. Los apóstoles predicaron fielmente que el Padre envió al Hijo para ser nuestro Señor y Salvador, y que el Padre y el Hijo enviaron al Espíritu Santo.

Un pasaje muy claro es 1 Corintios 12:3-13, donde las tres Personas de la Divinidad son nombradas en el versículo 3, y en el resto del capítulo se explica que el Espíritu da dones a cada creyente, pero el Señor es Uno, y el mismo Dios obra las cosas en todos.

Estos versículos enseñan, por lo tanto, la igualdad en honra y dignidad que tienen las tres Personas, aunque hay un principio de sumisión entre las tres, según el orden a las operaciones. En la encarnación, el Hijo se subordinó al Padre para efectuar la redención, pero también se sometió al Espíritu (Lc. 3:22; 4:1; Hch. 2:22; 2 Co. 5:19; He. 9:14).

Vemos luego que la oración de despedida que usa el apóstol Pablo al final de su segunda carta a los Corintios, no tendría sentido si no hubiera la Trinidad: "La gracia del Señor Jesucristo, y el amor de Dios, y la comunión del Espíritu Santo sean con todos vosotros. Amén".

Note aquí que el orden en que son mencionadas las tres Personas es diferente, siendo el primero el Señor Jesús. Por cierto, que Pablo se refiere al Hijo como su Señor, pensando más en su propia relación con Él que en la relación de las Personas de la Deidad entre sí. Así que, el orden no tenía que ser siempre: el Padre, el Hijo y el Espíritu Santo.

Juan 5:18 prueba que Jesucristo podía recibir la misma gloria del Padre, pues era igual a Él; y 1 Corintios 2:10-11 explica que el Espíritu Santo es la misma conciencia de Dios, es decir, Dios mismo dentro de la esencia de Su Ser.

Por otro lado, en cuanto a las operaciones, lo que el Padre hace, lo hace por el Hijo (Ro. 2:16; 3:22; 5:1, 11, 17, 21; Ef. 1:5; 1 Ts. 5:9; Tit. 3:5-6), y por medio del Espíritu. Véase Juan 6:38; 17:7-11 con el 13:16; 14:28; 1 Co. 3:23 y 11:3.

Hay dos preguntas importantes que debemos contestar.

- Para llegar al cielo, ¿veremos tres Personas o manifestaciones distintas de Dios, o una sola? Como respuesta diremos que no vemos el por qué no iremos a participar de una escena celestial como la que está descrita en el libro de Apocalipsis, donde el Padre en Su majestad inefable está "sentado" en Su trono; delante de Él está el Cordero que fue inmolado, y también el Espíritu Santo en una de varias manifestaciones de luz como lámparas de fuego (5:5; 1:4), etc.
- ¿Qué importa si Dios es una Trinidad o no, puesto que aquel que ha sido salvado por el Hijo, ha recibido el Espíritu Santo y todos los días habla al Padre por el Hijo en el Espíritu?, podría alguien preguntar. La respuesta conlleva un anhelo de conocer a Dios de verdad, y esto se debe hacer tal como Él se ha revelado, lo cual representa lo que en sí Él es.

Por lo tanto, es preciso escudriñar Su Palabra y creer lo que dice, si deseamos andar en comunión con Él. Aquel que no cree en el Hijo ni en el Espíritu Santo, deshonra a Dios en todas Sus manifestaciones, y el tal no puede ser salvo permaneciendo en tan gran pecado (Jn. 8:19, 24, 49).

Repaso de la lección

1. ¿Cuál referencia bíblica es la que a usted le ayuda a declarar la verdad acerca de la unidad de Dios?
2. Si Dios, o una parte de Él, formara parte de la composición de la materia, contra qué verdad estaría esto atentando?
3. ¿Por qué razón no podría haber dos dioses eternos, omnipresentes y omnipotentes?
4. Explique lo que quiere decir el concepto de la "Tri-unidad".
5. Si la palabra "Trinidad" no se encuentra en la Biblia, ¿por qué creen en esta realidad los cristianos?
6. ¿Cómo puede usted demostrar que hay tres Personas en la Divinidad, pero un sólo Dios verdadero?
7. ¿Qué provecho espiritual ha recibido usted de esta lección?

Lección 13

LA VOLUNTAD, LA SOBERANÍA Y LOS DECRETOS DE DIOS

BOSQUEJO

A. La Voluntad de Dios

El Señor Jesucristo reconoció, en términos indiscutibles, la soberana voluntad de Dios el Padre. Esa voluntad es libre, independiente, sabia, justa y bondadosa. Se puede distinguir entre la voluntad decretoria y preceptiva; la voluntad secreta y la revelada; la voluntad absoluta y la mediata; la voluntad primera y la segunda o permisiva.

B. La Soberanía de Dios

La soberanía divina significa el derecho y la autoridad que tiene Dios sobre todo cuanto existe. Se basa en que Él es digno y en la necesidad que tiene la creación de que exista un Gobernador moral y perfecto. Su soberanía es ilimitada, aunque cada persona puede resistirla y obrar así su propia condenación.

C. Los decretos de Dios en general

Tiene que ver con el plan divino para con todo lo creado. Dios en Su infinita sabiduría y presciencia se propuso hacer el universo, el espacio y el tiempo, etc., según su propio consejo. Este plan eterno abarca todo, incluyendo la oposición y la realidad de la oración; su presciencia abarca lo relacionado con el pasado y futuro; por lo tanto, las promesas de Dios son seguras porque no dependen de una contingencia sino de su fidelidad.

LECCIÓN 13

La voluntad, la soberanía y los decretos de Dios

El Señor Jesucristo dijo en Juan 6:38-40: "Porque he descendido del cielo, no para hacer mi voluntad, sino la voluntad del que me envió. Y esta es la voluntad del Padre, el que me envió: Que de todo lo que me diere, no pierda yo nada, sino que lo resucite en el día postrero".

En Mateo 18:14 dice: "Así, no es la voluntad de vuestro Padre que está en los cielos, que se pierda uno de estos pequeños".

En "El Padre Nuestro", Jesús les enseñó a los suyos a orar "sea hecha Tu voluntad". En varias ocasiones habló de aquellos que hacen la voluntad de Su Padre (Mt. 7:21; 12:50; Mr. 3:35; Jn. 7:17 y 9:31). Para Cristo, el hacer la voluntad de Dios era Su comida (Jn. 4:34).

Además dijo: "Mi Padre ... es mayor que todos ..." (Jn. 10:29), y "Para Dios todo es posible" (Mt. 19:26). Jesucristo nos enseñó que el Padre celestial es soberano, que tiene una voluntad propia, pero no dijo que el mal que existe y se hace en este mundo es la voluntad de Dios.

En la primera parte de esta lección vamos a estudiar los atributos de Dios que tienen que ver más directamente con Sus decretos y Sus obras.

A. La voluntad de Dios

Como hemos visto, Dios es un Espíritu con Personalidad, perfecto, inteligente y omnipotente, de modo que también tiene voluntad. El hecho de que el universo existe, prueba que Dios tiene voluntad y que la ejerció durante la creación.

Las escrituras declaran repetidas veces que en sí, tanto el Padre, el Hijo y el Espíritu Santo separadamente tienen voluntad:

- "... ni de voluntad de varón, sino de Dios" (Jn. 1:13)
- "Y dijo Dios: Sea la luz, y fue la luz" (Gn. 1:3)
- "Todo lo que Jehová quiere lo hace, en los cielos y en la tierra, en los mares y en todos los abismos" (Sal. 135:6)
- "Padre, si quieres, pasa de mí esta copa; pero no se haga mi voluntad, sino la tuya" (Lc. 22:42)
- "Jesús extendió la mano y le tocó, diciendo: Quiero; sé limpio. Y al instante la lepra desapareció" (Mt. 8:3)
- "Pero todas estas cosas las hace uno y el mismo Espíritu, repartiendo a cada uno en particular como él quiere" (1 Co. 12:11)

Véanse también Mateo 6:10; 7:21; Romanos 8:27; 12:2; 1 Corintios 1; Salmos 115:3; etc.

La voluntad de Dios es libre e independiente, aunque siempre obra conforme a Su infinita sabiduría, justicia y bondad. Cuando Dios se compromete a contestar la oración o a recompensar a aquel que diere un vaso de agua, es porque Él quiere cumplir tal promesa, y Él hizo al mundo sujeto a tales condiciones porque así Le complacía. Por otro lado, cuando Dios resuelve hacer cierta cosa, ¿quién Le puede estorbar? (Hch. 11:17; Is. 43:13; Jer. 49:20; Sal. 89:33-34).

Vemos entonces, que hay cosas determinadas por Dios que Él ha de llevar a cabo a pesar de todo obstáculo; pero hay también muchas cosas que Él ha dejado al libre albedrío del hombre para que escoja.

Algunos distinguen entre estas dos llamándole a una la "voluntad decretoria", cuando se refiere a la estipulación de decretos que en Su sabio propósito han de cumplirse inevitablemente; y a la otra la "voluntad preceptiva" cuando se refiere a los preceptos a través de los cuales ordena a las criaturas a cumplir, pero no les obliga. Son conocidas también como la voluntad "irresistible" y la "resistible".

Otra distinción que se hace es entre la "voluntad secreta" y la "voluntad revelada" de Dios. "Las cosas secretas pertenecen a Jehová nuestro Dios; mas las reveladas son para nosotros y para nuestros hijos para siempre, para que cumplamos todas las palabras de esta ley" (Dt. 29:29).

Lea también 1 Corintios 2:9-16 que habla acerca de la voluntad revelada, y Romanos 11:33-34, que habla de las cosas escondidas. (También Mt. 11:26 y Hch. 1:7).

Una distinción más que se hace es entre la "voluntad inmediata" y la "mediata" (Jn. 2:1-11 y Ro. 10:17), consistiendo la diferencia en que la una se ejecuta sin medios, y la otra cuando se obra a través de medios.

Algunos hablan de la voluntad de Dios "para salvar", y de la "voluntad permisiva", cuando permite a la criatura pecar y perderse.

Los arminianos dividen las decisiones de Dios entre los actos de Su "voluntad antecedente", que precedía las acciones de Sus criaturas, y la "voluntad consecuente" que espera la acción del hombre antes de decidir. Varias de estas distinciones serán discutidas al considerar los decretos divinos, la providencia y la salvación.

B. La soberanía de Dios

Por la soberanía de Dios entendemos que, en Su derecho y autoridad supremos puede hacer lo que quiere con todo lo creado. No sólo que tiene el poder para hacerlo, sino que es justo todo lo que haga, por cuando ese derecho le pertenece.

La Biblia enseña esta verdad, según vemos en 1 Samuel 2:6-8 que dice: "Jehová mata, y él da vida; El hace descender al Seol, y hace subir. Jehová empobrece, y él enriquece; abate y enaltece. El levanta del polvo al pobre, y del muladar exalta al menesteroso para hacerle sentarse con príncipes, y heredar un sitio de honor. Porque de Jehová son las columnas de la tierra, y él afirmó sobre ellas el mundo".

También en 1 Crónicas 29:11-12: "Tuya es, oh Jehová, la magnificencia y el poder, la gloria, la victoria y el honor; porque todas las cosas que están en los cielos y en la tierra son tuyas. Tuyo, oh Jehová es el reino, y tú eres excelso sobre todos. Las riquezas y la gloria proceden de ti, y tú dominas sobre todo; en tu mano está la fuerza y el poder, y en tu mano el hacer grande y el dar poder a todos".

Véanse además Jeremías 18:6; Ezequiel 37:12; Daniel 4:25-35; Salmos 50:10; Mateo 6:13; 28:18; Romanos 9:15-23; 1 Timoteo 6:15; Apocalipsis 4:11.

En Su soberanía, Dios estableció entre otras cosas, que hubiera el tiempo y la vida; nacimos sin que nosotros lo hubiéramos escogido, ni a nuestros antepasados, ni el lugar de nacimiento, ni las circunstancias, etc. Tampoco podemos atrasar el tiempo ni un minuto, ni tampoco adelantarlo. No escogimos nuestra época, nacionalidad, sexo, ni aun el sobrevivir la niñez.

Vemos entonces que somos nosotros como el barro en las manos del alfarero. Dios ha hecho por nosotros todas estas decisiones.

En su soberanía, Él nos ha hecho entes morales y necesitamos un gobernador moral, según dice el evangelista Charles Finney; y el derecho de Dios para gobernarnos estriba primeramente en nuestra necesidad de tal gobierno y en el hecho de que Dios es el Único capaz y digno de hacerlo.

Otra razón (que es fácil deducir) es que Dios es nuestro Dueño por derecho de habernos creado, nuestra vida depende de Él para su sostén; porque Él nos ha redimido (vuelto a comprar) y porque Él es el Juez delante de quien todos daremos cuenta.

No hay nada fuera de Dios que pueda limitar su soberanía, y todos los demás atributos afectan a este atributo. Él Señor no puede usar su autoridad para hacer cosas indignas o que no conduzcan al bienestar eterno de sus criaturas y a la gloria del Dios soberano. Él es el amor perfecto y el Dios justo, de modo que sus decretos soberanos son siempre correctos y en conformidad con todo su carácter divino.

Como soberano todopoderoso Dios ha hecho provisión para que el hombre pecador pueda ser salvo. Al igual que le dio el libre albedrío y la oportunidad de escoger el bien a través de la obediencia o el mal a través de la desobediencia, también le ha privado al hombre del privilegio de escoger los resultados de sus decisiones y acciones. El que oye la palabra de Dios, la cree y la obedece, será bendecido con las más ricas bendiciones en Cristo, pero el que rechaza la Palabra y la desobedece aprenderá que "el camino del pecador es duro".

Otro aspecto de la soberanía de Dios es que abre el camino para que el cristiano pueda orar con confianza, sabiendo que Dios es poderoso para contestarlas. Es importante, sin embargo, conocer las condiciones necesarias para tener éxito en la oración, (1 Jn. 5:14).

El Dr. David S. Clark ha escrito (*A Syllabus of Systematic Theology*; pág. 107), lo siguiente: "La realidad de la soberanía de Dios es una realidad que anima mucho al cristiano. Si pudiéramos escoger, ¿qué hubiéramos escogido? ¿Ser gobernados por el destino incierto, o la suerte caprichosa, o la ley natural irrevocable, o el yo propio con su vista corta y pervertida; o ser gobernados por un Dios infinitamente sabio, santo, amante y poderoso? Aquel que rechaza la soberanía de Dios puede escoger de entre las otras cosas".

Reconocemos, sin embargo, que no es tan sencillo el problema involucrado en la consideración de esta verdad, pues tiene varias facetas. Al estudiar sobre la soberanía de Dios, hemos de apreciar más que nunca la revelación escrita de la Biblia y el hecho de que es un libro que enseña a través de la vida misma y de la historia, y no sólo mediante conceptos abstractos o leyes estáticas.

A continuación presentaremos los dos puntos de vista contrarios, junto con algunas observaciones, dejando que cada estudiante forme al final su propio criterio.

C. Los decretos de Dios en general - Hechos 15:18

Por "los decretos divinos" nos referimos a el plan de Dios aplicado a todo lo creado. Puesto que dicho plan incluye lo material e inmaterial, desde la eternidad hasta la eternidad, necesariamente es uno, aunque decimos decretos en plural, porque desde el punto de vista humano, considera a el universo, los ángeles, y los humanos; o desde otro punto de vista, lo directo (inmediato) y lo mediato (lo hecho por medio de agentes o instrumentos); o entre lo ordenado o permitido; o considerando, en relación a los hombres, la elección, la predestinación y la reprobación.

Además abarca el problema acerca del origen y la presencia del mal en un mundo gobernado por un Dios santísimo y soberano, cuya respuesta tendrá que esperar hasta el día "en el que conoceremos como fuimos conocidos". También hace la consideración de la absoluta soberanía de Dios en cuanto al libre albedrío del hombre.

A esta altura conviene recordar lo que dice en Deuteronomio 29:29: "Las cosas secretas pertenecen a Jehová ... pero las reveladas son para nosotros...." Las reveladas son para nosotros y es aquello lo que vamos a estudiar.

Primeramente veremos acerca de los pensamientos y propósitos de Dios en relación a sus obras. Las escrituras usan varias palabras para referirse a los decretos de Dios. Según el profesor L. Berkhof, se pueden enumerar así:

1. Términos usados en el AT, en el que algunos ponen énfasis en lo intelectual del decreto, como cuando dice en el hebreo "etsah" que quiere decir aconsejar (Job 38:2; Is. 14:26; 46:11); "sod" que significa sentarse juntos para deliberar o conferenciar (Jer. 23:18-22); y "mezimmah" que es meditar, tener presente, proponer (Jer. 4:28; 51:12; Pr. 30:32).

Además de estos hay términos que se refieren más al elemento volitivo, tales como: "chaphets", o inclinación, volición, buena voluntad (Is. 53:10); y "ratson", que quiere decir complacer, deleitarse y por consiguiente placer, deleite o voluntad soberana (Sal. 51:19; Is. 49:8).

2. Términos usados en el Nuevo Testamento, siendo el más común el de "baule", que designa un decreto en general, pero que también indica que el propósito de Dios está basado en el consejo y la deliberación (Hch. 2:23; 4:28; He. 2:17). Otra palabra general es "thelema", la cual relacionada al consejo de Dios, enfatiza el elemento volitivo más que el deliberativo (Ef. 1:11).

La palabra "Eudokia" acentúa más particularmente la libertad del propósito de Dios y el deleite que lo acompaña, aunque esta última idea no está presente en todos los casos (Mt.11:26; Lc. 2:14; Ef. 1:5, 9). Hay otras palabras que son empleadas para designar otros aspectos de los decretos divinos y que tienen que ver con la predestinación, pero que veremos en otra ocasión.

En Isaías 14:24, 26-27 dice: "Este es el consejo que está acordado sobre la tierra ... porque Jehová de los ejércitos lo ha determinado, ¿Y quién lo impedirá? ... ¿quién la hará retroceder?"

Vemos según el primer capítulo de la Biblia y en Salmos 33:6-11, Proverbios 8:22-31 e Isaías 45:18, que el mundo fue hecho según el plan o decreto de Dios. Es por su ordenación que el universo subsiste (Sal. 119:60-91). El decretó las sazones del año (Gn. 8:22); ha decretado los territorios de la naciones (Dt. 32:8; Hch. 17:26), los años de la vida humana (Job 14:5); y cómo terminará esta vida terrenal (Jn. 21:19; 2 Ti. 4:6-8; 1 Co. 15:51).

A la vez afirmamos que estos decretos no dan lugar a la falsa creencia conocida como el "destino". Es preciso aceptar las declaraciones bíblicas acerca de la presciencia y el eterno consejo de Dios, e igualmente es necesario creer que Él toma en cuenta sus promesas de contestar las oraciones de sus hijos, sin reconocer obstáculo de preordenación.

Por ejemplo en Lucas 8:23-25 vemos que el Señor reprendió al viento, pero no por esto, Él estaba reprendiendo la obra de Dios, y en los dos casos de Juan 9 y Lucas 13, Jesucristo rehusó aceptar que la causa de los sufrimientos era Dios.

Todo esto será tratado en relación con otro tema acerca de la Providencia Divina, y aquí seguiremos con lo que tiene que ver con los decretos, viendo que las Escrituras revelan la verdad de que todo cuanto pasa ha sido conocido por Dios desde la eternidad; que Él ha tenido un plan para este mundo y que lo está llevando a cabo; pero que a su vez Él da lugar en Su decreto, maneras para contestar la oración.

En el libro de Job y en otras referencias aprendemos que las oposiciones de Satanás al plan de Dios son controladas por Jehová y conducen a la bendición posterior de los siervos del Señor. Dios en su sabiduría y potencia ilimitadas no teme lo desconocido ni se prepara para contingencias, por cuanto no hay nada desconocido para Él (Is. 45:5-13).

En los pasajes citados anteriormente vemos que Dios acepta la responsabilidad de haber creado al mundo, al hombre, con todas sus posibilidades, inherentes o adquiridas, para hacer el bien o el mal. Satanás y sus ángeles caídos, o demonios, son los enemigos de Dios y de sus siervos, mas sin embargo no pueden impedir que los planes de Dios sigan adelante.

Un estudio de Efesios 1:9-11 y Colosenses 1:16-17 nos revela el gran plan del Dios Todopoderoso. Dios va a reunir todas las cosas y todas las edades en Cristo. Primera Corintios 15:20-28 es otro párrafo sublime acerca del futuro en relación al Plan eterno de Dios.

Sin embargo surge la pregunta, ¿por qué tuvo Dios la necesidad de obrar la redención para sus criaturas? La respuesta es sencilla: por causa del pecado. El pecado no fue creado, ni vino de Dios, sino que fue introducido mediante el engaño y la tentación, a través de un ser que se oponía a Dios.

Dios le hizo al hombre superior, más inteligente y más capaz que los animales, con la posibilidad de conocer, amar y adorar a su Creador en espíritu y verdad. Junto con esto, le dio la posibilidad de pecar. Con la libertad para pecar vinieron amonestaciones y consecuencias, viendo así, que el pecado no era una parte necesaria en el universo (Gn. 2:17; Ex. 34:7; Ec. 11:19; Ez. 18:20; 2 Ts.1:7-8; Sal.78:29; 106:15; Hch. 14:16 y 17:30-31). El que Dios lo permita, no significa que lo aprueba ni le hace culpable. Jehová en Su providencia, domina sobre el mal y lo hace que trabaje para el bien de sus criaturas.

El decreto de Dios dado por Dios para salvar a la humanidad del pecado, demuestra el gran amor que tuvo y a la vez el odio que tiene hacia el pecado y el gran problema en el que nos encontrábamos. Ciertamente estaremos muy asombrados cuando en gloria veamos el plan completo que tuvo el Padre para con Su creación.

Cuando decimos que Dios ha ordenado todo (ya sea según Su propósito o permitiéndolo), sabemos que Él también se ha responsabilizado por las condiciones bajo las cuales cada ser nace y vive, incluyendo las influencias para bien o para mal que le rodean. De modo que, al pasar de lo general a lo individual o personal en cuanto a los decretos divinos, no estamos separando lo material de lo espiritual, sino que las dos cosas están íntimamente ligadas.

Repaso de la lección

1. Cuál fue el concepto que tuvo Jesucristo acerca de la voluntad del Padre?
2. ¿Qué quiere decir la frase: "la voluntad permisiva de Dios"?
3. En que sentido es libre o independiente la voluntad divina?
4. Si Dios es soberano, ¿cómo es posible que una persona pueda oponerse a Su voluntad?
5. Cuál es la relación entre los decretos de Dios y sus obras?
6. Si aceptamos las declaraciones bíblicas de que Dios decretó todo, por qué no podemos creer en el destino o el fatalismo?
7. Cómo sabemos que la presciencia de Dios no elimina la oración?

Lección 14

Los decretos particulares de Dios

Bosquejo

Jesucristo dijo: "Todo aquel que el Padre me da vendrá a mí, y al que a mí viene, no lo echaré fuera". La Biblia enseña que el plan de Dios para con el mundo incluye a cada persona. Él sabe en Su presciencia todo lo que acontece y acontecerá. Sin embargo, Él hace que el hombre sea realmente responsable por sus hechos, premiándolo o castigándolo, según sean sus acciones.

Esto es un misterio cuyo conocimiento está escondido en Dios. A muchos creyentes les ayuda saber que han sido escogidos en Cristo desde antes de la fundación del mundo, asegurando al incrédulo que, si muere fuera de Cristo, ya no hay ninguna esperanza de salvación.

Dios no ha revelado a nadie quiénes son los escogidos para vida eterna, sino que nos manda a predicar a todo el mundo, a fin de que se arrepientan y crean en Jesucristo para la salvación de sus almas. La presciencia divina no es la responsable o la que induce al hombre a efectuar lo malo, sino más bien que Dios lo permite.

A. Introducción, historia y definiciones
   1. El Concilio de Trento
   2. El calvinismo
      a. El supralapsarianismo
      b. El infralapsarianismo
      c. El sublapsarianismo
   3. El arminianismo
   4. Otras consideraciones

B. Unas observaciones sobre algunos puntos envueltos en la predestinación

Lección 14

Los decretos particulares de Dios

El Señor Jesucristo dijo: "Todo lo que el Padre me da, vendrá a mí; y al que a mí viene, no le echo fuera" (Jn. 6:37).

"He manifestado tu nombre a los hombres que del mundo me diste: tuyos eran y me los diste, y guardaron tu palabra" (Jn. 17:6).

Otros versículos semejantes a éstos son Juan 17:2; 18:9; 6:32, 44, 65; 8:41-44; 10:29. En medio de estos versículos se pueden encontrar algunas ideas sobre el complejo tema de la predestinación, que trataremos a continuación.

A. Introducción, antecedentes y definiciones

La palabra "predestinación" significa "ante y destino", es decir, se refiere a dar un destino de antemano, o en forma previa. En este caso se usa para indicar el destino del hombre, determinado por Dios desde la eternidad pasada. De esta manera estudiaremos los decretos de Dios relacionados con este tema.

Algunos consideran que, según Romanos 8:29, la predestinación quiere decir sencillamente que Dios ya ha determinado que cada persona que cree en Cristo, llegará a ser conformado a la imagen de Su Hijo Jesucristo. Interpretado de esta manera, se hace referencia entonces a lo que se conoce como "la perseverancia de los santos".

Por otro lado, la "elección" es el escogimiento divino de aquellos que han de ser salvos, mientras que la predestinación interviene después para establecer el propósito de Dios para con aquellos que fueron elegidos.

Otros versículos, como Hechos 13:48, que no usan directamente la palabra predestinación, pero que usan la expresión "los que estaban ordenados para vida eterna", se refieren al hecho de que Dios ha ordenado desde el pasado el destino de algunas personas, siendo manifiesta tal ordenación el momento en que ellas pusieron su fe en el Salvador.

En este estudio consideraremos también lo relacionado con la elección y la reprobación, como subdivisiones de la doctrina de la predestinación.

Los apóstoles hablaron en muchos pasajes de la responsabilidad que el hombre tiene en cuanto a creer (Jn. 1:12; 3:16 y más), y del hecho de que los que creyeron fueron escogidos por Dios (2 P. 1:1-2, etc.), aparentemente sin discutir la relación entre las dos verdades.

Los primeros padres de la iglesia tampoco hablaron extensamente sobre este tema, porque estaban ocupados en tratar otras verdades. Cuando escribieron algo sobre la predestinación, enfatizaron el libre albedrío y la responsabilidad del hombre, tal como dicen los arminianos hoy en día.

Sin embargo, hay algunos pasajes en sus escritos que hablan de una elección gloriosa y divina, tal como lo escribió Ignacio, aunque el identificó a los creyentes como "los escogidos".

1. El calvinismo. El gran Agustín fue el primero en escribir con cierta amplitud sobre el asunto, y luego fue considerado el padre del "Calvinismo", a pesar de que no llevó sus razonamientos a conclusiones lógicas, como lo hizo el teólogo Juan Calvino durante el tiempo conocido como "La Reforma".

Calvino hizo resaltar la gloria de Dios como el punto de partida dentro del razonamiento de la predestinación.

Antes de Agustín, la iglesia, al igual que los judíos, puso énfasis en el libre albedrío y en la responsabilidad del hombre, a fin de contrarrestar las ideas del fatalismo musulmán y del paganismo en general.

De esta manera, la iglesia primitiva enseñó que el consejo de Dios consistía en que, debido a Su presciencia o preconocimiento, y a la determinación de galardones o castigos que Él ya sabía de antemano, iba a elegir sólo a aquellos que iban a creer en Él. Asimismo, enseñaron que el hombre, a pesar de su caída, no había perdido la capacidad natural de escoger entre el bien y aceptar la gracia salvadora de Cristo.

Agustín escribió (en el año 428), que la predestinación no se debe al mérito ni a la dignidad, sino a la pura gracia de Dios; no por medio de la fe, sino para la fe. "No han sido elegidos porque han creído, sino a fin de que crean".

En una ocasión, cuando el teólogo Pelagio fue a Roma alrededor del año 405, quedó asombrado por la falta de moralidad y santidad que allí había. Al escuchar las enseñanzas de Agustín, le pareció que le hacía responsable a Dios de la inmoralidad.

Pelagio reaccionó y empezó a enseñar enérgicamente que el hombre en sí tenía la responsabilidad, e incluso dijo que el pecado de Adán le había afectado únicamente a él, por lo que un niño recién nacido era como Adán antes de la caída; y que cada hombre tenía la capacidad de guardarse del mal o perderse.

El punto que causó una fuerte crítica por parte de la iglesia, fue su enseñanza en la que afirmaba que el hombre por sí mismo era el que tomaba la iniciativa, y que la voluntad del hombre era el factor determinante en la salvación del alma.

Como la iglesia de Oriente finalmente se puso de acuerdo con la de Occidente, rechazando estas enseñanzas del pelagianismo, dio lugar a que ciertos teólogos del Norte de Africa formularan lo que se llamó el "semi-pelagianismo", el cual expresaba que la naturaleza humana sí fue afectada por el pecado de Adán, pero no fue completamente corrompida.

Agustín, por otro lado, sí decía que la naturaleza humana era completamente corrompida, mientras que Pelagio, como habíamos dicho, negaba el pecado original. El semi-pelagianismo concluyó que el pecado enfermó a la humanidad, pero que la dejó con la suficiente fuerza para tomar el remedio y curarse si así lo deseaba. Esta doctrina reconocía la presciencia de Dios, pero que ésta estaba limitada por las decisiones libres de los hombres.

El Concilio en Efeso condenó al pelagianismo en el año 431, pero aun así continuó la controversia. En el Sínodo de Orange en el año 529 se declaró que:

- el pecado de Adán corrompió al hombre entero, y el hombre no tiene nada bueno en sí mismo, sino que sólo está lleno de pecado y mentira;
- el inicio y crecimiento de la fe, no se debe a ninguna causa dentro de sí mismo y ni siquiera al libre albedrío, sino a la gracia de Dios que opera en el corazón;
- la voluntad del hombre fue debilitada y atenuada por el pecado; y,
- sin referirse a la predestinación incondicional ni a la gracia irresistible y particular, decía que las personas bautizadas, por medio de esta gracia y con la ayuda y cooperación de Cristo, podían y estaban obligadas a hacer lo que fuese necesario para la salvación.

Posteriormente y debido a la falta de claridad en muchos puntos de la doctrina tratada en los concilios, los teólogos continuaban divididos entre los que seguían a Agustín y aquellos que seguían a Pelagio o al semi-pelagianismo.

El primer Concilio de Chiersy, en el año 849, condenó a Gottschalk, quien era un monje de Orbais, Provincia de Rheims, el cual enseñaba el "agustianismo" y decía que había una doble predestinación, esto es, una para la vida eterna y otra para la condenación de los pecadores, y no una predestinación para el pecado.

Muchos teólogos no estuvieron de acuerdo con esta posición y en el Sínodo de Valence (Valencia), en el año 855, promulgaron la posición doctrinal en cuanto a lo que decía Agustín, referente a una redención limitada a los predestinados. Así permanecieron las cosas hasta la Reforma.

La iglesia de Oriente siempre se inclinó hacia el semi-pelagianismo. En Occidente, en el Concilio de Trento, (años 1546-1563), el agustianismo fue prácticamente reafirmado y se hizo a un lado la doctrina de que era necesaria la perseverancia hasta el final para ser salvo.

Los Jesuitas, que ejercían una fuerte influencia en la iglesia de Occidente, se pusieron a favor del semi-pelagianismo. El Concilio de Trento proclamó lo siguiente:

- El libre albedrío está atenuado y afectado por el pecado, aunque no perdido o extinguido.
- Por causa del pecado original, el hombre natural no puede alcanzar la fe, la esperanza ni el amor para experimentar la justificación, sino solamente a través de la gracia divina.

- Esta gracia es gratuita y proveniente, que se otorga a los hijos de creyentes en el bautismo y a los adultos por medio del evangelio y del Espíritu Santo.
- Esta gracia aunque puede ser rechazada, anima y ayuda al hombre, capacitándole a convertirse, a fin de poder alcanzar la justificación.
- Esta justificación puede ser rechazada y perdida, o se puede perseverar en ella y obtener la vida eterna.

De esta manera la iglesia rechazó la doctrina agustiniana de la predestinación incondicional, negando al hombre el privilegio de la seguridad de su salvación. En Trento decían que, según un "decreto antecedente", Dios deseaba la salvación de todo el mundo sin excepción, pero que había un "decreto subsecuente", en el cual se tomaba en cuenta el uso bueno o malo que el hombre hacía de su libertad y de la gracia, dando a entender que Dios no deseaba la salvación de todos.

Algunos habían sido predestinados plena y adecuadamente para la "gracia y la gloria"; otros sólo para la gracia y otros recibían la fe y la justificación, pero podían perderlo todo y no llegar así a la gloria. Sin embargo, tales disensiones fueron desconocidas por los teólogos de la Edad Media.

Los reformadores estuvieron divididos en sus conceptos en cuanto a la soberanía divina, pero casi todos fueron decididamente agustinianos en los puntos principales. En el año 1536 el francés Juan Calvino (1509-1564), publicó su obra *Instituciones*, reafirmando y desarrollado el agustinianismo, al punto de influir fuertemente en las ideas de los reformadores.

Martín Lutero (1483-1546) fue un ardiente seguidor de Agustín, y su más destacado discípulo Melancthon le aseguró a Calvino que sus ideas en general eran las mismas que las suyas.

El teólogo de la iglesia de Inglaterra, Ricardo Hooker (1554-1600), fue también calvinista y enseñó sobre la elección incondicional.

Los puntos principales del calvinismo pueden ser resumidos en cinco:

- La inhabilidad total. Esto es: "el hombre por su caída, perdió completamente toda habilidad de alcanzar por su voluntad algún bien espiritual que acompaña la salvación, de tal manera que el hombre natural, siendo contrario a todo lo bueno, está muerto en el pecado, y no puede por sus propias fuerzas convertirse ni prepararse para la conversión" (Catecismo Westminster).

Se le conoce también a esta doctrina como "la depravación total". Véanse Romanos 2:1, 12; 3:10-12; 5:12; 1 Corintios 2:14; 2 Corintios 1:9; Efesios 2:1-3, 12; Jeremías 13:23; Salmos 51:5; Job 14:14; Proverbios 30:12; Hechos 13:41; etc.

- La elección incondicional. Habla de la determinación eterna, absoluta, inmutable y efectiva de la voluntad divina en cuanto a los objetos de sus operaciones salvadoras. La acción de elegir es el resultado de la soberanía absoluta de Dios (2 Ts. 2:13; Mt. 24:24, 31; Mr. 13:20; Jn. 17:6, 9, 14; 1 Ts. 1:4 y 5:9; Ro. 11:5, 7; 8:33; 1 P. 1:12; 2:9; 5:13; Hch. 14:48; etc.).
- La redención limitada. Por la cual aquellos que son elegidos, habiendo caído en Adán, han sido redimidos en Cristo y llamados eficazmente a la fe en Cristo por Su Espíritu, el cual obra en el tiempo oportuno, haciendo que sean justificados, adoptados, santificados y guardados por Su poder mediante la fe, para la salvación. Nadie es redimido por Cristo y eficazmente llamado, justificado, adoptado, santificado y salvado, sino los que han sido elegidos.
- La gracia eficaz. "La gracia eficaz es la obra del Espíritu de Dios, por medio de la cual Él nos convence de nuestro pecado y miseria, iluminando nuestras mentes en cuanto al conocimiento de Cristo, y renovando nuestras voluntades, por lo que nos persuade y nos capacita para abrazar a Jesucristo, quien nos es ofrecido gratuitamente en el evangelio. (Tomado del "Catecismo más corto", pregunta 31).

Este llamamiento es sólo por la gracia libre y especial de Dios, no por algo preconocido en el hombre, quien es un ser pasivo hasta el momento en que es vivificado y renovado por el Espíritu Santo, lo cual le habilita para responder al llamamiento y recibir la gracia ofrecida y transmitida por ello.

- La perseverancia de los santos. Los que Dios ha aceptado en Su Amado, y han sido eficazmente llamados y santificados por Su Espíritu, no pueden ni total ni finalmente caer de este estado de la gracia, sino que ciertamente perseverarán hasta el final, y serán eternamente salvados. (Tomado de Westminster Confession XVII).

(Véanse Sal. 1:3; 48:14; 92:5; 125:1; Is. 46:4; Jer. 31:3; 32:40; Mt. 7:24; 24:24; Jn. 4:14; 6:47; 5:24; 6:51; 10:28; 14:9; Ro. 8:35-39; 6:14; 14:4; 2 Co. 4:8-9, 14; 9:8; Fil. 1:6; 3:20; 4:3; 2 Ti. 2:19; 4:18; 1 Ts. 3:3; 1 Jn. 5:11; Ap. 3:5; 13:18, etc.).

Debido a las controversias doctrinales entre los reformadores, algunos fueron llamados "super calvinistas" por ser extremistas en sus creencias acerca de la soberanía divina a través de los decretos.

A los que enseñaron un calvinismo menos enfático se les llamó "calvinistas reformados" o nombres semejantes. Estos títulos fueron designados según su actitud hacia el orden de los decretos, especialmente en lo relacionado a la caída, y hoy se los conoce de la siguiente manera:

a. El "supralapsarianismo" (supra significa "sobre", y lapsus es igual a "caída"). Según el orden de los decretos divinos involucra:

(1) elegir a algunos hombres para vida eterna y a otros para la eterna destrucción;
(2) crear;
(3) permitir la caída;
(4) enviar a Cristo para redimir a los elegidos; y
(5) enviar al Espíritu Santo para efectuar dicha redención de los elegidos.

Esta posición pone demasiado énfasis en la elección o escogimiento de parte de Dios, haciendo resaltar Su soberanía y voluntad de manera preponderante sobre Sus demás atributos.

b. El "infralapsarianismo" (infra significa "inferior, debajo," y lapsus significa "caída"). Establece el orden de eventos de la siguiente manera:

(1) crear;
(2) permitir la caída;
(3) elegir para vida eterna a una multitud de hombres de entre la humanidad caída, y dejar a los demás como dejó al diablo y a los ángeles caídos, para sufrir el justo castigo por sus pecados;
(4) dar a Su Hijo Jesucristo para la redención de los elegidos, y
(5) efectuar dicha salvación en los elegidos.

Esta creencia es muy lógica porque todos los miembros de la raza humana fueron creados de manera igual, y a todos se les permitió caer. De esta manera la elección divina fue de entre todos los que merecían la condenación. Aquí hay que tomar en cuenta el asunto del pecado, ya sea para pensar en la salvación o en el castigo. Pues si son inocentes los escogidos, entonces no habría manifestación de la misericordia ni de la justicia de Dios.

c. El "sublapsarianismo" (sub significa "debajo de", y lapsus "caída"). Se diferencia sólo en un punto de lo que se expuso anteriormente, siguiendo el orden de los decretos divinos de esta manera:

(1) crear;
(2) permitir la caída;
(3) proveer la salvación para todos; y
(4) asegurar la salvación de algunos por medio de la elección divina.

La diferencia la constituye el proveer una redención suficiente para todos, esto es, ilimitada, aunque con la posibilidad de rechazar la gracia divina por parte de los elegidos.

Con estas aclaraciones, podemos proceder ahora a considerar las enseñanzas no calvinistas.

3. El arminianismo. El Arminianismo, llamado de esta manera por el teólogo Santiago Arminio de Leide, Países Bajos (1560-1609), enseñaba que había "una elección solamente condicional o contingente a la vida eterna. Decía que la presciencia divina, no era la operación eficaz preestablecida de la voluntad de Dios.

"La última respuesta de la salvación humana (en cualquier caso individual), pertenecía a la persona que escogía venir a Cristo y decidía perseverar hasta el fin. De igual manera insistía en cuanto a la necesidad de la gracia para la salvación, y como la fuente de todo lo bueno en el hombre".

La controversia arminiana llegó a su clímax en el Sínodo de Dort, en Holanda, en el año 1618. Ocho años antes, su credo fue publicado en un ensayo titulado: *Reconvención* ("Remonstrance"), conteniendo cinco artículos:

a. La elección divina es condicional, dependiendo de la presciencia de la fe, esto es, que Dios escogió a aquellos que Él sabía iban a creer en Cristo.

b. La redención es universal en el sentido de que fue provista para todos, aunque no llegó a ser eficiente, sino sólo para los que creyeron.

c. El hombre es incapaz de ejercer la fe salvadora o de hacer cualquier bien sin la regeneración que es realizada por el Espíritu Santo.

d. Aunque la gracia es indispensable a cada paso en la vida espiritual, sí puede ser rechazada.

e. La perseverancia de todos los creyentes no es confiable.

Más adelante se dijo que el creyente podía caer de la gracia y perderse.

El Sínodo de Dort condenó los cinco artículos de los arminianos y se inclinaron hacia el sublapsarianismo. Desde entonces algunos grupos creen en el calvinismo y otros en el arminianismo, e incluso hay congregaciones cuyos miembros no están de acuerdo en todos los detalles, ni es necesario que lo estén.

4. Otras consideraciones. Ahora, a fin de que usted, como estudiante, pueda llegar a su propia conclusión en cuanto a lo que aquí estamos mencionando, presentaremos otros datos generales en cuanto a este tema.

La Iglesia Católica Romana no tiene una posición oficial sobre estas creencias. Teóricamente pretende enseñar exactamente lo que los "padres de la iglesia" escribieron, pero eso no significa mucho por cuanto hay demasiada divergencia entre lo escrito por ellos.

La *Suma Teológica* (I-848) cita del Concilio Valent: "En la elección de los predestinados, la misericordia de Dios precede al mérito bueno, y Dios a nadie predestinó al mal". Los Jesuitas, que tienen mucha influencia entre los católicos, están a favor de una doctrina semi-pelagiana.

La Iglesia Luterana preparó la *Confesión Augsberg* como su declaración de fe, afirmando su creencia en la predestinación, a la vez que rechazaba la idea de una redención limitada en su propósito. Declararon que Dios no predestinó a nadie a la condenación, sino que deseaba fervorosamente la salvación de todos los hombres. Escribieron que la elección, sin embargo, no dependía de la fe que los escogidos pudieran tener.

Reconociendo como misterio la aparente discrepancia entre la elección particular y la gracia universal, citaron la *Fórmula de la Concordia* que dice: "Ya que Dios ha reservado este misterio para Su sabiduría y no ha revelado nada sobre él en Su Palabra, y mucho menos nos ha mandado a investigarlo con nuestro pensamiento, sino al contrario, nos desanima seriamente a que lo hagamos (Ro. 11:33 y siguientes), no debemos razonar en nuestro pensamiento, ni llegar a conclusiones, ni inquirir con curiosidad sobre estos asuntos, sino que debemos adherirnos a Su Palabra, a la cual Él nos dirige". (Decl. Sol. XI, 55. *Doctrina Cristiana* - Muller, p. 66, citado con permiso).

La Iglesia de Inglaterra (la Anglicana o Episcopal, según el país donde se encuentra), también tenía sus representantes en el Sínodo de Dort, inclinándose hacia el sublapsarianismo. El Obispo H. C. G. Moule, en su obra *Bosquejos de Doctrina* (pp. 49-51), habla de la elección nacional, la elección eclesiástica, la elección condicional, y la elección dentro de la elección; y dice: "Tenemos que admitir que es un misterio, cuya explicación y armonía pertenecen a las cosas secretas de Dios".

Las Iglesias Presbiterianas, llamadas así por la forma en que se gobiernan, se reconocen como calvinistas. Ellos enseñan todas las doctrinas de la predestinación, la elección y la reprobación.

Las Iglesias Bautistas también siguen, en su mayoría, el calvinismo, en cuanto se refiere a los decretos de Dios; y por su forma de gobierno en base a que cada iglesia local es independiente, permiten cierta flexibilidad en cuanto a la doctrina.

Hay varias Iglesias Arminianas, como las Metodistas, Asambleas de Dios, del Nazareno, de la Santidad, etc. Estas Iglesias no creen en la doctrina de la perseverancia de los santos, sino que afirman que es posible ser salvos y después caer en el pecado y perder totalmente la salvación. Afirman que la experiencia respalda esta posición.

B. Otras observaciones en cuanto a la predestinación

La Biblia tiene mucho que decir en relación al libre albedrío del hombre junto con su responsabilidad personal por sus decisiones:

"De manera que cada uno de nosotros dará a Dios cuenta de sí" (Ro. 4:12);

"Porque es necesario que todos nosotros comparezcamos ante el tribunal de Cristo, para que cada uno reciba según lo que haya hecho mientras estaba en el cuerpo, sea bueno o sea malo" (2 Co. 5:10);

"Y de la manera que está establecido para los hombres que mueran una sola vez, y después de esto el juicio" (He. 9:27);

"Cuando Jesús terminó de dar instrucciones a sus doce discípulos, se fue de allí a enseñar y a predicar en las ciudades de ellos. Y al oír Juan, en la cárcel, los hechos de Cristo, le envió dos de sus discípulos, para preguntarle: ¿Eres tú aquel que había de venir, o esperaremos a otro? Respondiendo Jesús, les dijo: Id, y haced saber a Juan las cosas que oís y veis. Los ciegos ven, los cojos andan, los leprosos son limpiados, los sordos oyen, los muertos son resucitados, y a los pobres es anunciado el evangelio" (Mt. 11:1-5);

"Mirad, pues, cómo oís; porque a todo el que tiene, se le dará, y a todo el que no tiene, aun lo que piensa tener se le quitará" (Lc. 8:18).

Al leer de la salvación, por todas partes leemos que Dios otorga la salvación a aquellos que creen en Él. Esta fe es algo personal que ni el padre o la madre pueden tener en lugar de su hijo u otro pariente. Cada persona debe ejercer una fe propia para ser salva (Mr. 16:16; Jn. 3:16; 8:24, etc.).

Cualquiera que sea nuestra interpretación de las referencias acerca de los decretos de Dios, no podemos pasar por alto esta verdad que igualmente se encuentra en la Biblia: que cada individuo puede escoger, es libre para decidir y responsable por la elección que tome (Jn. 3:36).

La Escritura también declara que Dios tiene un plan para este mundo el cual incluye hasta los detalles más insignificantes. Mediante declaraciones directas y claras, e indirectas y complejas, a través de parábolas e historias, llegamos a entender que el Padre Celestial conoce todo en Su presciencia y que está llevando adelante Sus propósitos eternos:

"Y sabemos que a los que aman a Dios, todas las cosas les ayudan a bien, esto es, a los que conforme a su propósito son llamados. Porque a los que antes conoció, también los predestinó para que fuesen hechos conformes a la imagen de su Hijo, para que él sea el primogénito entre muchos hermanos" (Ro. 8:28-29).

"Porque somos hechura suya, creados en Cristo Jesús para buenas obras, las cuales Dios preparó de antemano para que anduviésemos en ellas" (Ef. 2:10).

"Según nos escogió en él, antes de la fundación del mundo, para que fuésemos santos y sin mancha delante de él, en amor habiéndonos predestinado para ser adoptados hijos suyos por medio de Jesucristo, según el puro afecto de su voluntad.... En él asimismo tuvimos herencia, habiendo sido predestinados conforme al propósito del que hace todas las cosas según el designio de su voluntad" (Ef. 1:4-5, 11).

Con todo esto, no queremos decir que todo lo que sucede es la voluntad de Dios "porque sí", ni que todo le causa gozo. En Ezequiel 33:11 y 2 Pedro 3:9 aprendemos que Dios no quiere que ninguno perezca, ni que se complace con la muerte del inicuo.

Vemos entonces que, el libre albedrío del hombre es una realidad, y que la presciencia y la predestinación de Dios son también verdades reveladas. Algunos pasajes bíblicos colocan ambas doctrinas juntas, sin buscar reconciliarlas, apareciendo más bien como una paradoja.

En los Evangelios vemos una combinación de estas dos verdades. Primero leemos la genealogía del Mesías como prueba de la profecía que se cumplió en un hijo de David, al nacer conforme Dios lo propuso, y sin embargo, la virgen tuvo que convenir en ser el instrumento.

El ángel le dijo a Zacarías que iba a tener un hijo, Juan el Bautista, quien sería el precursor del Mesías, pero a causa de su duda y su obediencia tardía, Zacarías fue castigado.

Los magos fueron guiados por una estrella, por una profecía y por un sueño; pero se regocijaron, obedecieron y eligieron ir por el camino que Dios les había indiciado, en lugar de ir por el que les indicó Herodes.

Las enseñanzas del Señor también están repletas de estas dos verdades. Leemos:

"... porque vuestro Padre sabe de qué cosas tenéis necesidad, antes que vosotros le pidáis. Vosotros, pues, oraréis así ..." (Mt. 6:8-9).

"... ni al Padre conoce alguno, sino el Hijo, y aquel a quien el Hijo lo quiera revelar. Venid a mí todos ..." (Mt. 11:27-28).

"A la verdad el Hijo del Hombre va según está escrito de él, más ¡ay de aquel hombre por quien el Hijo del Hombre es entregado! Bueno le fuera a ese hombre no haber nacido" (Mt. 26:24).

"Todo cuanto el Padre me da, vendrá a mí, y al que a mí viene, no le echo fuera" (Jn. 6:37).

La historia del hombre que nació ciego (Jn. cap. 9), o de los que "se accidentaron" en Lucas 13, demuestran que los discípulos y los que oían sintieron la necesidad de tener una explicación del asunto. Tal vez el versículo por excelencia que expone los dos lados de este misterio o enigma es Hechos 2:23, donde el apóstol Pedro dice:

"A éste, entregado por el determinado consejo y anticipado conocimiento de Dios, prendisteis y matasteis por manos de inicuos, crucificándole".

Aquí el apóstol declara que Dios en Su presciencia decretó y efectuó Su voluntad en que Su Hijo fuese entregado a la muerte, aunque los hombres que llevaron a cabo este hecho conocido y determinado de antemano por Jehová, fueron responsables y culpables de una gran iniquidad.

Sería muy difícil agregar algo nuevo a los volúmenes ya escritos sobre este tema, pero unas pocas advertencias y precauciones nos ayudarán. Cada cristiano se siente inclinado a creer lo que ha aprendido en su propia congregación, pero no por eso debe condenar al hermano en Cristo que cree de otra manera.

Para aquellos estudiantes que nunca han escuchado estas verdades, y cuyas congregaciones no usan credos que definan sus enseñanzas sobres la predestinación, les aconsejamos que hagan un estudio propio de la Biblia para saber lo revelado, y que se satisfagan sabiendo que pueden confiar en la sabiduría de Dios hasta que lleguen a Su presencia, y puedan ver el cuadro completo.

Ahora presentamos las siguientes referencias para que el alumno pueda hacer una lista de los casos históricos, de los decretos particulares de la elección o de la reprobación:

Génesis 4:25-26; 5:1, 32; 4:17-24; 6:8; 9:25-27; 17:19-21; 21:12-13; 25:23; cap. 49; Éxodo 3; 19:5; Deuteronomio 4:37; 7:6-8; 8:17; 9:4-6; 10:15; 12:15; 14:2, 23; 18:5; 21:5; 26:8; Salmos 78:68-70; 135:4; 1 Reyes 11:30; 2 Reyes 21:7; 1 Samuel 3; 21:4; 2 Samuel 6:21; Malaquías 1:12; 3:17; Oseas 13:5; Amós 3:2, 7-8; 9:7; Isaías 6; 41:8; 42:1; 44:1; 45:4; Jeremías 1; 31:3; Ezequiel 16:1; Romanos 2:28-29; 9:11-12; Hebreos 12:28; etc.

Otras referencias que hablan en términos más generales son:

Éxodo 32:32; Job 14:5; Salmos 31:15; 33:11; 69:29; 87:6; 104:24; 139:16; Proverbios 8; Isaías 41:22-23; 42:9; 43:9-12; 44:7; 46:10; 48:3; Ezequiel 13:9; Jeremías 17:3; Daniel 12:1, 4, 24, etc.

Hemos hablado de los calvinistas y los arminianos, y entendemos que en cada campo hay aquellos que aceptan sus enseñanzas con modificaciones más o menos importantes, pero no es correcto decir que cada cristiano tiene que pertenecer a un grupo o al otro. Además, hay muchos puntos de armonía entre todos.

Tampoco se debe pensar que una consideración tiene toda la razón y la otra está enteramente equivocada. Se puede aprender de las dos posiciones. Hay algunas frases como: "Ora como si todo dependiera de Dios; trabaja como si todo dependiera de ti mismo"; o el calvinista que dice: "Es bueno ser salvo y saberlo", mientras que el arminiano responde: "Es mejor ser salvo y manifestarlo".

Para el calvinista, su creencia en la obra de Dios, de que ha sido escogido desde antes de la fundación del mundo y que ha sido predestinado para la vida eterna, es de ilimitado valor en cuanto a afirmarle en su fe y darle perseverancia, a más de ayudarle para no reincidir y estimularle a la adoración y a la alabanza continua al Señor.

Cree que si cae en pecado y muere en su rebeldía, no es que simplemente perderá galardones o premios, sino que puede indicar que nunca fue elegido para la vida. Aquel creyente que no vive correctamente, edificando sobre el fundamento divino que es Jesucristo, está haciendo un servicio con madera, heno y hojarasca, aunque él mismo será salvo pero sus obras no merecerán ninguna recompensa (1 Co. 3).

De manera que es incorrecto decir que el calvinista cree en la predestinación y luego da a entender que puede vivir como le guste en la carne.

Por otro lado, los arminianos son falsamente acusados de confiar enteramente en la carne, en la habilidad de que todo hombre puede agregar al sacrificio de Cristo su propia fe y buenas obras y de esta manera merecer en parte su salvación.

La verdad es que ellos creen en la necesidad que tiene el pecador de recibir la gracia o ayuda divina no sólo para creer y ser regenerados, sino para mantenerse firme diariamente en el camino recto.

El hecho es que dentro de estas dos posiciones han habido grandes hombres y mujeres de Dios, evangelistas, maestros bíblicos, fervientes oradores, como también han habido hipócritas. De estos dos grupos han surgido congregaciones activas y también otras "muertas".

Cuando el calvinista dice que la soberanía de Dios se expresa en que Él ha decretado todo lo que pasa, debe recordar que Dios ha dejado lugar para el libre albedrío del hombre, para que haya una oración sincera que pueda cambiar las circunstancias sin que sea una farsa, y para que Sus invitaciones, promesas y juicios sean fidedignas.

Aquel que gobierna los eventos naturales, que decide bajo cuáles condiciones, dónde y cuándo nacerá cada alma y el curso de su vida, en medio de las decisiones que hace, debe tener un plan particular para cada uno, o un designio para la vida. El hombre que sigue voluntariamente ese plan, será bendecido y el que sigue su propio camino, Dios le dejará perderse. En esto Dios no es injusto ni se equivoca.

Repaso de la lección

1. ¿Fueron Cristo y los apóstoles partidarios del "calvinismo" o del "arminianismo"?
2. Haga un breve resumen de la historia de la doctrina de la predestinación.
3. Elabore una lista de las diferencias y de los puntos comunes que hay entre el calvinismo y el arminianismo.
4. ¿Cuál sería el resultado si Dios determinara que ciertos individuos fuesen irresistiblemente salvados y otros condenados?

Lección 15

LAS OBRAS DE DIOS - LA CREACIÓN

BOSQUEJO

El Señor Jesucristo enseñó que Dios creó al hombre y que el mundo tuvo un principio. Varias referencias del Nuevo Testamento dicen que Jesucristo es el hacedor, sustentador y heredero del universo.

1. El testimonio de la Biblia en cuanto a la creación

   El Dios Trino hizo el universo sin emplear material eterno. Todo fue creado por Él, excepto el pecado. El propósito de Dios al crear el mundo fue hacerlo para Su propia gloria y que se cumplieran muchos de Sus secretos designios.

2. La creación según la Biblia y según la ciencia

   Hay por lo menos seis maneras de interpretar el relato bíblico de la creación de manera armónica con lo que dice la ciencia, cinco de las cuales el cristiano puede aceptar sin comprometer su fe. Los puntos en los que concuerdan la Biblia y la ciencia son formidables.

LECCIÓN 15

Las obras de Dios - la creación

El Señor Jesucristo sabía que este mundo tuvo un principio, según vemos en Mateo 24:21, cuando se refirió a la tribulación venidera y dijo: "cual no fue desde el principio del mundo". En Mateo 19:4-6 y Marcos 10:6-9 el Salvador también dijo que Dios creó al hombre y a la mujer.

Por otro lado, la sanidad del hombre que nació ciego y sobre cuyos ojos el Señor puso lodo, nos ayuda a comprender que el Señor se identificó con el Creador, quien hizo al hombre del polvo de la tierra.

El apóstol y evangelista Juan nos dice que Cristo "era en el principio con Dios" y agrega: "todas las cosas por él fueron hechas ..." (Jn. 1:2-3).

Proverbios 8:22-31 es otro pasaje interesante en relación a Jesucristo y a la creación del universo. Allí habla de la sabiduría personificada, que no puede ser otro que el mismo Señor.

En Hebreos 1:1-3, vemos que fue por medio del Hijo de Dios que el universo fue creado y que Él lo sustenta puesto que es el heredero de todo.

Por último, en Colosenses 1:15-16 dice que "El es la imagen del Dios invisible ... porque en el fueron creadas todas las cosas, las que están en los cielos y en la tierra, las visibles e invisibles ... todo fue creado por él y para él".

Nos unimos pues, con Moisés y Jesucristo para afirmar que: "En el principio creó Dios los cielos y la tierra".

A. El testimonio de la Biblia en cuanto a la creación

Sin ninguna duda, la Biblia declara que Dios creó todo el universo, esto es: lo inánime, el reino animal, vegetal, el ser humano, el mundo angelical, o dicho de otra manera: lo material y lo inmaterial.

En este acto creador vemos la participación de los tres integrantes de la Deidad. Del Padre se dice: "Tu fundaste la tierra antiguamente, y los cielos son obra de tus manos" (Sal. 102:25). De Jesucristo se dice: "Porque en él fueron creadas todas las cosas ..." (Col. 1:16); y del Espíritu Santo: "y el Espíritu de Dios se movía sobre la faz de las aguas" (Gn. 1:2); y "su Espíritu adornó los cielos" (Job 26:13).

Además se puede apreciar que así es como se expresa en el original, que dice: "En el principio creó Dios (Elohim-plural) los cielos y la tierra", y se puede decir del mismo modo acerca de la creación del hombre, como lo veremos más adelante.

Se podría hacer una distinción entre la creación directa o inmediata, esto es, sin el uso de los medios, y la creación indirecta o mediata, que es la que emplea medios.

En ambos casos Dios obró. Cuando Dios creó el universo de la nada, haciendo de lo invisible todo lo que se ve (He. 11:3), nos estamos refiriendo a la llamada creación directa. Al decir: "Produzca la tierra hierba verde" (Gn. 1:11), nos referimos a la creación mediata, por cuanto usó la tierra ya creada como medio para producir las plantas. En el caso del hombre, Dios usó ambos medios, haciendo el cuerpo del polvo pero dándole vida mediante un acto directo de la creación (Gn. 2:7).

La Biblia explica que Dios es eterno pero que la creación tuvo un principio; que Dios es completamente independiente de la materia, que el universo depende de Él por cuanto Él lo sostiene, e hizo todo por Su propia voluntad, y no por necesidad. El universo es una creación de la voluntad de Dios, una obra y no una emanación.

El mundo no es una parte de Dios. Él permanece inmutable con o sin el universo. Sin embargo, Él es omnipresente, y todo subsiste por Él. La relación entre Dios y el universo no es semejante a la del alma y el cuerpo, sino a la de causa y efecto, de sujeto y objeto.

La creación nos revela mucho acerca del Creador, como vimos en las lecciones anteriores sobre los argumentos para creer en la existencia de Dios: todo Su poder, sabiduría y personalidad se ven mediante cosas creadas.

Véanse: Efesios 1:11; 4:6; Apocalipsis 4:11; Job 22:2-3; Hechos 17:24-25; Mateo 19:4, 8; Juan 1:1-2; Hebreos 1:10; Salmos 90:2; 102:25-27; 103:15-17; 104:30; 139:7-10; Romanos 4:7; Isaías 2:21; 22:17; 42:5; y Jeremías 23:24.

Algunos objetan la expresión "de la nada", cuando se dice que Dios creó la materia de la nada por su designio soberano. Se apoyan en el axioma o verdad tan obvia que no necesita de prueba alguna que dice "ex-nihilo" y "nihil fit" (de la nada, nada viene).

Pero al decir que Dios creó al mundo de la nada, no significa que la creación llegó a existir sin una causa, sino que el Creador no usó materiales que ya existían. El tiempo fue creado junto con la creación del universo. Antes de aquel momento, ya existía el Dios Trino, en lo que llamamos la eternidad pasada.

Sólo sabemos que las tres Personas eternas de la Deidad celebraron una junta entre sí y determinaron hacer el mundo, el hombre, y reunir todas las cosas en Cristo (Ef. 1:3-14). Su propósito eterno es para que seamos para la honra de Su gloria.

(Is. 43:7; 60:21; 61:3; Ez. 29:7; 36:21-22; Lc. 2:14; Ro. 9:17; 11:36; 1 Co. 15:28).

Le aconsejamos al estudiante leer también los capítulos completos del 38 al 41 del libro de Job, y los Salmos 8, 19 y 104.

B. La creación según la Biblia y según la ciencia

Algunos dicen que la Biblia y la ciencia están en perfecto acuerdo, mientras otros alegan que son irreconciliables. Debemos indicar que la ciencia nunca ha demostrado la teoría de la evolución, y que algunos científicos jamás han estado convencidos de tal idea.

A continuación consideremos el primer capítulo de Génesis, según distintas interpretaciones del mundo, comparando algunas afirmaciones de la ciencia.

1. Algunos dicen que Moisés recopiló datos tomados de las fábulas orientales acerca de la creación, eliminando las referencias del politeísmo, y glorificando a Jehová, el Dios de los hebreos. El apóstol Pedro dice que no hemos seguido "fábulas artificiosas" (2 P. 1:16), además, ninguno de los mitos paganos acerca de la creación se aproxima al primer capítulo de Génesis, en cuanto a la secuencia lógica.

Otros se van al extremo de decir que Dios mismo entregó a Adán tablas escritas con la historia de la creación (Gn. 1:1—2:4), semejantes a las que entregó más tarde a Moisés en el Sinaí (la palabra "generación" de Gn.2:4, es interpretada como "tablas de las generaciones", según esta explicación).

Muchos dicen que Moisés no fue inspirado, sino que escribió lo que era la creencia común de los hebreos acerca del origen de las cosas. Lo cierto es que ni el diablo, ni el hombre pecador, pudo haber dado tal explicación del principio del universo.

2. Una segunda interpretación del primer capítulo del Génesis es que los días mencionados fueron los que Dios reveló a Adán, la verdadera historia de la creación. Por ejemplo, el primer día Jehová le reveló al primer hombre, cómo fue que Él hizo la luz. Pudo haber sido con palabras únicamente, o a través de visiones sobre los maravillosos detalles de la luz, con sus rayos en todos los diferentes colores, su calor y sus efectos químicos, que tanto bien hacen al mundo.

El segundo día Dios pudo haber revelado el proceso de la formación de la atmósfera, con el aire exactamente adecuado para la existencia de los seres humanos, etc., y así sucesivamente. Esta teoría también permite considerar a la creación como una evolución, aunque con un principio divino.

De todas maneras, es difícil creer que ésta interpretación sea el futuro de un estudio concienzudo del pasaje, especialmente por parte de una persona que conozca las leyes de la hermenéutica, o reglas de la interpretación de la palabra de Dios.

El relato Bíblico habla de las acciones directas del Creador cuando empezó todo el universo. Según ésta teoría, ¿cómo se ha de entender entonces la relación del día de descanso? y, ¿qué de la creación de la mujer de una costilla del hombre?

Así que, no hay razón para creer que el hombre ya existía cuando Moisés relató la creación de la luz, de las lumbreras, y de los animales. Si ésta teoría tuviera lógica, entonces habría un versículo perdido, que debía preceder al de Génesis 1:1, y que debía decir más o menos así: "En el principio hubo un hombre, a quien Dios reveló en sueños los siguiente". Pero, sabemos que no existe tal versículo.

3. La tercera interpretación es la más difícil de conciliar con la ciencia, pero la más fácil de relacionar con las frases bíblicas. Esto es, la de considerar que la creación, incluyendo todo el universo, fue creado en seis días consecutivos de 24 horas, puesto que el texto dice: "y fue la tarde y la mañana, un día".

Los judíos consideraban la noche como parte del día siguiente en vez de considerarlo como pasado, de modo que lo que nosotros llamamos "el lunes por la noche", ellos lo denominaban "parte del martes". Las tinieblas primero, luego la luz, por eso es muy correcto decir: "y hubo tarde, y hubo mañana el día primero".

Resulta difícil ver esta interpretación con claridad. Para defender esta teoría algunos dicen que no hay que hacer caso de lo que los geólogos han encontrado. Por ejemplo, no importa que en la ribera de un profundo arroyo aparezcan distintos estratos de hasta diez o más niveles con bosques y plantas, uno encima de otro, debidos tal vez a diluvios o derrumbes sucesivos pero con los lapsos necesarios de tiempo entre uno y otro para el crecimiento de nuevos árboles, que indican más tiempo en el desarrollo de la creación.

Por lo tanto, este argumento no es coherente puesto que si ignoramos estas señales, no se puede esperar el respeto de los sinceros pensadores.

La verdad es un axioma que ningún argumento puede refutar. Las verdades reveladas en la Biblia no pueden estar en oposición con las verdades o hechos de la ciencia. Sabemos que la Biblia no es un tratado sobre ciencia, ni es un texto para enseñarnos sobre astronomía, geología, etc., pero sin embargo, cuando menciona asuntos acerca de la naturaleza, éstos tienen que estar correctos.

Como cristianos creemos firmemente en la inspiración divina de la Biblia. Por lo tanto, lo que dice es verdad, de tal manera que si hay alguna diferencia con la ciencia, entonces una de las dos debe estar equivocada. Puede ser que la diferencia estribe en la interpretación que se hace de los pasajes bíblicos.

Por otro lado, nos conviene recordar que nosotros como cristianos también somos humanos y que la razón demanda que haya una respuesta satisfactoria y lógica a los interrogantes de la vida y que a la vez se ejerza la fe, la cual no es ciega, ni se contradice con la razón, sino más bien que la excede, elevándose sobre ella en excelencia de confianza en el amor del Padre Celestial.

Por esto, no le recomendamos al estudiante que crea ciegamente en la interpretación tradicional de la Biblia, la cual dice que Dios creó al mundo hace poco menos de seis mil años, en seis días consecutivos de 24 horas cada uno.

4. La siguiente interpretación de Génesis uno, dice que cada día correspondió a épocas muy largas de duración, desde miles a millones de años, según el cálculo de cada escritor o maestro. Según este concepto del pasaje, Dios hizo primero la materia prima del universo y luego dejó todo sujeto a un proceso de evolución para generar el complejo mundo que tenemos hoy en día.

Los cristianos que aceptan esta interpretación, creen que Dios mismo supervisó personalmente el desarrollo de la materia, sosteniendo todo con la palabra de Su potencia y dotando con vida a las plantas, los peces, las aves, los animales y al ser humano.

Como base para esta interpretación se dice que la palabra hebrea "yom", que se usa en Génesis 1:3 a 2:4 y que quiere decir día, también se puede traducir como "tiempo". Vemos que como 67 veces se la usa como "tiempo" y 30 veces como "hoy", 18 veces como "siempre", 10 veces como "continuamente", 6 veces como "edad", 4 veces como "vida", y dos veces como "perpetuamente". Vemos entonces que "yom" tiene varios significados en referencia al tiempo.

De todas maneras, debe recordar que en la mayoría de casos se usa esta palabra "yom", traduciéndosela como "día" unas 1.181 veces. En español usamos el término "los días" en plural cuando nos referimos a un tiempo largo, pero en el idioma hebreo, se solía emplear la misma palabra en ambos sentidos.

Por lo tanto, puede significar el período de doce horas en el que es de día (Jn. 11:9-10); o el de 24 horas en el que la tierra gira sobre su eje (Gn. 7:11); como un tiempo indefinido (Is. 2:11-12, 17, 20), mientras que en Isaías 4:1-2 la misma palabra se traduce "tiempo".

En Génesis 4:3 leemos: "andando el tiempo"; Génesis 26:8 se refiere a "muchos días"; en Números 2:15 se traduce "largo tiempo"; y un caso muy patente es el de Génesis 2:4 donde dice: "el día en que Jehová hizo la tierra y los cielos", tiempo determinado que abarca los siete días mencionados.

De esta manera no podemos negar que ésta interpretación tiene algo a su favor, por no decir mucho, a pesar de los argumentos a favor de la repetición de la frase: "y fue la tarde y la mañana el día ...", que puede haberse referido a un día de 24 horas o de unos millones de años, en el que se puede ver el progreso de las tinieblas a la luz.

Así que esto puede representar un diseño o esquema de una serie de siete ciclos, cada uno reprensentando uno de los días de Génesis 1:3 al 2:3, lo cual puede también abarcar un período de siete mil años.

Por eso se puede entender que en siete mil años Dios hizo la luz; durante el segundo período de siete mil años hizo el firmamento, etc., hasta llegar al sexto día, que también podría haber sido de siete períodos de mil años cada uno.

Vemos entonces que los primeros seis mil años ya casi se han terminado en la historia del hombre, y que el descanso de los últimos mil años es el milenio que pronto empezará. Después de esto vendrá el "Sábado" del universo, siete mil años de descanso y paz para todos, terminando así los cuarenta y nueve mil años del mundo, para entrar luego en el jubileo de la eternidad.

Esta es una idea bonita aunque imposible de sostener, ni bíblica, ni con base científica. Sólo muestra la facilidad con que la interpretación de los días mencionados en este primer capítulo de la Biblia como períodos largos se presta para varias adaptaciones, según las diferentes mentalidades.

El hecho es que nadie sabe con exactitud la realidad de estos acontecimientos. Ya sea que el universo físico tenga unos pocos miles de años de edad, o varios miles de millones de años, nosotros sabemos que todo fue creado por la Palabra de Dios.

La verdadera ciencia admite que el hombre es un recién llegado al planeta tierra, y el último en aparecer entre todas las clases, géneros y especies.

5. Otro concepto todavía diferente acerca del significado de los días bíblicos de la creación es aquel que cree que no eran días consecutivos, aunque sí de veinte y cuatro horas cada uno.

Esta interpretación es semejante a la que antecede a la última tratada anteriormente, pero difiere mucho en su consideración de la palabra "día". El estudio de las evidencias en las rocas y en los fósiles en cuanto a la edad del mundo, es una ciencia comparativamente nueva y dinámica.

Todavía hay mucho que investigar para asegurar que las conclusiones presentes son dignas de confianza. Sin embargo, el hallazgo de centenares o miles de especies de animales en los depósitos antiguos de grafito, o de los animales más grandes en los depósitos de brea o en los antiguos pantanos, dan una posibilidad de varias especulaciones en cuanto a la relación de una especie con otra.

A pesar de esto, no se ha podido probar todavía que hubo una evolución progresiva "ascendente". Cada nuevo paso, como la aparición de las plantas, los peces, los animales, y el hombre, evidencian su aparecimiento repentino en su forma desarrollada, y que sigue sosteniéndose siempre.

Esta interpretación dice que en el primer día de veinte y cuatro horas de la creación, Dios hizo la luz. Luego, pasaron varios siglos en los cuales se desarrolló la materia hasta estar preparada para el siguiente paso, en el cual en un día, Dios hizo el firmamento. Después de un tiempo indeterminado pasó otro día de veinte y cuatro horas en el que el Creador juntó las aguas en mares e hizo aparecer la tierra seca que produjo hierbas y plantas. Tal condición prevaleció hasta el momento del cuarto día cuando Jehová hizo las lumbreras, etc., y así sucesivamente.

Aunque esta interpretación tiene mucho que recomendarse en cuanto a conciliar la Biblia con la ciencia, por cuanto interpreta aquella de acuerdo con muchos hechos científicos a la vez que reconoce a Dios en cada acto creativo, es difícil creer que tal fue el significado que el escritor quiso dar al trazar dicha línea.

Entre otras cosas difíciles de entender está el asunto del séptimo día, el cual, según este concepto debe corresponder al futuro, pero que según Éxodo 20:10-11, está ya en la historia, habiendo ocurrido después de la creación.

6. La última interpretación que mencionaremos es bien antigua y ya la hemos considerado anteriormente en este curso. Algunos la llaman la "del caos" por la parte importante que la palabra caos (hebreo "tohu") juega en este concepto.

Esta interpretación cree que el primer versículo de la Biblia habla de la creación de todo el universo, incluyendo la materia para el orden natural, los cuerpos celestes, los ángeles, los animales prehistóricos que no eran compañeros adecuados para el hombre pero que hicieron su parte en la preparación de la tierra para la habitación de la humanidad.

También dice que los ángeles estuvieron en la tierra bajo la dirección de Lucifer. Cuántos miles de siglos pasaron entre el versículo uno y el dos del primer capítulo no se sabe, pero parece que de repente hubo una gran catástrofe, un cataclismo, que trastornó todo el orden antiguo.

La tierra llegó a ser un caos o una obscura confusión, una masa sin forma e inútil. Muchos dicen que probablemente este trastorno fue debido a la caída de Lucifer, cuando cometió el primer pecado y fue arrojado de su lugar de majestuosidad y llegó a ser Satanás, el diablo; los ángeles que le siguieron llegaron a ser los demonios o espíritus caídos.

Para apoyar dicha enseñanza, dicen que el segundo versículo puede traducirse así: " y la tierra llegó a ser un caos y estaba vacía, y las tinieblas estaban o vinieron sobre la faz del abismo y el Espíritu de Dios cobijaba la faz de las aguas".

Desde este punto de vista, los seis días de la creación son considerados como de 24 horas cada uno y consecutivos, pero que se refieren a la preparación de la tierra para ser habitada y no de la creación original. De esta manera explican la palabra "crear", que aparece sólo tres veces en el capítulo uno, asumiendo que las plantas y algunos animales, aves, etc., sobrevivieron al cataclismo del mundo.

También dicen que la descripción del día cuarto, sólo quiere decir que Dios diseminó una capa de espesa neblina sobre la tierra, de modo que el sol, la luna y las estrellas podían ser vistas desde la tierra y no que fueron creados ese día de la nada. Esta es una interpretación bien detallada, con explicaciones para todas las interrogantes que ella misma presenta.

También algunos creen que los ángeles que antes poblaron esta tierra, no sólo sobrevivieron, sino que son los "hijos de Dios" que llegaron a ser los progenitores de los gigantes, según Génesis 6:1-2.

El estudiante es el que tiene que decidir con cual interpretación quedarse. A fin de no alargar más esta lección, a continuación veremos los pasos consecutivos en cuanto a la obra de la creación, con los cuales la ciencia ha llegado a estar de acuerdo, sin que esa haya sido su intensión. Según el Dr. David S. Clark tanto la Biblia como la ciencia enseñan lo siguiente:

1. El hecho de que hay un principio.
2. La manifestación de un orden inteligente en el universo y de leyes confiables en la naturaleza.
3. La existencia de los cielos antes que la tierra.
4. La unidad de los cielos y la tierra.
5. La condición caótica de la tierra.
6. La duración indeterminada de dicha condición (manifestada por el Espíritu de Dios moviéndose sobre la faz de las aguas).
7. La existencia de la luz antes que el sol.
8. El hecho de una creación que no fue simultánea.
9. Progresión desde lo inferior hacia lo superior: yerba, árbol, pez, reptil, bestia, ganado, hombre.
10. La vegetación antes que los animales.
11. Plantas que produjeron según su semejanza: "cuya semilla produjo según su género".
12. La creación del hombre luego de los demás seres vivientes.
13. La creación del hombre el mismo día que los animales superiores.
14. La formación del cuerpo del hombre del polvo de la tierra.
15. La composición del hombre en dos partes: material e inmaterial.

Vemos entonces la armonía que hay entre la Biblia y la ciencia, lo cual es más significativo que las discrepancias. El gran geólogo Dana ha dicho que las coincidencias que hay entre la narración del Génesis y la historia de la tierra derivada de la naturaleza, son tales que testifican de su origen divino.

Concluimos pues, que el cristiano puede confiar en la Biblia y a la vez aceptar que el mundo presente puede haber sido el resultado de milenios en los que hubieron cambios geológicos, climáticos, los cuales prepararon a la tierra para que llegase a ser habitación para los hombres.

Sin embargo, el cristiano no cree en la teoría de la evolución, la cual dice que:

- la materia que se usó era eterna y se originó por la supuesta "generación espontánea";
- la vida orgánica es el producto de la inorgánica, y así sucesivamente, hasta afirmar que la vida humana surgió como resultado de una evolución natural, partiendo desde las formas inferiores de vida.

Pudo ser que hubieron ciertas mutaciones o cambios limitados dentro de cada género, pero no pudo haber una transmutación o cambio, de modo que un género pudiera haberse convertido en otro distinto como resultado de una evolución natural. El hecho es que, cada nueva forma de vida provino de Dios, el momento que Él creó todo, dotándola de la facultad de reproducirse únicamente dentro de su propia especie.

Por ejemplo, hay varias razas de perros y todas las clases pueden cruzarse o reproducirse, pero siempre seguirían siendo perros. Todavía la ciencia no conoce a unos perros que se hayan cruzado con un gato y haya dado lugar un nuevo animal. Es verdad que un burro al cruzarse con una yegua, da lugar a una mula, pero ésta es estéril, por lo que no resulta una nueva especie.

Por otro lado, sabemos que la evolución es una teoría no comprobada, mientras que el desarrollo dentro de la misma especie, luego de la creación, es un hecho.

Repaso de la lección

1. ¿Qué dijo Jesucristo acerca de la creación?
2. ¿Qué testimonio Bíblico puede Ud. presentar para demostrar que las escrituras enseñan que Dios creó el universo?
3. ¿A qué parte de la Biblia está limitada esta evidencia?
4. ¿Cree Ud. que Dios creó el mundo de la nada? ¿Por qué?
5. ¿Cuáles interpretaciones del relato Bíblico en cuanto a la creación están de acuerdo con la ciencia?
6. ¿Cuál de las interpretaciones es la que más se recomienda a Ud.?
7. ¿Cuántos puntos puede enumerar Ud. en los que concuerdan la Biblia y la ciencia?

Lección 16

Las obras de Dios - la providencia

Bosquejo

El Señor Jesús enseñó a los suyos que el Padre Celestial les amaba y cuidaba. Pablo dijo que Dios nos hizo, que en Él vivimos y nos movemos y somos; que todas las cosas cooperan juntas para el bien de aquellos que aman a Dios.

A. La preservación
Es la acción de Dios que mantiene la existencia de todo lo que Él ha creado, por medio del ejercicio continuo de la energía divina sobre la materia y el espíritu.

B. El gobierno divino
Es la actividad continua de Dios por la cual Él hace que todos los eventos obren hacia Sus propósitos. Este gobierno incluye todas las cosas, aunque sí se debe distinguir entre lo siguiente: preventivo, permisivo, directivo, y determinativo.

C. Los milagros
Son actos sobrenaturales de Dios. La Biblia cuenta de tres épocas especiales en las que hubieron muchos milagros. Los milagros bíblicos respaldaron a los mensajeros o líderes, lo que hacía que sus enseñanzas fuesen creídas. Los milagros obrados en la iglesia después del tercer siglo imitaron mucho a los milagros paganos y no resultaron para la gloria de Dios, sino para exaltar graves errores doctrinales. Dios todavía puede obrar milagros.

D. La oración
Es una realidad, y Dios en Su providencia ha hecho provisión para contestar las peticiones de Sus hijos.

Lección 16

Las obras de Dios - la providencia

El Señor Jesucristo, tanto por Su vida como por Sus palabras, enseñó acerca de la verdad de la providencia divina. La palabra "providencia" es la combinación de "pro" que quiere decir "ante". y "video" que significa "ver". "Ver de antemano" ha llegado a significar lo mismo que hacer provisión para una necesidad mediante la previsión y el cuidado.

El Señor Jesús les enseñó a Sus discípulos que el Padre Celestial les amaba y que les cuidaría, a fin de que por nada se afanasen: "Por tanto os digo: No os afanéis por vuestra vida, qué habéis de comer o qué habéis de vestir. ¿No es la vida más que el alimento, y el cuerpo más que el vestido?... Mirad las aves ... vuestro Padre las alimenta. ¿No valéis vosotros mucho más que ellas?" (Mt. 6:25-34).

También les previno acerca de la tentación y de la persecución, asegurándoles que aun los cabellos de sus cabezas estaban todos contados (Mt. 10:29-30).

Por otro lado, Jesús habló de la providencia del Padre cuando estuvo con Pilato en el momento del juicio y dijo: "Ninguna autoridad tendrías contra mí, si no te fuese dada de arriba" (Jn. 19:10-11).

Otro pasaje se encuentra en Lucas 13:1-9, cuando le preguntaron acerca de los galileos que estaban adorando a Dios, ofreciendo sus sacrificios acostumbrados, cuando los soldados de Pilato les mataron, mezclando su sangre con la de los animales.

El Maestro divino no esquivó esta difícil pregunta, sino que mencionó otro caso semejante, refiriéndose a las dieciocho personas sobre quienes cayó la torre de Siloé. En estos dos tristes "accidentes" por casualidad o mala suerte (como suelen decir los hombres), estas personas perdieron sus vidas.

La pregunta que aquí surgió fue: ¿por qué fueron estos individuos las víctimas? ¿Fue ordenado por Dios que ellos perdieran sus vidas de aquel modo y en aquel momento? O, ¿sucedió todo por casualidad, sin que Dios interviniera en el asunto?

Cristo no dio una contestación categórica a tales preguntas, pero explicó que esas víctimas no habían sido grandes pecadores, a tal grado que merecieran un castigo más fuerte. En otras palabras, enseñó que Dios conocía a esas personas, sabía qué clase de vida habían llevado, y también qué tipo de muerte tendrían. Luego, añadió que tales "accidentes" son exhortaciones para todo ser viviente a fin de estar preparados siempre para la muerte.

Luego, les refirió una corta parábola en la que enseñó que Dios tiene el derecho de quitar la vida a los humanos cuando Él cree conveniente. Sin embargo: "el viñero", el Salvador Jesucristo siempre intercede. Aquí se recomienda leer Lucas 13:6-9 a ver si encuentra tales enseñanzas allí.

Es verdad que se acostumbra decir que la higuera a la que se refiere la parábola es a la nación de Israel, pero puede aplicarse también al individuo. Gloria a Dios por el evangelio de la gracia, que fue establecido por el Viñero Divino en el calvario, a fin de que llevemos fruto para Dios sin temor a la muerte.

El apóstol Pablo les dijo a los atenienses, que Dios "ha hecho de una sangre a todos los hombres ... en Él vivimos, nos movemos y somos" (Hechos 17:28). A los Colosenses escribió: "Por Él todas las cosas subsisten" (Col. 1:17). La palabra providencia se encuentra en la versión Reina-Valera en Hechos 2:23 cuando dice: "a éste, entregado por el determinado consejo y providencia de Dios", mientras que en otras versiones es usada como "presciencia".

Lo cierto es que la palabra "providencia" ha llegado a tener un significado más general o amplio. Incluye la "presciencia" de Dios, pero además el gobierno y el cuidado del Señor.

La experiencia también nos enseña que debemos confiar en Jehová, sin que importen las circunstancias, por cuanto Él hace que todas las cosas cooperen juntas para el bien de los que aman a Dios (Ro. 8:28). El bien del cual se habla aquí es el bien espiritual y eterno, el más importante y duradero, el cual vale más a los ojos del Señor que una comodidad pasajera en la tierra.

En Isaías 55:9-11 leemos: "Como son más altos los cielos que la tierra, así son mis caminos más altos que vuestros caminos, y mis pensamientos más que vuestros pensamientos. Porque como desciende de los cielos la lluvia y la nieve, y no vuelve allá, sino que riega la tierra, y la hace germinar y producir, y da semilla al que siembra y pan al que come, así será mi palabra que sale de mi boca; no volverá a mí vacía, sino que hará lo que yo quiero, y será prosperada en aquello para que la envié".

Pero, ¿será que todo lo que pasa en la tierra es ordenado por Dios? Es difícil pensar que el Señor haya ordenado que cometamos pecados, ya sean de omisión o de comisión, pero entendemos que Él lo permitió aunque le causó dolor hacerlo (Ef. 4:30; 1 Ts. 5:19).

De manera que notamos que la providencia divina sí incluye todo, pero no siempre domina del mismo modo. Dios no cambia en cuanto a Su carácter o a Su plan o propósito, pero lleva todo a cabo por medio de Su obra sobre nuestras mentes y voluntades. Hay veces cuando Él quisiera bendecirnos, pero no lo hace porque no desea violar nuestro libre albedrío, obligándonos a cumplir sinceramente nuestro deber; antes, nos permite escoger el fallar, dejando que suframos las consecuencias (Mt. 23:37-39).

Dios en Su omnisciencia provee todo: por lo tanto, Su plan toma en cuenta lo bueno y lo malo. Así que, en medio de las vivencias bajo Su providencia, debemos ser conscientes de nuestra responsabilidad por nuestros propios pensamientos, dichos y actos (Mt. 12:36; 2 Co. 5:10; 1 Co. 3:13).

Entonces, ¿cómo funciona la providencia de Dios en cuanto a los incrédulos? Sabemos que Dios hace que llueva y su sol brille sobre justos e injustos. Pablo declara en Romanos 2:4 que la bondad de Dios guía al pecador al arrepentimiento. También sabemos que, si toda boca se cierra y cada pecador es culpable delante de Dios en el juicio, es porque el Señor no se ha dejado sin testimonio, y que los que se condenan están sin excusa (Ro. 1:20; 2:1, 12; 3:19).

"... antes bien, sea Dios veraz, y todo hombre mentiroso; como está escrito: para que seas justificado en tus palabras, y venzas cuando fueres juzgado" (Ro. 3:4).

Vemos entonces que en el juicio final, el Juez Divino será vindicado, no por Su soberanía, sino por Su justicia. Esto puede ser porque en aquel día todos comprenderemos la armonía que ha habido entre la providencia divina y la responsabilidad del individuo en responder a ella.

Empezando con el concepto de que Dios todo lo ve, todo lo sabe y todo lo puede, sabemos que la providencia divina incluye cada detalle de la vida y de la historia. No sólo conoce Dios nuestros hechos pasados y futuros, sino también nuestros pensamientos y motivos para cada acto, de modo que nos hace responsables de ello.

A continuación veremos algunas verdades incluidas en la Providencia.

A. La preservación

En la lección anterior aprendimos que el Dios Trino creó todas las cosas, dotándoles de ciertos poderes y capacidades. Por la doctrina de la preservación queremos decir que es el mismo Dios, que por medio de Su fuerza divina sobre la materia y el espíritu, mantiene y sustenta todas las cosas que Él ha creado, junto con Sus propiedades y poderes (He. 1:3; Col. 1:17).

Todo lo que existe permanece, porque Dios lo está preservando. La materia, la energía, el movimiento, todo tiene su origen en Dios: no existe por sí mismo, y es Dios también quien lo sostiene cada momento, porque sin Su intervención y poder, no podría continuar (Neh. 9:6; Sal. 36:6; etc.).

De todas maneras, vemos que Él es soberano, pero no por esto viola la naturaleza que creó. Además, no es una creación continua, que puede perder así la continuidad y la responsabilidad por lo pasado, sino que el poder divino obra sobre la mente o energía del hombre y los poderes de la naturaleza, sin destruirlos ni violarlos. Se compenetra el poder de Dios en los poderes secundarios, los cuales siguen funcionando como el Creador los capacitó (Stg. 1:13-14; Jer. 44:4; Hab. 1:13).

Presentamos la siguiente lista de referencias, a fin de que el estudiante haga su propio análisis de las distintas cosas que la Biblia dice que Dios preserva:

Génesis 28:1-5; 49:24; Éxodo 14:29-30;
Deuteronomio 1:30-31; 33:12; 25-28; 1 Samuel 2:9;
2 Crónicas 20:15-17; Nehemías 9:6; Job 1:10; 36:7;

Salmos 31:20; 32:6; 34:15-20; 91:1-14; 104; 107:9; 121:3-8; 125:1-2; 127:1; 145:14; Isaías 40:11; 43:2; 63:9; Jeremías 30:7; Ezequiel 34:11-16; Daniel 12:1; Zacarías 2:5; Mateo 10:29; Lucas 21:18; Hechos 17:29; 1 Corintios 10: 13; 1 Pedro 3:12 y Apocalipsis 3:10.

B. El gobierno divino

Algunos teólogos le llaman a esta división "la providencia", esto es, en un sentido limitado; mientras que otros hacen una división entre "la concurrencia" y "el gobierno".

Por concurrencia, nos referimos a la cooperación del poder divino con todos los poderes subordinados, según las leyes preestablecidas para su operación, haciendo que actúen precisamente tal como lo hacen.

Según esta división, la preservación hace referencia a la existencia continua de todo; la concurrencia, por otro lado, tiene que ver con la actividad de todo; y el gobierno divino tiene que ver con la dirección de todas las cosas hacia el fin preestablecido por Dios.

Como toda actividad en el universo está bajo el control divino, necesariamente es dirigido por el Señor y por lo tanto está conformada a Su plan eterno. En la división anterior vimos que Dios preserva las cosas mediante la compenetración de Su poder en todas las propiedades y leyes de la naturaleza, sin absorverlas ni tampoco anularlas.

Así que, la providencia o el gobierno Divino es aquella actividad continua de Dios por medio de la cual Él hace que todos los eventos, sean físicos, mentales o morales, obren hacia aquello que Él se propuso desde que fundó el universo.

En el libro de Hebreos leemos que "por la fe entendemos haber sido constituido el universo por la palabra de Dios, de modo que lo que se ve, fue hecho de lo que no se veía" (He. 11:3). Así que, habiendo aceptado por la fe el hecho de la creación, ahora "sabemos que todas las cosas ayudan a bien, ..." (Ro. 8:28).

Muchos aceptan que Dios gobierna en la naturaleza pero no en los asuntos de los hombres. Otros creen que Él gobierna en la naturaleza y en las vidas de los salvados, pero no en la vida de los incrédulos. Sin embargo estas distinciones no se encuentran en las escrituras, por lo que no pueden ser aceptadas.

Aquel que gobierna sobre las circunstancias, necesariamente influye en los resultados de aquellas condiciones. Dios es soberano en todo. El hombre está sujeto a Él y no Él al capricho humano. Puesto que sólo Él es omnipotente, permite a Sus criaturas que tomen decisiones y hagan libres elecciones responsablemente, sin que por esto se frustren sus planes y propósitos eternos.

Debido a que la providencia de Dios abarca todas las cosas, vemos en el universo las evidencias de un gobierno inteligente, puesto que una cosa se adapta a otra y el todo sirve al hombre, a fin de que éste reconozca Su existencia y soberanía.

El gobierno divino está sobre lo siguiente:

1. **El universo físico** - Gn. 8:22; 1 S. 7:10; Job 9:5; 37:6; 38:12; Sal. 103:19; 104:14; 147:7; Mt. 5:34; Hch. 14:17.

2. **El reino animal** - Job 12:10; Sal. 104:21; 147:9; Mt. 6:26; 10:29.

3. **Las naciones de la tierra** - Job 12:23; Sal. 22:28; 66:7; Is. 10:5-7; Dn. 2:21; 38-39; Hch. 17:26; Ro. 13:1.

4. **Las vidas de las personas** -

a. Su nacimiento y circunstancias en la vida - 1 S. 16:1; Est. 4:14; Sal. 139:16; Is. 45:5; Jer. 1:5; Gá. 1:15-16.

b. Los éxitos y los fracasos de los hombres: Sal. 75:6-7; Lc. 1:52; Pr. 21:1; 1 S. 2:6-8; Ex. 12:36.

c. Las cosas más insignificantes de la vida: Ex. 21:13; Job 5:6; Pr. 16:33; Mt. 10:30.

d. Las necesidades de las criaturas: Sal. 4:8; 5:12; 63:8; 121:3; Is. 64:4; Mt. 6:4, 6, 25-34; Ro. 8:28; Fil. 4:10.

e. El destino de los salvados y de los no salvados: Sal. 37:23-24; 73:24; 11:6.

f. Los actos libres de los hombres: Ex. 12:36; 15:26; 1 S. 24:18; Esd. 7:27; Sal. 119:36; Pr. 16:1; 19:21; 20:24; 21:1; Jer. 10:23; Fil. 2:13; Ef. 2:10; 2 S. 16:10; 24:1 con 1 Cr. 21:1; Ro. 1:24, 26, 28; 11:32; 2 Ts. 2:11-12, etc.

Otra manera de dividir las distintas fases del gobierno Divino, es la siguiente:

- *Preventivo:* significa que mediante el uso divino de la Palabra, el Espíritu Santo, la conciencia, la aflicción, los padres, el gobierno, las leyes y la opinión pública, Dios se sirve para impedir tanta maldad - Gn. 20:6; 31:24; Sal. 19:13; 119:67; Os. 2:6; Hch. 26:11-14; 1 Co. 11:30-32.
- *Permisivo:* la licencia que Dios da para lo que no prohibe, pero que a su vez restringe o limita - Dt. 8:2; 2 Cr. 32:31; Job 1:12; 2:6; Sal. 76:10; 81:12-13; 124:2-3; Os. 4:17; Hch. 14:16; Ro. 1:24, 28; 1 Co. 10:13; 2 Ts. 2:7; Ap. 20:2-3.

- *Directivo:* la conducción de los hombres sin que ellos estén conscientes de tal influencia o dirección: Gn. 50:20; 2 R. 19:28; Sal. 76:10; Is. 10:5; 45:1-6; Jn. 13:27; Hch. 4:28; Ro. 9:17; 2 Co. 8:16; Ap. 17:17.
- *Determinativo:* la operación de Dios en el hacer cumplir Su voluntad eterna, aún mediante una interposición directa si fuere necesario. Por supuesto, no se refiere al "fatalismo" o destino, ni tampoco a la ventura o casualidad, sino al cuidado que tiene el Padre Celestial, ejerciendo Su sabiduría eterna: Hch. 14:17; Ro. 2:4; 8:28; He. 12:10-11; Tit. 2:14; 1 P. 2:9; 2 P. 3:9; Ef. 3:9-10; 5:25-27; Is. 48:11; Hch. 9:3-4, 6, 15; 5:18-20; 8:1, 4; el libro de Ester, etc.

Teniendo en perspectiva estas cuatro realidades del gobierno divino, el cristiano puede crecer en la fe y confianza en su Padre Celestial.

Aquí quisiera hacer la siguiente consideración en cuanto a la providencia: durante los siglos, a pesar de los muchos y diversos esfuerzos de los enemigos de Dios, la providencia divina ha preservado la Biblia para que no sea destruida. Es imposible sobreenfatizar la importancia de este hecho.

Por otro lado, Dios también se ha guardado de entre las naciones, grupos y personas que no han perdido su relación con Dios, aun cuando parecía que el cristianismo ya había sido exterminado o degenerado en meros ritos sin vida, ni una fe viva.

Dios siempre ha conservado el conocimiento de la verdad de la deidad de Jesucristo y de Su sacrifico en la cruz para salvación. Siempre han habido personas espirituales en cada época que han atravesado las más fuertes tradiciones ritualistas, hasta llegar a la verdad del Evangelio, de manera que Dios ha tenido Sus testigos en cada generación.

C. Los milagros

Hay varias definiciones de "milagro", empezando por la de Straus: "Un milagro es una rotura en el orden armónico de la naturaleza".

Dorner dice: "Los milagros son eventos, perceptibles por medio de los sentidos, no comprensibles según causas naturales, sino esencialmente según la acción soberana de Dios. Tales hechos encuentran su posibilidad en la constitución de la naturaleza y la relación del Dios vivo con ella".

En otras palabras, un milagro es un acto sobrenatural de Dios. Cuando no usa medios visibles o conocidos por el hombre, son llamados "directos" o "inmediatos". Si usa medios, son llamados "contra media", porque los efectos naturales no son empleados conforme a las leyes comunes, ni producen los resultados ordinarios.

Cuando Dios obra un milagro, entonces, produce un efecto extraordinario en una manera sobrenatural. En vez de discutir si un milagro viola o cambia las leyes de la naturaleza, sencillamente afirmamos que un milagro es un acto del Autor de las leyes naturales, Quien prevalece sobre la naturaleza, y manifiesta Su voluntad divina.

Ciertos incrédulos quieren negar la posibilidad de los milagros, diciendo que el mundo debe su existencia continua a la operación de leyes fijas y perfectas, de manera que un milagro violaría dicha perfección, lo cual no es digno del Creador, y es peligroso o fatal para el universo.

Sin embargo, el cristiano expresa que este mundo está ya imperfecto y desordenado, debido al efecto del pecado, y que los milagros más bien restauran el orden y hacen que este pobre mundo se acerque nuevamente a la perfección.

Se podría decir que los milagros tienen su historia a lo largo del tiempo. La primera época en la que se manifestaron varios milagros, fue en conexión con la redención del pueblo de Israel de la esclavitud en Egipto y su establecimiento en la tierra de Canaán.

La segunda época fue en los días de los profetas Elías y Eliseo cuando los judíos estaban en gran peligro de dejar la adoración del Dios verdadero para servir a los ídolos. La última fue con el advenimiento del Señor Jesucristo y los apóstoles, inaugurando así el establecimiento de la iglesia cristiana.

Vemos que en todos los tres casos los milagros sirvieron como credenciales para aquellos que fueron los mensajeros de Dios; esto es, Moisés y Josué, Elías y Eliseo, Jesucristo y los apóstoles. También estas épocas fueron acompañadas por revelaciones divinas, resultando esto en un esclarecimiento y desarrollo de la maravillosa realidad de Dios en el mundo.

Cada milagro en la Biblia tenía su propósito; no era simplemente para entretener a los observadores. Los milagros ponían de manifiesto la bondad de Dios, como en el caso en el que Jesús resucitó al hijo de la viuda de Naín. También sirvieron para enseñar una verdad espiritual, como cuando comieron los cinco mil (Lc. 7:11-15).

Vemos entonces que, en general, el propósito de los milagros fue para edificar, traer liberación, restaurar, traer orden y derrotar los resultados del pecado. Cuando Jehová el Señor hizo uso de los milagros y dio la victoria a su pueblo escogido en las batallas que pelearon, vemos que a la vez ejecutó juicios sobre dichos pueblos, a causa de sus pecados.

Además así se sirvió para dar a su pueblo la tierra prometida, donde mantendrían vivo el conocimiento del Dios verdadero, escribirían el Antiguo Testamento y cumplirían las promesas hechas a sus antepasados, para finalmente servir de canal para la venida del Mesías. La nación hebrea fue la guardiana de la verdad divina, hasta el advenimiento del Salvador, de manera que no es extraño que hayan sido testigos de muchos genuinos milagros.

Según la historia, muchos de los milagros obrados por el Espíritu Santo fueron hechos por medio de Jesucristo, los apóstoles y aquellos sobre quienes los apóstoles impusieron las manos. Después del primer siglo las obras milagrosas fueron desapareciendo, a la par que los discípulos inmediatos de los apóstoles iban también muriendo.

Durante el segundo y tercer siglo de la era cristiana, los mártires y "padres de la iglesia" no pretendieron tener el poder para obrar milagros, sino que hicieron referencia a los que hicieron el Señor Jesucristo y los apóstoles, autenticando así los Evangelios.

Después de Constantino, la iglesia entró en otra etapa y aparecieron supersticiones y mitos milagrosos obrados por "santos" y la virgen María con sus "apariciones", cosas que sabemos no concuerdan con la verdad de la escritura.

El gran Agustín en sus primeros años, escribió en su obra *Sobre la verdadera religión*: "Percibimos que nuestros antecesores, por la medida de la fe por medio de la cual se asciende de las cosas temporales a las eternas, obtuvieron milagros visibles y por ellos ya no eran necesarios para sus descendientes. Por cuanto la Iglesia Católica había sido difundida en todo el mundo, estos milagros no fueron permitidos a continuar en nuestro tiempo, a fin de que la mente no buscara más las cosas visibles ..." (Benj. Warfield: *Milagros, ayer y hoy*).

Agustín escribió a favor de los milagros, pero reconoció que los herejes también apelaban a los milagros, de modo que aconsejó tener cuidado en no atribuir a Dios dichos milagros. Esto nos hace recordar que los nuevos milagros tenían como propósito dar crédito a los nuevos dogmas que aparecían en la iglesia.

Estas nuevas historias milagrosas, hablaban de una ostia que voló de las manos de un diácono indigno y se posó sobre el altar, y hay que mencionar el culto a María. Es cierto que ella tiene el puesto único como bendita entre todas las mujeres, pero no puede ser llamada la madre de Dios, por cuanto Dios no puede tener madre, ni hubo nadie que existiera antes de Él ni que Le diera vida.

Posteriormente apareció la secta llamada "Ciencia Cristiana", que no es ni ciencia ni cristiana, la cual pretendió hacer muchas curaciones como la de la fuente en Lourdes. Han habido también otros grupos que han visto curaciones sin llamarlos milagros.

¿Dónde entra en todo esto la providencia Divina? La verdad es que Dios quiere hacer bien a todos los hombres (2 Cr. 16:9), pero resulta difícil explicar como es que Dios permite en Su gracia y omnipotencia que una persona reciba un beneficio justamente cuando el recipiente ha estado orando a una imagen o ídolo, de modo que el dios falso, ya sea que tenga un nombre pagano o cristiano, reciba la gloria.

Algunos dicen que es el diablo el que contesta tales peticiones con el fin de mantener a las personas que oran sujetas a él por medio de la idolatría. Sin embargo, es más probable que la explicación se encuentre en la gracia y paciencia de Dios para con Sus criaturas, puesto que les preserva la vida para que más tarde escuchen el evangelio y se salven.

Tal vez el argumento entre el profeta Jeremías y los judíos (Jer. 44) sea la contestación bíblica a este dilema: dos hombres insistían en su devoción a los ídolos a los cuales servían sus esposas, y no se daban cuenta de los terribles resultados de tal devoción.

"Dios no paga siempre al fin del mes"; más tarde sabremos mejor muchas cosas acerca de las obras de Dios en Su providencia y longanimidad para con la humanidad. Mientras tanto, el cristiano no va a dar la gloria de Dios a ningún otro (Is. 42:8).

D. La oración

Hablaremos más detenidamente sobre este precioso tema en otro curso acerca de la doctrina. Por ahora mencionaremos a breves rasgos la relación de la oración dentro de la providencia. Brevemente, sabemos que Dios oye y contesta las oraciones de Sus hijos. Hace milagros para glorificar Su nombre y para contestar las peticiones de los creyentes.

Sin embargo, ningún agricultor pide a Dios una buena cosecha y luego rehusa arar, sembrar la semilla y cultivar las plantas, así como ningún artesano pide prosperidad y dejar de ir a su taller. ¿Por qué entonces, varios predicadores desean predicar un buen sermón inspirado del cielo, pero dejar de estudiar la Biblia?

O, ¿por qué una persona enferma pide sanidad, pero a la vez no hace nada para cuidarse? Como hemos dicho, Dios en Su providencia obra sobre nuestro ánimo, y obra según Su amoroso plan, pero sin quitar de nosotros nuestra responsabilidad. El cristiano que no ora es semejante a un hijo que rehusa hablar con su padre.

Nos preguntamos, ¿qué lugar tiene la oración en medio de un mundo en el que Dios gobierna todo lo que pasa? Sabemos que la oración con todas sus partes (la adoración, la comunión, acciones de gracias, la intercesión y la plegaria) es otra prueba de que estamos gobernados por un Dios personal y no por una ley inexorable, arbitraria e impersonal.

El Padre celestial oye los ruegos de Sus hijos y es consciente de las necesidades de Sus criaturas. Por ser un Dios misericordioso y amante, Él ha establecido que la oración tenga una parte muy importante en el quehacer diario. Él es compasivo, lo que quiere decir que sufre con nosotros, de manera que entendemos que Él se complace en ser nuestro Padre, quien provee todo lo que Sus hijos necesitan.

La oración debe ser hecha con fe (He. 11:6), al Padre (Jn. 14:13), en el nombre del Hijo (Jn. 14:14), por el Espíritu Santo (Ef. 6:18; Ro. 8:26-27). Hay algunas condiciones que deben ser cumplidas (Jn. 15:7; Stg. 1:6; 5:14; Sal. 66:18; etc.).

Si el Espíritu Santo nos da la fe para pedir con confianza un milagro, una sanidad, o una provisión, aceptemos Su dirección y veremos el resultado deseado, no importa lo difícil que sea el caso, humanamente hablando. Para el Todopoderoso nada es difícil.

Repaso de la lección

1. ¿Qué enseñó Jesucristo acerca de la providencia divina?
2. ¿Qué comprende usted por la doctrina de la preservación?
3. Diga una definición del gobierno divino, y cuál es su alcance.
4. ¿En cuántas épocas dentro de la historia Bíblica se concentraron los milagros?
5. ¿Qué propósito tuvieron los milagros en la Biblia? y, ¿en los que sucedieron en la iglesia después de Constantino?
6. ¿Qué lugar hay para la oración dentro de la providencia de Dios?

Lección 17

La paternidad de Dios y la eternidad del Hijo

Bosquejo

El Señor Jesús enseñó la paternidad de Dios a sus discípulos, aunque a los fariseos que rechazaron la verdad, les llamó hijos del diablo. El apóstol Pablo oraba a Dios y al Señor Jesús como si fueran una perfecta unidad, usando verbos en singular. Siendo eterno el Padre, precisa que el Hijo sea igualmente eterno.

A. La Paternidad de Dios
Es perfecta, mientras que la paternidad humana está sujeta al desarrollo, cesa, y nunca hace una reproducción exacta. Dios es padre de Jesucristo, de Israel, de los creyentes en Jesucristo mediante la regeneración y según Su providencia.

B. La eternidad del Hijo
Es demostrada por los pasajes bíblicos que hablan acerca de que Él ha existido y ha obrado desde antes de la fundación del mundo; y por aquellos que prueban que Él es el Creador de todas las cosas.

Lección 17

La paternidad de Dios y la eternidad del Hijo

El Señor Jesucristo les enseñó a sus discípulos a orar, diciendo: "Padre nuestro que estás en los cielos, ..." (Mt. 6:9-13; Lc. 11:2-4), y Él esperaba que nadie se ofendiera. Sin embargo cuando Él habló de Dios como Su propio Padre, los judíos quisieron apedrearle por blasfemar, diciendo que Él, siendo hombre, se hacía Dios (Jn. 10:29-33).

En Juan 5:17-18, los judíos dijeron que Se hacía igual a Dios, porque llamaba a Su Padre, Dios. También hizo una distinción entre Su propia relación con Dios y la de los hombres, al decir: "Subo a mi Padre y a vuestro Padre, a mi Dios y a vuestro Dios" (Jn. 20:17).

En Mateo 11:27 vemos que el Salvador reclamó para Sí tener un conocimiento único del Padre, a más de una relación especial con Él. En la oración registrada en Juan capítulo 17, hay varias frases que explican esta relación inigualable:

- la vida eterna consiste en conocer a Dios y a Jesucristo (v. 3);
- Jesucristo estaba con el Padre en la gloria antes de que el mundo fuese (v. 5);
- todas Sus obras y palabras Le fueron dadas por el Padre, quien Le había enviado (vv. 7 y 8);
- Jesucristo estaba en el Padre y el Padre en Él (v. 21);
- El Padre amaba al Hijo con amor eterno (vv. 23-26).

El Señor le llamó a Dios "perfecto" (Mt. 5:48); "Padre santo" (Jn. 17:11); y "Padre justo" (Jn. 17:25).

En las Epístolas hay varios versículos en los cuales los nombres Dios y Jesucristo, o Padre e Hijo están unidos de una manera muy estrecha. Esto no quiere decir que se confunden sus personalidades, pero que Su igualdad es absoluta, según lo dice el Dr. Warfield. Observemos estas citas:

- "Santiago, siervo de Dios y del Señor Jesucristo, a las doce tribus que están en la dispersión: salud" (Stg. 1:1);
- "Gracia y paz os sean multiplicadas, en el conocimiento de Dios y de nuestro Señor Jesús" (2 P. 1:2);
- "Sea con vosotros gracia, misericordia y paz, de Dios Padre y del Señor Jesucristo, Hijo del Padre, en verdad y en amor" (2 Jn. 3); y
- "Pablo, apóstol (no de hombres ni por hombre, sino por Jesucristo y por Dios el Padre que lo resucitó de los muertos), ... gracia y paz sean a vosotros, de Dios el Padre y de nuestro Señor Jesucristo" (Gá. 1:1, 3).

Otros versículos aun más convincentes en cuanto a unir a los dos son:

- "Mas el mismo Dios y Padre nuestro, y nuestro Señor Jesucristo, dirija nuestro camino a vosotros" (1 Ts. 3:11);
- "Y el mismo Dios de paz os santifique por completo; y todo vuestro ser, espíritu, alma y cuerpo, sea guardado irreprensible para la venida de nuestro Señor Jesucristo" (1 Ts. 5:23);
- "Y el mismo Jesucristo Señor nuestro, y Dios nuestro Padre, el cual nos amó y nos dio consolación eterna y buena esperanza por gracia, ..." (2 Ts. 2:16);
- "Y el mismo Señor de paz os dé siempre paz en toda manera. El Señor sea con todos vosotros" (2 Ts. 3:16).

Estas son cuatro oraciones hechas por el apóstol Pablo, que son invocaciones dirigidas al Ser Divino considerado como dos Personas, pero que a la vez son una unidad, de tal modo que, a pesar de usar dos nombres, ¡los verbos se usan en singular!

En la primera referencia, Dios es nombrado en primer lugar; en la segunda es Jesucristo. En la segunda y cuarta se usa un sólo nombre en la invocación, primero del Dios de paz y luego el Señor de paz, indicando que el apóstol oraba al Uno o al Otro de manera indiferente. Así que Pablo, al nombrar a las dos Personas, las consideraba como una. "Señor" y "Dios" son de igual rango.

En los versículos siguientes, primero Cristo es claramente llamado "Dios sobre todas las cosas". En los otros tres, los dos son considerados como si fueran un solo Ser:

- "... según la carne vino Cristo, el cual es Dios sobre todas las cosas, bendito por los siglos. Amén" (Ro. 9:5);
- "para que el nombre de nuestro Señor Jesucristo sea glorificado en vosotros, y vosotros en él, por la gracia de nuestro Dios y del Señor Jesucristo" (2 Ts. 1:12);
- "aguardando la esperanza bienaventurada y la manifestación gloriosa de nuestro gran Dios y Salvador Jesucristo (Tit. 2:13);
- "Simón Pedro, siervo y apóstol de Jesucristo, a los que habéis alcanzado, por la justicia de nuestro Dios y Salvador Jesucristo, una fe igualmente preciosa que la nuestra" (2 P. 1:1). (Véanse también Ro. 1:7; 1 Co. 8:6; 1 Jn. 2:24; 2 Jn. 9).

En la Lección 12 aprendimos que Dios es uno, indivisible, pero que subsiste en tres Personas. Él es una sola esencia, con muchos atributos, de manera que cada una de las tres Personas posee todos los atributos de la esencia.

A continuación estudiaremos algo acerca de las relaciones entre las tres Personas de la Deidad, y la distinción entre ellas.

El cristiano cree que Dios existe en tres Personas, que es una Trinidad. Cada una de las tres Personas es igual a las Otras, co-eterna y digna de toda alabanza y adoración. No hay una esencia separada de la personalidad o de las tres Personas, sino que la misma Esencia es Trina.

El Padre, el Hijo y el Espíritu Santo juntos no son una esencia mayor que el Padre solo o el Hijo solo, pero estas tres substancias o Personas, juntas son iguales a cada una por sí solo. Las escrituras reconocen al Padre, al Hijo y al Espíritu Santo con Sus diferentes nombres, como distintos en la única esencia divina.

La distinción entre las Personas de la divinidad es expresado, según Herman Bavinck, según Sus propiedades individuales, esto es:

1. **paternidad** - no nacido o engendrado, generación activa;
2. **filiación,** generación pasiva; y
3. **procesión.**

Estas propiedades personales no agregan nada a la Divinidad. La paternidad, filiación y procesión no son propiedades accidentales del Ser Divino, sino modos eternos de Su existencia y son las relaciones eternas e inminentes que han existido dentro de Su ser.

Entre los hombres estas relaciones son el resultado del desarrollo, y son imperfectas, pero en Dios son eternas y perfectas. La distinción personal entre las Tres coincide perfectamente con estas relaciones entres Sí; el Padre es solo Padre desde la eternidad; el Hijo es solo Hijo desde la eternidad; el Espíritu es sólo Espíritu desde la eternidad.

A. La paternidad de Dios

"Por esta causa doble mis rodillas al Padre de nuestro Señor Jesucristo, de quien toma nombre toda familia en los cielos y en la tierra" (Ef. 3:14-15). La versión del Dr. Arturo S. Way traduce estos versículos así: "Por esta razón doblo mis rodillas al Padre, la gran causa de todos aquellos que dicen tener un padre, lo mismo en el cielo como en la tierra".

Dios, entonces, es Padre en un sentido perfecto y completo, siendo Su paternidad la realidad de la cual deriva la paternidad humana.

Entre los humanos un padre es a la vez hijo de otro, y con el tiempo este hijo llega a ser también padre. Además, un padre no puede por sí solo engendrar a un hijo sin que haya una madre. Así que la paternidad humana es, en cierto sentido, temporal y accidental, y no obligatoria para el hombre quien puede llegar a ser adulto sin ser padre.

En el caso de Dios es diferente. Él es Padre por sí solo, y de manera completa. Es sencillamente Padre por naturaleza y eternamente, sin principio ni fin.

Al decir que Él es Padre desde la eternidad, o llamarle Padre Eterno, entendemos que el Hijo es igualmente eterno, engendrado por el Padre desde la eternidad. El carácter eterno de la paternidad significa que la filiación (esto es, la descendencia, calidad o estado del Hijo) también es eterna.

Como el Padre perfecto no pudo haber sido engendrado por cuanto es la primera causa de todo, vemos que el Hijo ha sido eternamente engendrado, sin relación a tiempo. Además, hay dos consideraciones aparte del tiempo que tienen que ver con esta verdad, y cuya explicación se encuentra en Dios:

- Dios es Espíritu y en la eternidad pasada el Hijo fue engendrado del Padre y el Espíritu Santo procedió del Padre y del Hijo;

- Dios, como Padre, engendró al Hijo quien parte de Su misma substancia igual en todo al Padre, esto es, parte de la misma esencia divina. Véanse Juan 5:21-23, 26; Colosenses 1:15; Hebreos 1:3.

Este generar de Espíritu a Espíritu es un misterio por cuanto no hay ninguna correlación de tal cosa con que podamos compararla. Cuando leemos en 1 Juan 4:9: "En esto se mostró el amor de Dios para con nosotros, en que Dios envió a su Hijo unigénito al mundo, para que vivamos por él", vemos que Jesucristo fue Hijo antes de venir al mundo.

En Isaías 9:6 dice: "Porque un niño nos es nacido, hijo nos es dado", dando a entender que el Niño al que se refiere, ya era un Hijo y que iba a ser dado al mundo por parte de Aquel que tiene en Sus manos los manantiales de la vida.

Esto nos permite interpretar varios otros versículos que se refieren a esta acción eterna de generar del Hijo, sin partir del nacimiento virginal: Juan 1:14, 18; 3:16, 18; y Hebreos 1:6.

De esta manera vemos que Dios el Padre no fue engendrado y en cuanto a lo positivo, decimos que engendró activamente, por cuanto antes de que existiese el tiempo Él engendró al Hijo quien es co-igual con Él.

Como vimos en Efesios 3:14-15, Dios es "Padre de toda la parentela en los cielos y en la tierra". A continuación veamos algo de lo que esto significa:

1. **Su paternidad en cuanto a Jesucristo,** que ya hemos considerado.

2. **Su paternidad sobre la creación**: "Para nosotros sin embargo, sólo hay un Dios, el Padre, del cual proceden todas las cosas" (1 Co. 8:6).

En Job, capítulos 38 al 41 encontramos muchas pruebas de como Dios cuida la creación física. Él da de comer a los animales salvajes, les manda lluvia y gobierna sobre el sol, y las estrellas. Vea la pregunta en Job 38:28-29: "¿Tiene la lluvia padre? o ¿quien engendró las gotas del rocío? ¿De qué vientre sale el hielo? y la escarcha del cielo, ¿quién la engendró?"

La Biblia no sólo dice que Dios creó los cielos y la tierra, sino que es llamado: "El Padre de las luces" (Stg. 1:17), y el "Padre de los espíritus" (He. 12:9). Los ángeles son llamados "Hijos de Dios" (Job 38:7; 1:6; 2:1). Malaquías 2:10 hace la pregunta: "¿No nos ha creado un mismo Dios?"

En Hechos 17:28-29 el apóstol Pablo da la razón al poeta que dijo: "Porque linaje de éste somos también". Vemos entonces que Dios es el padre sobre lo espiritual y sobre todo lo que existe.

Su paternidad sobre los hombres en general no es igual a su relación con los creyentes en Jesucristo, como veremos. Sin embargo, Él creó a todos y hace que el sol salga sobre buenos y malos. Juan 8:44 demuestra que no todos son hijos espirituales de Dios.

3. Su Paternidad sobre Israel: "Jehová ha dicho así: Israel es mi hijo, mi primogénito" (Éxodo 4:22).

"Cuando Israel era muchacho, yo lo amé, y de Egipto llamé a mi hijo" (Oseas 11:1), demuestra un hecho histórico en cuanto a Israel pero también profético en relación a Jesucristo (Mateo 2:15).

Dios ha tenido una relación entre Dios e Israel, Su pueblo escogido, como la de Padre e hijo. (Véanse también Gn. 45:8; 50:20; 2 S. 7:14 y Sal. 103:13). Note el lugar que tuvieron los pactos en el plan de Dios: su pacto con Israel, y con Abraham, nos prepararía para comprender el Evangelio.

4. Su Paternidad sobre todos los que creen en Él.

a. La regeneración por el Espíritu Santo.

Vemos que en cuanto a la vida natural Él nos generó o creó, pero en cuanto a la vida espiritual nos regeneró. Los versículos de Juan 1:12-13; 3:6-7, 16 explican la enseñanza bíblica sobre el nuevo nacimiento.

Primeramente en Juan 1:12 vemos que cuando una persona recibe al Señor Jesucristo y cree en Él, inmediatamente tiene la potestad o autoridad de ser hecho hijo de Dios, con los privilegios y derechos inherentes a dicho parentesco.

Juan 1:13 explica que tal persona ha experimentado un nacimiento, que no ha sido generado por la voluntad humana ni por un proceso natural, sino por Dios mismo.

Según Juan 3:6-7 aprendemos que la persona que ha nacido únicamente de la carne, necesita experimentar otro nacimiento mucho más importante que es el del Espíritu. Así surgió la pregunta, ¿cómo puede un hombre nacer siendo viejo?, y la explicación se encuentra en los versículos 14 y 16. En 1 Pedro 1:3-5 y 23 también explica que es Dios mismo el que produce o imparte la nueva vida mediante Su Palabra o verdad.

b. El continuo ejercicio de la paternidad de Dios sobre aquellos que han nacido de nuevo (o regenerados).

Juan 10:9 dice: "Yo soy la Puerta: el que por mí entrare será salvo; y entrará y saldrá y hallara pastos". El corral o aprisco que existía en el Oriente en aquellos tiempos, no tenía puerta de hoja de madera, sino que el mismo pastor o portero se acostaba a la entrada. Al siguiente día, el pastor llamaba a sus ovejas y las llevaba a buenos pastos. Así, Jesucristo no sólo que nos salva sino que nos cuida día y noche para siempre.

"Y sabemos que a los que aman a Dios todas las cosas les ayudan a bien" (Ro. 8:28). "El que no escatimó ni a su propio Hijo, sino que lo entregó por todos nosotros, ¿cómo no nos dará también con él todas las cosas?" (Ro.

8:32). "Y por cuantos sois hijos, Dios envió a vuestros corazones el Espíritu de su Hijo, el cual clama: ¡Abba, Padre!" (Gá. 4:6).

Véanse también Lucas 11:11-13; Mateo 6:25-34; 1 Pedro 5:7 y todo lo que dijo en cuanto a la providencia Divina en la lección anterior.

El Padre Celestial ejerce constantemente Su paternidad a favor de los suyos aquí en la tierra, y esto infunde en el cristiano un amor filial así como espíritu de agradecimiento y de adoración.

B. La eternidad del Hijo

1. Jesucristo en la eternidad pasada. A más de las verdades presentadas anteriormente, hay varias consideraciones más en cuanto a Jesucristo y a Su existencia antes de la creación del universo. Hemos visto que Dios siempre ha tenido un Hijo y ha existido con el Espíritu Santo, siendo los tres Dios.

Él creó el universo por medio del Hijo, el Verbo eterno. "A Dios nadie le ha visto, el Unigénito Hijo que está en el seno del Padre, Él le ha dado a conocer" (Jn. 1:18). (Véanse también Jn. 1:1-4; 1 Jn. 1:1-3; etc.) En Juan 8:58 Jesucristo dijo que Él ya existía antes que Abraham.

Si Jesucristo ya existía desde antes de la fundación del mundo, nos damos cuenta de que sabemos poco acerca de sus actividades en dicha eternidad cuando sólo el Dios trino existía. Según Juan 17:5 vemos que el Hijo estuvo con el Padre en gloria y que participaba de la majestad divina (Job 37:21-23; Is. 2:10; Ex. 33:18-23).

También en Juan 17:24 vemos que el Padre amaba al Hijo antes de la fundación del mundo. Al leer Proverbios 8:22-31, donde se habla del Señor como la personificación de la sabiduría divina, notamos que antes de la creación existía una comunicación íntima, un regocijo mutuo, una unanimidad de propósito y de pensamiento entre las Personas de la Trinidad antes de la creación.

¿Cuál fue el propósito y el plan de Dios antes de crear todas las cosas? Según 2 Timoteo 1:9 entendemos que el propósito tuvo que ver con Jesucristo y la gracia dada a los hombres que iban a recibir la vida. Primera Pedro 1:18-20 enseña que la redención por la sangre de Jesucristo fue parte integral del plan eterno. Hebreos 10:4-9 nos dice que la venida del Hijo en cuerpo para hacer un sacrificio eficaz, fue completamente voluntaria por parte del Señor. Él se ofreció y después cumplió.

Efesios 1:3-5 y Tito 1:2 explican que, en la eternidad pasada, el plan divino cubrió todos los resultados de la salvación. En la conversación que hubo entre las tres Personas de la Deidad, ellos convinieron en la parte que cada uno llevaría a cabo dentro de los planes para el universo.

En todo, el Hijo sería la manifestación visible de la esencia Divina, haciendo la obra de la creación, sosteniendo todo, juzgando todo y finalmente heredando todo (He. 1:1-3; Ap. 19 y 20). También el Hijo sería objeto de la adoracíon por parte de los ángeles y de los hombres (He. 1:6; Jn. 2:28; Ap. 4:11; etc.).

2. Jesucristo en la creación. "Todas las cosas por Él fueron hechas, y sin Él nada de lo que es hecho, fue hecho" (Jn. 1:3). Aquí tenemos la declaración de que el Verbo Eterno hizo todas las cosas. También demuestra que Jesucristo nunca fue creado, de lo contrario diría: "las demás cosas por él fueron hechas".

Se puede ver que esto habla del Señor Jesucristo mismo como el Creador, y no simplemente como un agente o instrumento del Padre, al leer en 1 Corintios 1:9 donde la misma expresión se usa refiriéndose a la obra de Dios, al llamarnos a Su Hijo.

Juan 1:10 dice que el Señor Jesús estaba en el mundo que había sido hecho por Él. Al leer Génesis 1:1, Juan 1:3 y Hebreos 1:10 vemos con plena certeza que Jesucristo es el creador de todo.

Ahora veamos un precioso pasaje que nos aclara aun más esto: Colosenses 1:15-19. Primero dice que el Hijo es la imagen del Dios invisible, lo cual significa que es una manifestación visible, siendo la misma esencia, igual en todo al Padre. Luego, le llama "el primogénito de toda criatura". Esta declaración quiere decir que Él existió primero, antes de toda cosa creada, y no significa que Él mismo fue creado.

Por cierto, si el Señor Jesús hubiera sido una criatura, hubiera estado sujeto a obedecer toda la ley (Mt. 22:37-39). En aquellos tiempos la primogenitura incluía no sólo una porción doble de la herencia (Dt. 21:15-17), sino también la responsabilidad de ser jefe de la familia en lugar del difunto padre (2 Cr. 21:3; etc.).

Esaú vendió su primogenitura (Gn. 25:29-34). A veces el padre constituía a otro hijo como primogénito, aunque más tarde esto fue prohibido (Gn. 48:13-19, 22 con 49:3-4; 1 Cr. 5:1-2 y 1 Cr. 26:10 demuestra que era la costumbre que el primogénito fuese el principal o jefe).

Jesucristo no sólo que creó todo, sino que fue constituido primogénito o jefe para gobernar y heredar todo (He. 1:2-3). En Romanos 8:29 Cristo es llamado "el primogénito entre muchos hermanos", no por ser Él el primer redimido, sino el Redentor que abrió el camino para que nosotros pudiésemos ser Sus hermanos.

Colosenses 1:18 dice que Él es la cabeza del cuerpo, la iglesia, por ser el origen y el primogénito de los muertos, para que en todo Él tenga la preeminencia. En Colosenses 1:16 dice que Jesucristo hizo todo lo celestial y lo terrenal y que todo es para Él. Ciertamente la primogenitura incluye la causa, el objeto, el antecedente, la cabeza, el principio y el preeminente, por quien todas las cosas subsisten.

Véanse también 1 Corintios 8:6; Efesios 3:9; Apocalipsis 4:11; y 10:5-6. Note la semejanza entre lo que se dice acerca de Dios en Romanos 11:36 y lo que se dice acerca de Jesucristo en Colosenses 1:16-17.

En Proverbios 8:30 dice acerca del tiempo en el que Dios establecía los fundamentos de la tierra: "Con Él estaba yo ordenándolo todo". Otra versión dice: "Entonces estaba yo a su lado, como el arquitecto de todo". Algunos teólogos dividen la obra de la creación de la Trinidad, diciendo que el Padre creó primero la materia, el Hijo le dio forma, y el Espíritu Santo dio la vida.

Pero esta interpretación no parece tener mucho apoyo bíblico. De que la Trinidad preparó un plan para efectuar la creación no hay duda. Si consideramos Juan 1:3, junto con las referencias en el Antiguo Testamento, podemos conceptuar a Cristo como la causa eficiente de todo lo creado (Am. 9:6, Sal. 33:4; 100:3; etc.).

En Génesis 1:2 dice que el Espíritu Santo también tuvo que ver con la creación. Job 26:13 explica que Su obra fue la de "hermosear" lo creado; Job 33:4 dice que el Espíritu fue el que le dio vida.

Se puede decir que Dios es el dueño quien ordenó la creación. Cristo es el arquitecto o constructor. El Espíritu Santo es el artista que terminó todo con los acabados, etc. Sin embargo Jesucristo es también el dueño, heredero y cabeza, y por quien todo subsiste, y por esto nosotros nos unimos a los ángeles para decir, ¡Gloria a ti, Señor!

Repaso de la lección

1. ¿Qué prueba dio el Señor Jesús para demostrar que Dios era Su Padre en una manera real, distinta y única?
2. ¿Cómo consideraba el apóstol Pablo a Jesucristo en relación al Padre cuando se dirigía en oración?
3. ¿Qué significa que Jesucristo fue engendrado desde la eternidad?
4. ¿Sobre cuántas cosas se extiende la paternidad de Dios?
5. ¿Qué pruebas hay sobre la preexistencia del Hijo?
6. ¿Cómo comprende Ud. la declaración de Colosenses 1:15: "El cual es ... el Primogénito de todo lo creado"?
7. ¿Por qué cree Ud. que Jesús de Nazaret es el creador del universo?

Lección 18

La deidad de Jesucristo

Bosquejo

El Señor Jesucristo es Dios mismo en forma visible, verdad esencial para la salvación y clave para entender las Escrituras.

A. Los nombres de Jesucristo demuestran Su deidad

1. El Ángel de Jehová es un nombre usado sólo en el Antiguo Testamento, y se refiere a Jesucristo en cuanto a Sus manifestaciones antes de Su encarnación.
2. Jehová, y Dios, son otros nombres divinos usados para referirse a Jesucristo.
3. El Hijo de Dios, el Hijo del hombre.
4. El Señor Jesucristo.

B. Jesucristo posee los atributos naturales de la Deidad, que son:

1. eternidad,
2. omnipresencia,
3. omnisciencia,
4. omnipotencia,
5. inmutabilidad.

C. Jesucristo posee las prerogativas de la Deidad:

1. perdona,
2. resucita a los muertos;
3. juzgará a todos.

D. Jesucristo se comportó como Dios:

1. aceptó la adoración;
2. recibió la voz del cielo;
3. enseñó con autoridad;
4. dio a Sus discípulos autoridad;
5. enseñó que se orara en Su nombre;
6. declaró ser Uno con el Padre;
7. sus obras testificaron acerca de Su Deidad.

Lección 18

La deidad de Jesucristo

El Señor Jesucristo aceptó la suprema adoración de los hombres, de manera que creemos que es Dios o fue un blasfemo (Jn. 20:28; 9:38). Su vida en la tierra empezó mediante un milagro; Sus obras, enseñanzas y vida, todas se desarrollaron en un plano sobrenatural; Su muerte, sepultura, resurrección y ascensión constituyeron un final del triunfo, y todo prueba el hecho de que Él no fue simplemente un hombre bueno, sino que era Dios mismo.

Sus declaraciones y promesas son reflejos de Su Deidad. Si no fuera así, serían solamente dichos insensatos (Lc. 12:8-9; 9:23-26; etc.).

Mucho se ha enseñado acerca de este tema, en el curso sobre la vida de Jesucristo que antecede a éste, así que no repetiremos aquí. Jesucristo dijo a sus oyentes: "A menos que creyereis que Yo Soy, moriréis en vuestros pecados" (Jn. 8:24).

El apóstol Pablo dijo: "Que si confesareis con tu boca que Jesús es el Señor, y creyeres en tu corazón que Dios le levantó de los muertos, serás salvo" (Ro. 10:9). La salvación de cada individuo en el mundo depende de su creencia en la deidad de Jesucristo.

Volviendo al capítulo 9 del evangelio de Juan, vemos que el hombre que había nacido ciego recobró la vista, pero fue excomulgado por los líderes religiosos. Leemos en el versículo 35: "Oyó Jesús que le habían expulsado, y hallándole, le dijo: ¿Crees tú en el Hijo de Dios?" La pregunta clave para cada persona se encuentra en Mateo 16:13, con la única contestación aceptable en el versículo 16.

A. Los nombres de Jesucristo demuestran su deidad

Como dijimos en la Lección 8, entre los orientales, los nombres de las personas señalaban a menudo el carácter de la persona, a más de identificarle. Así que afirmamos que los nombres y títulos usados en la Biblia para referirse a Jesucristo también prueban Su deidad.

El Dr. Horton ha escrito un libro acerca de los nombres del Señor Jesús, los cuales llegan a sumar 365, uno por cada día del año. Aquí solamente consideramos a aquellos que tienen que ver más con Su deidad. Él mismo usó frases metafóricas para explicar en parte Su carácter y Su misión, tales como:

- "Yo soy el pan que descendió del cielo" (Jn. 6:32, 33, 41, 50);
- "Yo soy la puerta; el que por mí entrare será salvo" (Jn. 10:9);
- "Yo soy el buen pastor: el buen pastor da su vida por las ovejas" (Jn. 10:11);
- "Yo soy el camino, la verdad, y la vida; nadie viene al Padre sino por mí" (Jn. 14:6);

- "Yo soy la vid, vosotros los pámpanos; el que permanece en mí, y yo en él, éste lleva mucho fruto; porque separados de mí, nada podéis hacer" (Jn. 15:5).

Estos versículos no necesitan más explicación, ni tampoco Sus expresiones:

- "Estas cosas dice el Amén, el testigo fiel y verdadero, el principio de la creación de Dios" (Ap. 3:14);
- "Yo soy el Alpha (la primera letra del alfabeto griego) y la Omega (la última letra del alfabeto), el primero y el último, el principio y el fin" (Ap. 22:13);
- "Yo soy el Alpha y la Omega, el principio y el fin, dice el Señor Dios, el que es, y que era, y que ha de venir, el Todopoderoso" (Ap. 1:8).

1. El Ángel de Jehová. También encontramos las expresiones "el Ángel del pacto" y "el Ángel de Dios", que revelan tanto el oficio como el carácter divino de la Segunda Persona de la Deidad.

Hay muchas referencias al "Ángel de Jehová", que prueban que era el mismo Jehová, en forma visible, antes de la encarnación. La primera vez se encuentra en Génesis 16:7-10, 14, donde se ve que Agar, habiendo hablado con el Ángel de Jehová, había hablado con Jehová mismo.

En Génesis 22:11-12 leemos: "Entonces el Ángel de Jehová le dio voces desde el cielo y le dijo: Abraham, Abraham. Y él respondió: Heme aquí. Y dijo: No extiendas tu mano sobre el muchacho, ni le hagas nada; porque ya conozco que temes a Dios, por cuanto no me rehusaste tu hijo, tu único". Aquí es muy obvio que el Ángel de Jehová del versículo 11 es el mismo Dios del versículo 12 que dijo: "no me rehusaste tu hijo".

Lea Jueces 2:1-2 donde el Ángel de Jehová dice que fue Él quien hizo subir a los hebreos desde Egipto a Palestina. La relación hecha en el capítulo 18 de Génesis sobre la visita de los tres varones a Abraham, es también muy interesante. Dos de ellos resultaron ser los ángeles que sacaron a Lot y a sus hijas antes de la destrucción de Sodoma. El Otro fue Jehová mismo, haciendo lo que sólo Dios puede hacer; esto es, contestar la oración, y decidir la suerte de una ciudad.

El primer versículo de Malaquías 3 merece un cuidadoso estudio. Dice así: "He aquí pues que voy a enviar mi mensajero, el cual preparará el camino delante de mí; y repentinamente vendrá a su templo el Señor a quien buscáis, es decir, el Ángel del Pacto, en quien os deleitáis; He aquí que vendrá, dice Jehová de los ejércitos".

Por una parte, comparando esto con Jeremías 31:31-34 y Hebreos 8:6-12, vemos que el Señor Jesucristo es el Ángel del Pacto, el Señor, quien es el

Mediador del mejor y nuevo pacto. De esta manera, al comparar Zacarías 9:9 con Mateo 21:1-10 y los pasajes paralelos, es claro que se trata del mismo Señor Jesucristo quien vino a Su templo.

Además de los versículos citados anteriormente encontramos otras referencias en el Antiguo Testamento acerca del Ángel de Jehová: Génesis 31:11-13; 32:24-32; 48:15-16; Éxodo 3:2-13; Josué 5:13, 14; Jueces 13:9-22; 6:11-23; 13:2-25; Números 22:22-35; 1 Reyes 19:5-18; 2 Reyes 19:35; 1 Crónicas 21:15-18; Salmo 34:7; Zacarías 1:11; 3:1; 12:8.

Como conclusión del estudio del nombre "El Ángel de Jehová", juzgamos que está de acuerdo con todo lo demás que hemos aprendido acerca de la Segunda Persona de la Deidad. Él es Aquel quien revela a Dios. Puesto que en el hebreo la palabra "ángel" es la misma palabra "mensajero", es muy propio decir que el Señor tuvo también como oficio ser el Ángel, Mensajero, o el que revela a la deidad (Mateo 11:27; Juan 1:18; Hebreos 1:2; etc.).

A la vez, es Dios mismo quien actua en dicha capacidad, tomando las decisiones y obrando como el Todopoderoso. Él es el Verbo (griego - "logos"), la expresión de Dios, que estaba con Dios en el principio, y es Dios, distinguible de, e identificable con Dios. (Juan 1:11, 14).

2. Jehová, Dios. Además de lo mencionado anteriormente, hay varias otras referencias en las que se ven claramente que la misma persona llamada Jehová en el Antiguo Testamento, es llamada el Señor Jesucristo en el Nuevo Testamento, demostrando así Su deidad. No hay duda de que el nombre "Jehová" (o "Yavé") es el nombre propio de Dios (Sal. 83:18; Is. 42:8; Am. 5:8).

Las profecías acerca del Mesías demuestran que era este mismo Jehová quien iba a venir a la tierra, primeramente para salvar a la humanidad por medio del sufrimiento, para luego reinar. Los judíos, especialmente los rabinos, sabían que "el Cristo" tenía que ser Dios, y vemos que el sumo sacerdote le dijo: "Te conjuro por el Dios vivo, que nos digas, si eres tú el Cristo, el Hijo de Dios!" (Mt. 26: 63). Véanse también Juan 7:27; 1:29, 49.

Las profecías que enseñan que el Mesías prometido habría de ser el Rey y Gobernador tanto como el Salvador, son:

Génesis 49:10-12; Números 24:17-19; Deuteronomio 33:17;
Salmo 2:2, 7, 9; 45:2, 6, 17; 72:1, 4, 6, 11-12, 16; 110:1, 2, 5;
Isaías 7:14-15; 9:5, 6; 11:7-9; Jeremías 23:5-6;
Miqueas 4:5-6; 5:1-3; Zacarías 3:9-10; 9:9-10; etc.

A continuación compararemos los pasajes que nos ayudan a comprender que Jesucristo es el mismo Jehová:

Zacarías 12:10 comparado con Apocalipsis 1:7;

Jeremías 23:5-6 con 1 Corintios 1:30;
Romanos 3:22 con 2 Corintios 5:21;
Salmo 68:18 con Efesios 4:8-10;
Salmo 102 (especialmente v. 12) con Hebreos 1:10-12;
Isaías 6 con Juan 12:41;
Isaías 41:4; 44:6 y 48:12 con Apocalipsis 1:8, 17, 18; 22:13, 16; y 15:3-4;
Números 21:6-7 con 1 Corintios 10:9;
Isaías 8:13 con 1 Pedro 3:15;
Deuteronomio 30:3 con Mateo 24.

Isaías 9:6 habla del Mesías prometido refiriéndose a Él como "Dios ("El" en hebreo) Fuerte", que era una de las designaciones antiguas que existían para referirse al Altísimo (Dt. 10:17; Jer. 32:18; Neh. 9:32; Sal. 24:8).

Jeremías 23:6 le llama: "Jehová, justicia nuestra", y debido a esto los judíos reconocían que Jehová era uno de los nombres del Mesías (Biesenthal cap. 7, citado por Warfield, p. 102; Edershedim I, p. 178).

La profecía de Isaías 40:3 llama al mismo Mesías: "Jehová" y "Dios" (Hebreo - "Elohim"). No es extraño, entonces, que en el Nuevo Testamento el Señor Jesucristo sea llamado Dios (Jn. 20:28; Hch. 20:28; Ro. 9:5; Ef. 5:5; 1 Ti. 3:15-16; Tit. 2:13; He. 1:8; 2 P. 1:1; 1 Jn. 5:20). "Emanuel" quiere decir: "Dios con nosotros" (Mt. 1:23 e Is. 7:14).

3. El Hijo de Dios; el Hijo del Hombre. Hemos visto ya que la segunda Persona de la Deidad ha sido Hijo desde la eternidad, Hijo del Padre. De esta manera el nombre: "Hijo de Dios", lo identifica claramente distinguiéndose de las otras Personas de la Trinidad (Mt. 28:19; 24:36; 3:17; 17:5 y pasajes paralelos).

También existe un pasaje en el que se habla de Su nacimiento virginal, sin padre humano: Lucas 1:35 (Mt. 1:18-25; Jn. 1:13). Sin embargo, la designación "Hijo de Dios" generalmente habla de Su deidad (Lc. 22:67-71; Mt. 26:63; Jn. 5:17-29; 10:30-33; Hch. 9:20; Ro. 1:1-4; 8:3; Gá. 4:4; He. 1:2; etc.).

Existen pasajes que hacen referencia a la nueva relación de Jesucristo para con el Padre después de Su resurrección; esto es, Hijo primogénito entre muchos hermanos (Hch. 13:33; He. 1:5-6; Ro. 8:29; Col. 1:15, 18).

El título "Hijo del Hombre" fue el que más usó el Salvador, mencionado 30 veces en el evangelio según Mateo, 15 veces en Marcos, 25 en Lucas, 12 en Juan, y además lo encontramos en Hechos 7:56, Apocalipsis 1:13 y 14:14; y en Daniel 7:13. También se usa en Salmos 8:4 y en Ezequiel, aunque sin designar a Jesucristo.

En otras ocasiones, este nombre hacía énfasis en Su naturaleza humana (Mr. 2:27-28; Jn. 5:27, 51, 62), especialmente en cuanto a Su pasión, muerte y resurrección (Mt. 17:22; 20:18-19, 28; 12:40; etc.). En las 40 distintas ocasiones en que el Redentor habló del "Hijo del Hombre", deseaba que los hombres llegasen a creer en Su deidad por medio de una convicción basada en Sus obras, enseñanzas y carácter, y no por medio de una actitud dictatorial por parte de Él mismo.

Por lo tanto, usó un título con cierta dignidad, que no negaba Su deidad pero que tampoco la exigía. Se consideraba que Él era el Hijo del Hombre como representante, en un sentido, de todos los hombres y Quien era el hombre perfecto; algo semejante a la expresión "hijo de la ciudad", "hijo de París", o "hijo de la ciencia", etc.

Según Juan 12:34 deducimos que este título no era desconocido para los judíos, e incluso es usado tres veces en los libros apócrifos. El Dr. Vos sugiere que el Señor escogió esta designación, porque era difícil para los judíos criticar o prostituir este nombre, a la vez que tenía que ver con Su oficio de Mesías.

4. El Señor Jesucristo.

a. El nombre "Jesús". Este nombre en cierta manera común entre los hebreos, es el nombre humano del Salvador, tomado del griego, mientras que en el hebreo se usa de varias formas: Josué, Jesuá, Jesúa, Oseas, etc. (Jos. 1:1; Zac. 3:1; Esd. 2:2; Nm. 13:8, 16-17; Dt. 32:44).

En Mateo 1:21 tenemos el significado de este nombre: "Llamarás Su nombre Jesús, porque Él salvará a su pueblo de sus pecados". Se discute el origen, si viene de una raíz que quiere decir: "Jehová ayuda", o si procede de otra que significa: "redención". De todas maneras, el resultado es el mismo ya que el ángel dijo que Él sería el Salvador.

b. El título "Cristo". Si "Jesús" es el nombre personal: "Cristo" es el nombre oficial del Mesías. Es el equivalente a la palabra "Mashiach" del Antiguo Testamento, y significa "el ungido".

El Profesor Berkhof (p. 312) dice: "Los reyes y los sacerdotes fueron siempre ungidos en la antigua dispensación (Ex. 29:7; Lv. 4:3; Jue. 9:8; 1 S. 9:16; 10:1; 2 S. 19:10). El rey era llamado "el ungido de Jehová" (1 S. 24:10). El aceite usado para ungir a estos dignatarios simbolizaba al Espíritu de Dios (Is. 61:1 y Zac. 4:1-6), y el acto representaba la transferencia del Espíritu a la persona, consagrándola así (1 S. 10:1, 6, 10: 16:13-14).

"La unción era una señal visible de:

- el nombramiento para desempañar un oficio;
- el establecimiento de una relación sagrada y la consecuente santificación de la persona ungida (1 S. 24:6; 26:9; 2 S. 1:14); y

- una comunicación del Espíritu hacia el ungido (1 S. 16:13; 2 Co. 1:21, 22).

"El Antiguo Testamento hace referencia a la unción del Señor en Salmo 2:2; 45:7; y el Nuevo Testamento en Hechos 4:27 y 10:38. El verbo usado en Salmo 2:6 y en Proverbios 8:23 ("nasak" en hebreo), quiere decir "establecer" más que "ungir".

"Cristo fue designado para Su oficio desde la eternidad, pero históricamente Su ungimiento tuvo lugar cuando fue concebido por el Espíritu Santo (Lc. 1:35), y cuando recibió el Espíritu Santo, especialmente en el momento de Su bautismo (Mt. 3:16; Mr. 1:10; Lc. 3:22 y Jn. 1:32; 3:34).

"Además, el ungimiento sirvió para acreditarle para Su gran obra. El nombre "Cristo" fue usado primeramente para referirse al Señor como sustantivo común con el artículo, pero gradualmente se desarrolló hasta llegar a ser sustantivo propio, y se usó ya sin el artículo" (Mt. 16:16; Ro. 1:16; etc.).

c. El título "Señor" (del griego "Kyrios").

En la Versión de los Setenta, esta palabra "Señor" es usada como la traducción de la palabra "Jehová". También los escritores del Nuevo Testamento, al citar un pasaje del Antiguo Testamento que contiene el nombre "Jehová", lo traducen "Señor". Corresponde además, al hebreo "Adonai", y cuando aparecen los dos nombres, se traduce como "Señor Dios".

El Salvador es llamado "Señor" casi mil veces en el Nuevo Testamento. Esta palabra "Señor" implica autoridad, como la de un maestro, dueño, amo, etc. (Mt. 10:24; 20:8; 21:40, etc.)

El hecho de que Jesucristo es llamado: "El principio y el fin, el primero y el postrero, el Alfa y Omega, que es y que era y que ha de venir, el Todopoderoso" (Ap. 1:8, 17-18; 22:13), demuestra que el Redentor Jesucristo merece el título de Señor, porque Él es el "Yo Soy", el que siempre es y el que vive para siempre, el Jehová o Yavé (Hch. 10:36; Ro. 10:12; 1 Co. 2:8; Ap. 17:14; 19:16).

Terminamos esta consideración de los nombres de la Segunda Persona de la Deidad, con Hechos 4:12 que dice: "Y en ningún otro hay salvación; porque no hay otro nombre debajo del cielo, dado a los hombres, en el cual podamos ser salvos".

B. Jesucristo posee los atributos de la Deidad

Si analizamos a el cristianismo como una religión, es la única que está basada íntimamente sobre la Persona que la fundó. Es verdad que Sus enseñanzas son importantes, pero están de tal manera vinculadas a Su Persona, que si Él no es el Dios encarnado, entonces no habría base para aceptar todas Sus enseñanzas.

El que dijo: "Si no creyereis que yo soy, en vuestros pecados moriréis" y "nadie viene al Padre sino por mí" (Jn. 8:24 y 14:6), necesariamente tiene que ser personalmente el Objeto de la fe y de la adoración por parte de Sus discípulos.

Él tenía que ser digno de tal culto, y si hubiera tenido en Su vida o carácter la menor falla, tanto en lo que dijo como en lo que hizo, entonces no hubiera sido Dios y por lo tanto hubiera habido salvación ni verdadero cristianismo. No es así con el budismo, mahometismo, confusionismo, etc., donde las enseñanzas son el todo de su religión, y no el carácter personal del fundador.

Ninguno de estos pretendió ser Dios, ni aceptó la adoración, ni demandó que se ejerciera fe en Su persona, como lo hizo Jesucristo.

1. **Jesucristo es eterno** (Jn. 1:1, 2; 8:58; 71:5, 24; Ap. 1:8, etc.). Ya mencionamos esta verdad en la lección anterior, pero lo mencionamos porque es uno de los atributos netamente divinos.

2. **Jesucristo es omnipresente.**
   - ***a.*** Estuvo en el cielo aun cuando vivió en la tierra (Jn. 3:13).
   - ***b.*** Está en cada creyente (Mt. 28:20; Jn. 14:20; Col. 1:27; etc.).
   - ***c.*** Está presente dondequiera que dos o tres se congregan en Su nombre (Mt. 18:20; 1 Co. 3:17).
   - ***d.*** Él llena todas las cosas (Ef. 1:23).

3. **Jesucristo es omnisciente.**
   - ***a.*** En Él están escondidos todos los tesoros de la sabiduría y del conocimiento (Col. 2:3).
   - ***b.*** Él conoce la historia de cada individuo (Jn. 1:48; 4:16-19; Hch. 9:5).
   - ***c.*** Él conoce los más íntimos pensamientos de los hombres (Lc. 5:22; 6:8; 11:17, 22; Hch. 9:11-12; Jn. 2:24-25).
   - ***d.*** Él sabe lo que hubiera pasado bajo otras circunstancias (Mt. 11:21, 13).
   - ***e.*** Él sabe lo que ha de pasar en el futuro (Mt. 11:22, 24; 24:-135; Jn. 6:64; Mr. 14:30).
   - ***f.*** Él sabe todas las cosas (Jn. 16:30; 21:17).

4. **Jesucristo es omnipotente**. Él manifestó Su poder sobre:
   - ***a.*** las enfermedades (Lc. 4:38-41; Mt. 8:3, etc.);
   - ***b.*** la muerte (Lc. 7:14; 8:54-44; Jn. 5:25; 11:26-26, 43-44);
   - ***c.*** los elementos de la naturaleza (Mt. 8:26-27; 21:19; 17:27; Jn. 2:11);
   - ***d.*** los demonios (Mt. 8:16; Lc. 4:25-41; Mr. 5:11-15);
   - ***e.*** todas las cosas (Mt. 28:18; Ef. 1:20-23; He. 1:3; Ap. 1:8).

5. Jesucristo es inmutable (He. 1:11-12; 13:8). Esto significa que Él no cambia en cuanto a Sus promesas, planes, propósitos o naturaleza.

C. Jesucristo posee las prerrogativas de la Deidad

1. Él tiene capacidad para perdonar pecados, cosa que ningún apóstol pretendió tener (Mt. 9:2, 6; 16:19; 18:18; Mr. 2:7; Lc. 7:47-48; Jn. 20:23 con 1 Jn. 1:9; Hch. 8:20-22).

2. Él resucitará a los muertos (Jn. 6:39-40, 54; 11:25-26; 20:25, 28).

3. Él juzgará a:

a. todos (Jn. 5:22);
b. a los creyentes (Ro. 14:10; 2 Co. 5:10);
c. al anticristo y a sus seguidores (Ap. 19:15);
d. a las naciones (Hch. 17:31; Mt. 25:31-32);
e. a los muertos (Hch. 10:42; 2 Ti. 4:1; 1 P. 4:5).

D. Jesucristo se comportó como Dios

1. Vemos que Él aceptó la adoración de los hombres, aunque dijo que sólo Dios debía ser adorado (Lc. 5:8; Mt. 4:10; Mt. 14:33; 15:25; 2:9; Jn. 5:23; 1 Co. 1:2; He. 1:6). Algunos hombres que eran rectos y los ángeles rehusaron ser adorados. Otros, como Herodes, murieron por no rechazar la adoración (Hch. 10:25-26; 14:11-18; Ap. 19:10; 22:8-9).

2. Recibió la aprobación del Padre Celestial en una manera única (Mt. 3:17; 17:5; Jn. 12:28).

3. Enseñaba con autoridad (Mt. 5:21-18, etc.).

4. Les dio a Sus discípulos autoridad sobre los demonios y las enfermedades (Mt. 5:21-28, etc.).

5. Enseñó a Sus discípulos a orar en Su nombre (Jn. 16:23-24).

6. Dijo que Él y el Padre eran Uno (Jn. 10:30; 17:11; 14:9).

7. Afirmó que Sus obras testificaban acerca de Su deidad (Jn. 5:36; 10:37-38; 14:11; 15:24).

Repaso de la lección

1. ¿Cómo es que el nombre: "El Ángel de Jehová" puede referirse a Jesucristo?
2. Para usted, ¿cuál de los nombres que tiene Jesucristo es el que más certifica Su deidad?
3. ¿Cuáles versículos prueban que Jesucristo es omnisciente?
4. ¿Cuáles de las obras que hizo Jesucristo prueban que Él es Dios?
5. ¿Qué versículo de la Biblia indica que Jesús de Nazaret es la Segunda Persona de la Deidad?

Lección 19

La encarnación y las dos naturalezas de Jesucristo

Bosquejo

Jesucristo afirmó que vino de arriba, enviado por el Padre, para hacer Su voluntad.

A. La encarnación de la Segunda Persona de la Deidad

1. La importancia de esta doctrina. Es un eslabón indispensable dentro de las verdades reveladas acerca del Salvador que no conoció pecado pero que fue hecho pecado por nosotros.
2. Los propósitos de Dios en la encarnación:
   a. revelar al Padre,
   b. obrar la redención,
   c. cumplir las profecías y abrir el camino para Su segunda venida.
3. El método de la encarnación. Jesucristo fue engendrado por el Espíritu Santo en el seno de la virgen María.

B. Las dos naturalezas de Dios encarnado

Jesucristo, el Logos eterno, con Su naturaleza divina, asumió la naturaleza humana perfecta, de modo que desde Su encarnación tuvo las dos naturalezas perfectas. La base de Su Persona es el Verbo Eterno (o Logos), pero Su naturaleza humana encuentra Su personalidad en el Logos, de modo que Jesucristo es en realidad Dios-hombre.

Lección 19

La encarnación y las dos naturalezas de Jesucristo

El Señor Jesucristo dijo:

"Porque he descendido del cielo, no para hacer mi voluntad, sino la voluntad del que me envió" (Jn. 6:38).

"Vosotros sois de abajo, yo soy de arriba; vosotros sois de este mundo, yo no soy de este mundo" (Jn. 8:23).

"Yo he venido en nombre de mi Padre" (Jn. 5:43).

"Yo soy el pan que descendió del cielo" (Jn. 6:51).

"Yo y el Padre somos uno" (Jn. 10:30).

Ningún hombre común ha tenido el derecho de decir estas cosas. El apóstol Pablo escribió: "Pero cuando vino el cumplimiento del tiempo, Dios envió a su Hijo, nacido de mujer y nacido bajo la ley" (Gá. 4:4). En Hebreos leemos: "Por cuanto los hijos participaron en común de carne y sangre, El también de la misma manera tomó parte en ellas ... convenía que en todo fuese semejante a sus hermanos" e: "introduce al primogénito en la tierra", etc.

Marta le dijo: "Tú eres el Cristo, el Hijo de Dios, que has venido al mundo (Jn. 11:27). Juan escribió: "En el mundo estaba, y el mundo fue hecho por él, y el mundo no le conoció" (Jn. 1:10). Hay mucho más en las Sagradas Escrituras que nos aseguran que Cristo vino de arriba y fue encarnado. La negación de esta verdad trae graves consecuencias.

El Dr. Alejandro Paterson, en su obra *The Greater Life and Work of Christ*, dice que en el Antiguo Testamento también hay cuatro evangelios como en el Nuevo, que cuentan la historia de Cristo como Jehová.

La creación fue el primer evangelio; el segundo evangelio fue escrito en carne y sangre. Hubieron ciertas personas nombradas específicamente para representar a Cristo como figuras o tipos:

- Adán fue el primero quien representó a Cristo como cabeza de la raza humana (1 Co. 15:22-45);
- Melquisedec fue figura del sacerdocio de Cristo (He. 5:10);
- Moisés y Josué fueron una figura de su oficio profético (Dt. 18:15; He. 3:1 al 4:11); y
- David y Salomón fueron tipos de Cristo como rey, el hijo de David, e Israel.

De Ezequiel Cristo tomó Su título favorito: "Hijo del hombre", y Jonás es el tipo de su sepultura. La nación de Israel, como se ha dicho, fue como un Mesías entre las naciones, y como nación es también un tipo de Cristo (Os. 11:1).

Cada uno de los santos del Antiguo Testamento tiene algunas de las características del Cristo que había de venir. Ellos se distinguen de los del Nuevo Testamento en una cosa: que cada uno tiene una parte no dividida del Cristo completo: "De su plenitud tomamos todos, y gracia sobre gracia".

Esto nos ayuda a comprender el carácter fragmentado de las experiencias y de las vidas de los santos del Antiguo Testamento, quienes tuvieron una comprensión incompleta de Cristo y de Su gracia.

El tercer evangelio fue escrito mediante símbolos o representaciones, los cuales se ven desde el árbol de la vida, a través de una larga lista de figuras de cosas naturales o artificiales, el mobiliario y ceremonias del Tabernáculo y del Templo, junto con su culto a Dios.

El cuarto evangelio consiste en la predicción escrita que empieza con la primera profecía dada en el Edén, hasta la última que habla de Su precursor, en Malaquías. En Abraham, a través de quien vendría el Cristo, que era de la simiente esperada, pasando por Jacob como un libertador, Moisés como la revelación de la gloria, con David como el heredero, y así, hasta llegar a cada creyente.

El Dr. L. S. Chafer cita del Dr. J. F. Walwoord una lista de cuarenta y un figuras o tipos de Cristo, que es muy rico en sus enseñanzas acerca del Mesías en Sus dos advenimientos.

A. La encarnación de la Segunda Persona del Dios Trino

1. La importancia de esta doctrina. "En esto conocemos el Espíritu de Dios: todo espíritu que confiesa que Jesucristo ha venido en carne, es de Dios; y todo espíritu que no confiesa que Jesucristo ha venido en carne, no es de Dios" (1 Jn. 4:2-3).

Vemos que aunque la fe en el nacimiento virginal de Jesucristo no es un requisito indispensable para la salvación, la negación de esta doctrina es fatal para la persona que pretende ser cristiana bíblicamente. Primeramente, porque la Biblia dice que el negar que Jesucristo ha venido en carne (esto es, que Dios se humanó), está en contra de Dios y se identifica con el anticristo. El hecho es que cuando Dios se manifestó en forma humana, tanto la lógica como la Biblia, demandan que haya sido sin contaminarse con el pecado. Así que Cristo no pudo haber tenido un padre humano quien le hubiera tansmitido su propio carácter pecaminoso. Así concluimos que la semilla santa vino de Dios, y el cuerpo vino a través de la virgen madre.

En segundo lugar, la Biblia explica que José, quien estaba comprometido o desposado con la virgen, no fue el padre, pues hubo necesidad de una intervención divina para que José recibiera a su novia, en vez de abandonarla o acusarla.

La vida, las enseñanzas y las obras del Señor Jesús demandan que haya procedido de Dios en todo sentido. La milagrosa encarnación de la Segunda Persona de la Deidad es un eslabón indispensable en la cadena de las verdades reveladas por Dios en Su Palabra, concernientes a Su Hijo Jesucristo.

2. Los propósitos de Dios en la encarnación. La causa principal de la encarnación, estuvo en función del plan eterno, que se llevaría a cabo en la plenitud del tiempo (Gá. 4:4). Como prueba de que la encarnación fue parte del plan eterno de Dios, tenemos el conjunto de profecías que Jesucristo cumplió durante Su vida terrenal (Ro. 15:8-9; Gn. 3:15; Is. 7:14; 9:6; Mi. 5:20).

El primer propósito de la encarnación fue el que el Hijo revelase a Dios de una manera perfecta y completa (Jn. 1:18). Podemos empezar por el versículo 1, 14 y 18 juntos: "En el principio era el Verbo, y el Verbo era con Dios, y el Verbo era Dios. Y aquel Verbo fue hecho carne, y habitó entre nosotros (y vimos su gloria, gloria como del unigénito del Padre), lleno de gracia y de verdad. A Dios nadie le vio jamás; el unigénito Hijo, que está en el seno del Padre, él le ha dado a conocer".

De esto deducimos que:

a. El Hijo que estaba en el principio con Dios, fue hecho carne y habitó entre nosotros.

b. Mediante Su encarnación, Jesucristo manifestó tal gloria que convenció a los que le vieron de que Él era el Unigénito del Padre (única gloria divina, no natural).

Aquí diremos que la gloria que tuvo durante Su encarnación (Jn. 17:22) no fue igual a la que tuvo antes, ni que tuvo después (Jn. 17:5), porque en Su encarnación fue el tiempo de Su humillación (Hch. 8:33), pero aunque haya sido menor en majestad, no fue diferente en género, de manera que en forma fidedigna exhibió al Padre (Jn. 14:9; 12:45).

c. Por este medio Dios encarnado dio a conocer a Dios Padre (Jn. 1:18).

d. Durante Su encarnación, Dios el Verbo no perdió Su esencia divina ni Sus atributos. La gloria estaba en Él, aunque no todos la percibieron.

e. El Verbo—Jesucristo—, es todo lo que Dios es y Él solo es Dios manifestado.

El segundo propósito de la encarnación sigue lógicamente al primero, esto es, ya que Jesucristo reveló al Dios de amor, también obró la redención que dicho amor había ordenado (Jn. 3:16 y Lc. 19:10).

Vemos que toda la creación está incluida en el plan de redención (Ro. 8:19-22; Ef. 1:10). Nos preguntamos entonces, ¿estará tanto el universo como la humanidad comprendida en la frase: "para esto apareció el Hijo de Dios, para deshacer las obras del diablo"? (1 Jn. 3:8; He. 2:14-15; Jn. 12:31; 14:30).

Otra expresión de esta verdad se encuentra en Hebreos 9:26: "Pero ahora, en la consumación de los siglos, se presentó una vez para siempre por el sacrificio de sí mismo para quitar de en medio el pecado". Asimismo: "El Hijo del hombre no vino para ser servido, sino para servir, y para dar su vida en rescate por muchos" (Mr. 10:45; 1 Jn. 3:5).

Entonces, Él fue perfecto, y nunca pecó (1 Jn. 3:5; 2 Co. 5:21, etc.). Asimismo, nos reveló la vida que el Padre Celestial quiere que llevemos (1 P.

2:21; 1 Jn. 2:6; Mt. 11:29). Pero su muerte en la cruz era necesaria para nuestra salvación (1 P. 1:18-19; Lc. 24:26; etc.).

Habiendo nacido sin pecado y venciendo toda tentación, Él fue el perfecto "Cordero de Dios que quita los pecados del mundo" (Jn. 1:29; 1 P. 1:19; Ap. 5:6), y vino a ser el Sumo sacerdote de todos los creyentes (He. 2:17-18; 4:15; 7:25).

Un tercer propósito en la encarnación fue abrir el camino para el cumplimiento de las profecías acerca del futuro, especialmente en cuanto al establecimiento del reino de Jesucristo. Cuando Jesucristo resucitó dijo: "Por cuanto yo vivo, vosotros también viviréis" (Jn. 14:19; 1 Co. 15:21-22; Jn. 11:25-26; 6:40). Con los redimidos el Salvador reestablecerá Su reino.

3. El método para la encarnación. "Respondiendo el ángel, le dijo: El Espíritu Santo vendrá sobre ti, y el poder del Altísimo te cubrirá con su sombra; por lo cual también el Santo Ser que nacerá, será llamado Hijo de Dios" (Lc. 1:35).

De Mateo 1:18-25 vemos que José no tuvo dificultad en comprender que el Niño sería Hijo de Dios. Desde la primera profecía en Génesis 3:15, el pueblo de Dios espera al Niño que había de ser la simiente de la mujer (pero no del hombre). Isaías predijo el nacimiento virginal (7:14; 9:6), de un Niño que será Dios mismo, el Padre Eterno encarnado en el Hijo.

Vemos entonces que Jesucristo no tuvo Su origen en la concepción en María, sino que ese fue el primer paso fisiológico para entrar en la humanidad. No fue Hijo de Dios por nacer de la virgen María, por cuanto es el Hijo Eterno del Padre, y por lo tanto ella no puede ser nunca la madre de Dios, porque Dios nunca tuvo madre. Dios es el principio de todo cuanto existe. Véanse Gálatas 4:4-5, y Romanos 1:3.

En relación a los detalles del método que la Deidad usó para humanarse por medio de una virgen, poniendo en ella Su simiente divina, sólo sabemos que fue el Espíritu Santo quien lo hizo. Y si el Espíritu Santo puede llenar a un cristiano, haciendo que su cuerpo humano sea Su templo, también pudo obrar en el cuerpo de la virgen para unir Su Simiente Divina con la humana, y que resultase en una concepción sobrenatural.

Es bien conocido que hay ciertas plantas que llevan en sí los dos géneros o elementos masculino y femenino, de modo que se fertilizan a sí mismas para su reproducción. También la ciencia habla de células vivas que se dividen y se reproducen sin intervención de una fertilización desde el exterior.

Con esto no pretendemos que estas realidades expliquen la concepción divina-humana que sucedió en María; sólo nos hacen ver que Dios no viola las leyes de la procreación que Él mismo estableció al crear el mundo, sino que simplemente hubo la intervención de una ley superior o un acto del

Creador, en la que Él personalmente obró, utilizando a Su criatura para efectuar Su voluntad.

Se le atribuye a S. Anselmo la siguiente declaración: "Dios ha hecho personas humanas de cuatro maneras:

a. por medio de la unión entre el hombre y una mujer, de donde nacen millones cada día;

b. sin la intervención ni del hombre ni de la mujer, como lo hizo al crear a Adán;

c. del hombre sin la mujer, como en el caso de Eva;

d. de la mujer sin la intervención del hombre, como en el caso de Jesucristo".

Antes de terminar esta sección vemos que hay algunos dogmas acerca de ciertas enseñanzas, que son vanas e inútiles, invención de hombres, por cuanto no se menciona en la Biblia. Por ejemplo, algunos dicen que la virgen María dio a luz a su primogénito sin sufrir ni un sólo dolor. Lo cierto es que ninguna de estas consideraciones están respaldadas bíblicamente.

En relación a la llamada "inmaculada concepción", que afirma que la virgen María fue concebida sin pecado en el seno de su madre, para así poder dar a luz una criatura sin sangre contaminada por el pecado, podemos decir que esto no lo dice la Biblia, ni tampoco es lógico.

De que si José y María, como matrimonio legítimo tuvieron o no más hijos, la Biblia habla de los hermanos y hermanas del Señor de una manera muy natural, puesto que no es pecado tener hijos legítimos, ni María fue menos santa por ello.

Le recomendamos a todos que no deben perder el tiempo discutiendo cosas controversiales sobre temas sin relevancia, y que se concentren en presentar a nuestro maravilloso Salvador Jesucristo.

Es interesante notar lo que dice el Dr. G. N. Clark: "Por supuesto la encarnación no quiere decir que Dios fue quitado del universo y localizado en Jesús, ni quiere decir tampoco que el Logos se separó de Dios al ocuparse en efectuar la encarnación. Erramos si pensamos que el Logos es capaz de una sola actividad a la vez. El hecho es que Él es capaz de toda la actividad que comprende la Deidad. La encarnación no fue una división de Dios. La verdad es más bien ésta: que el Dios que en Su actividad despliega una variedad infinita de acciones, añadió a las expresiones de Su carácter, otra manera de revelarse al hacerse hombre, lo que es una forma adicional de actividad en la cual pudo entrar sin retraerse de ninguna otra actividad."

B. Las dos naturalezas de Dios Encarnado

La unión de la naturaleza divina con una naturaleza humana es un misterio para la mente finita, puesto que fue la única en la historia. Sin embargo, hay mucho revelado que evidencia la realidad del hecho y vemos la necesidad para llevar a cabo el plan de Dios. La Persona engendrada en la virgen María por el Espíritu Santo, tuvo como base de Su personalidad al eterno Logos, o Verbo Divino, envuelto en naturaleza humana.

El Dr. L. Berkhof (*Teología sistemática*, p. 322), presenta las siguientes "Proposiciones que expresan la creencia de la iglesia:

- "Hay sólo una Persona en el mediador, y este es el Logos incambiable. El Logos forma la base de la personalidad de Cristo. No es correcto, sin embargo, decir que la Persona del mediador es sólo divina. La encarnación Le constituyó en una Persona compleja constituida de dos naturalezas: la Divina y la humana.
- "La naturaleza humana de Cristo como tal no constituye una Persona humana. El Logos no adoptó ser una persona simplemente humana de manera que tuviéramos dos personas en el mediador, sino que asumió una naturaleza humana. Brummer declara que este es el misterio de la persona de Jesucristo, que en el punto donde nosotros tenemos una persona pecaminosa, Él tiene, o más bien es, la Persona divina del Logos.
- "A la vez, no es correcto hablar de la naturaleza humana de Cristo como algo impersonal. El Logos asumió aquella naturaleza uniéndola a la subsistencia personal consigo mismo. La naturaleza humana tiene su existencia personal en la Persona del Logos.
- "Por esta misma razón no debemos hablar de la naturaleza humana de Cristo como imperfecta o incompleta. A Su naturaleza humana no le faltó ninguna de las cualidades esenciales que pertenecen a dicha naturaleza, que también tiene individualidad, esto es, subsistencia personal, en la Persona del Hijo de Dios.
- "Esta subsistencia personal no debe confundirse con el conocimiento interior y el libre albedrío. El hecho de que la naturaleza humana de Cristo, en y por sí misma, no tiene subsistencia personal, no quiere decir que no tenga conocimiento o voluntad. La iglesia ha tomado la posición de que éstos pertenecen a la naturaleza, más que a la persona.
- "La Persona Divina única, que desde la eternidad poseyó una naturaleza divina, asumió una naturaleza humana, y ahora posee ambas. Esta verdad debe ser firmemente mantenida, contra aquellos que, mientras admiten que la Persona divina asumió una naturaleza humana, ponen en peligro la integridad de las dos naturalezas por concebirlas como fundidas o mezcladas, formando una especie de naturaleza divina-humana."

La Biblia reconoce las dos naturalezas de la una Persona (Ro. 1:3-4; Gá. 4:4-5; Fil. 2:6-11); el Hijo de Dios unido a una naturaleza humana (Jn. 1:14; Ro. 8:3; 1 Ti. 3:16; He. 2:11-14; 1 Jn. 4:2-3). Los atributos y acciones humanas son atribuidos a la Persona con títulos divinos (Hch. 20:28; 1 Co. 2:8; Col. 1:13-14); mientras atributos y acciones divinas son atribuidos a la misma Persona designada con títulos humanos (Jn. 3:13; 6:62; Ro. 9:5).

Esta es, como dice el Dr. Barth, la paradoja suprema: Dios hombre en una sola Persona. Esta unión de las dos naturalezas en una sola Persona se llama una unión hipostática, palabra cuya raíz griega significa "subsistir". Con lo que se ha dicho, ya debemos estar convencidos de la Deidad y humanidad de Jesucristo.

Lo asombroso es que, siendo Él Dios, se humilló y se despojó de Su Deidad. Esto no significa que se despojó de Sus atributos, sino que voluntariamente Se desprendió de todo ejercicio independiente de Sus atributos. No los perdió, como nosotros tampoco perdimos nuestras facultades al someternos a la voluntad de un ser querido; simplemente usamos nuestras capacidades para cumplir los deseos del otro. Asimismo, Cristo sometió todo Su ser a la voluntad del Padre, cual siervo perfecto (Fil. 2:7-8).

Jesucristo habló lo que del Padre había visto (Jn. 8:38), lo que Le enseñaba (Jn. 8:28); obedeció al Padre (Jn. 5:36); recibió mandamiento y autoridad del Padre (Jn. 10:18) y siempre agradó al Padre (Jn. 8:29). El Padre le ungió con el Espíritu Santo y con poder (Hch. 10:38), y por el Espíritu eterno se ofreció a Dios (He. 9:14).

"Dios estaba en Cristo reconciliando al mundo a Sí" (2 Co. 5:19). "Jesús israelita, varón aprobado por Dios entre vosotros por medio de él" (Hch. 2:22). "Porque el que Dios envió, las palabras de Dios habla" (Jn. 3:34).

De manera que en Su vida terrenal, Jesucristo fue completamente dominado por el Espíritu Santo (Jn. 10:36-38; Mt. 3:16-17; 4:1, etc.), y por ello nosotros debemos tomar en cuenta las exhortaciones de 1 Pedro 2:21 y 1 Juan 2:6.

Terminemos ahora con más pruebas concernientes a la verdadera humanidad de Cristo:

1. **Fue "hecho semejante a los hombres"** (o "llegó a ser" - Fil. 2:7). "Dios enviando a Su Hijo en semejanza de pecado" (Ro. 8:3). La carne del Hijo de Dios fue verdadera humanidad, como la nuestra, pero sin pecado (Lc. 1:35; Jn. 1:14; Ro. 9:5; Col. 1:22; 2 Co. 5:21; 1 Jn. 3:5; 4:2-3; 2 Jn. 7; He. 2:14).

2. **Tuvo un nacimiento humano** (Lc. 2:7; Gá. 4:4); según una genealogía humana (Mt. 1:1; Hch. 2:30; 13:23; Ro. 1:3, etc.).

3. **Vivió y se desarrolló según las leyes humanas** (Lc. 2:40, 52; He. 2:10, 18; 5:8; estos últimos versículos hablan, sin duda, de aprender por la experiencia).

4. Su cuerpo humano estuvo sujeto al cansancio, la sed, y el hambre (He. 10:5, 10; Mt. 4:2; Jn. 19:28; 4:6; Mt. 8:24).

5. Tuvo los demás elementos esenciales de la naturaleza humana: alma (Mt. 26:38; Jn. 12:27; Hch. 2:27, 31); y espíritu (Mt. 27:50; Mr. 8:12; Lc. 23:46; Jn. 13:21).

6. Oraba, gemía, lloraba, sufría y experimentó la muerte (Mt. 14:23; Jn. 11:33, 35; Lc. 22:44; Jn. 19:30, 34).

Repaso de la lección

1. ¿Tenía Cristo alguna idea acerca de Su origen sobrehumano?
2. ¿Qué importancia tiene para usted el que un hombre afirme que es cristiano y a la vez niegue el nacimiento virginal de Cristo?
3. ¿Cuáles otras doctrinas son afectadas si negamos que Jesucristo fue engendrado por Dios en el vientre de la virgen María?
4. ¿Cómo sabemos que la encarnación fue parte del plan eterno de Dios?
5. Explique lo que usted comprende sobre la unión hipostática de dos naturaleza en una sola persona, Jesucristo.
6. ¿Cuál es el resultado de la encarnación que más se recomienda a usted?

Lección 20

Jesucristo en Su vida terrenal

Bosquejo

El Señor Jesucristo es el Cordero de Dios que quita el pecado del mundo. Vivió entre los hombres, y fue verdadero hombre y a la vez verdadero Dios.

A. La unión de las dos naturalezas

La divina que no sufrió cambio alguno y la humana no caída, formaron una sola Persona, lo cual se conoce como la "unión hipostática". Es la única explicación posible en cuanto a la Persona de Jesucristo, nacido de mujer y sujeto a la ley, quien exige que cada hombre tenga en Él la misma fe que tiene en Dios (Jn. 14:1).

Mediante el bautismo, el Señor fue consagrado a Su ministerio como Sumo Sacerdote. Como hombre, pudo ser tentado, pero nunca pecó.

Enseñó con autoridad cosas que sólo Dios podía saber, y dijo que Su doctrina era lo que oía decir al Padre. Hizo un sin número de milagros, y declaró que todos debían creer en Él por el testimonio de Sus obras; no obstante, dijo que era el Padre el que hacía las obras.

También dijo que a menos que los hombres creyeran en Él, morirían en sus pecados, y que aquel que Le recibía a Él, recibía al Padre que Le envió.

B. La importancia de Su muerte, sepultura, resurrección y ascensión

Fue crucificado por los pecados del mundo, pero es necesario que cada individuo crea en Él para recibir dicha salvación. El no creer en Jesucristo condena eternamente a la persona, a pesar de que Él murió por todo pecador. Vino a la tierra para morir (Jn. 12:27).

Su cuerpo fue sepultado y sellado en una tumba de piedra. Resucitó y volvió al Padre, demostrando así que Dios aceptó Su sacrifico por los pecados de todo el mundo, para que todo aquel que en Él creyere, sea salvo.

Lección 20

Jesucristo en Su vida terrenal

El Señor Jesucristo, antes de la fundación del mundo, Se hizo responsable personalmente por el pecado del hombre y sus consecuencias, sabiendo lo que Le iba a costar (1 P. 1:18-20; Hch. 2:23; Ap. 13:8).

Sólo Él podía venir para cumplir dicha misión, por cuanto nadie más podía revelar al Padre ni dar Su vida como un sacrificio aceptable para rescatar a todos los pecadores que quisieran ser salvos. "Así que, por cuanto los hijos participaron de carne y sangre, él también participó de los mismo" (He. 2:14).

- Nació entre los hebreos como fue profetizado (Gn. 12:3; 49:10; 2 S. 7:16; Mt. 1:1);
- a los ocho días fue circuncidado según la ley (Lv. 12:3; Lc. 2:21);
- a los cuarenta días fue presentado en el Templo (Lv. 12:4-8; Lc. 2:22-38);
- a los doce años fue al Templo, según la ley exigía a cada judío, lo que algunos llaman la confirmación, y esto es que el hijo tomase desde entonces una posición como individuo responsable de sus acciones y creencias (Ex. 23:17; 34:23; Lc. 2:42-50);
- a los treinta años fue consagrado a Su ministerio y futuro sacerdocio (Nm. 4:3; Lc. 3:21-23; Mt. 3:13-17; He. 7:11-28).

A. Jesucristo en Su vida terrenal, demostró que tenía dos naturalezas en una persona

"Dios envió a Su Hijo, nacido de mujer, hecho súbdito a la ley". El Señor dijo, en Mateo 5:17: "No penséis que he venido para abrogar la ley o los profetas; no he venido para abrogar, sino para cumplir". (Compare Mt. 5:18 con Ro. 10:4).

Mediante la circuncisión el Señor Jesús fue hecho participante, humanamente hablando, del Pacto Abrahámico, recibiendo el distintivo de los hebreos. Dos mil años antes, Él mismo había hecho este convenio de promesas a Abraham, y ahora había venido para cumplirlo, desparramando bendición sobre todas las naciones (Gn. 12:1-3; 17:10-14).

Si esta circuncisión no se hubiera realizado en Su cuerpo, el Señor no hubiera podido tener un ministerio entre los judíos, la nación que sirvió como canal para Su venida.

Recordando desde su nacimiento, vemos que a los cuarenta días María y José llevaron al Niño al Templo, donde Su madre había de ofrecer la ofrenda que se requería para su limpieza ceremonial (Lv. 12:4-8; Lc. 2:22-38). Es probable que al mismo tiempo el Niño haya sido presentado y que los padres hayan pagado el dinero del rescate por el hijo primogénito, según la ley (Ex. 13:2; Nm. 3:11-13; 8:16-18; 18:15-16).

Esto no era un rescate en relación con el pecado, sino con el servicio del Templo. Dios había escogido a los levitas para el ministerio y a los hijos de Aarón para el sacerdocio, pero los demás israelitas tenían que ser rescatados, esto es, pagar su valor a la tesorería.

Los rabinos habían agregado ciertos detalles a esta ley, diciendo que todo primogénito de las otras tribus debía pagar su rescate si no era ciego, manco, o con algún defecto que le estrobara en el ejercicio del ministerio, si acaso hubiera nacido aaronita (Lv. 21:17-21).

Sabemos que nuestro Señor no tuvo tacha alguna, y que llegó a ser el Perfecto Sumo Sacerdote, que iba a ofrecer Su sangre por nosotros, en el verdadero Tabernáculo en los cielos (He. 2:17-18; 4:15-16; 5:1-10; 7:24-28). Sin embargo, Él nació de la tribu de Judá y no de la de Leví, por lo cual es natural creer que José pagaría el precio en rescate por el primogénito de su esposa, dándole así una posición legal entre los judíos.

Mientras avanzaron los años, fue claro que ni María ni José comprendían todavía todo el significado de Su origen, a pesar de que sí sabían más que otros; pero esto era necesario a fin de que dicho desarrollo fuese natural y humano, salvo que no entró en su vida la experiencia de pecar.

Es lógico deducir según las palabras que Juan el Bautista le dijo al Señor cuando Se presentó para ser bautizado: "Yo debo ser bautizado por ti, y ¿tú vienes a mí?", que la vida de Cristo durante Su juventud había hecho una profunda impresión de santidad en los que le conocían.

A los doce años, supo distinguir entre Su Padre Celestial y José. Vemos que Él nunca le llamó a José Su padre. Estos primeros treinta años en la vida terrenal de Jesús hablan de su perfecta humanidad, aunque no faltaron las manifestaciones sobrenaturales como los anuncios angelicales, la estrella, el coro de ángeles, Simeón y Ana, etc.

En Lucas 2:51 dice que el Señor fue a Nazaret con José y María, y estaba sujeto a ellos. Esto no quiere decir, como insinúa Shalom Asch en su obra *María*, que la razón por la que Cristo aplazó Su ministerio hasta los treinta años fue porque su madre no se lo permitió antes.

Según Números 4:3, se requería tener treinta años de edad para que un hombre pudiera servir en las cosas más sagradas del ministerio. A los veinte años podía salir a la guerra (Nm. 1:3; 1 Cr. 23:24, 27), y a los veinte y cinco años, los levitas podían ejercer su oficio (Nm. 8:24).

La consagración de los sacerdotes está descrita en Éxodo 29, donde eran lavados, vestidos con las vestimentas santas, ungidos con aceite, identificados con los sacrificios, y luego santificados para ocuparse en el servicio del Señor.

Jesucristo también al bautizarse entró en el agua; no fue ungido con aceite sino que el mismo Espíritu Santo vino sobre Él, representando éste el símbolo del aceite (Jn. 3:34); los cielos fueron abiertos y la voz del Padre dijo: "Este es mi Hijo amado, en quien tengo contentamiento" (Mt. 3:16-17).

Luego tenemos la tentación del Señor, que vino después de Su consagración a la obra para la cual el Padre Le había enviado. Como vimos, uno de los propósitos para la encarnación fue "para deshacer las obras del diablo" (1 Jn. 3:8). En el principio de Su ministerio, el Espíritu Santo le impulsó al desierto para el primer encuentro con Satanás (la primera batalla), en esta nueva y decisiva campaña de guerra entre Dios y Satanás.

El tentador estaba esperándole, listo para derrotar a este "postrer Adán", como había hecho con el primero. Como hombre fue tentado y las sintió de verdad (He. 4:15; 5:7; Mt. 26:37-39; 22:18); como Dios no pudo pecar.

Hay mucho más que se pudiera decir sobre la vida de Jesucristo, pero ya ha sido tratado hábilmente por el Dr. Cook en el Curso A-4 *La vida de Jesucristo*, y en el curso A-7 que trata de la redención efectuada por la muerte del Salvador.

Después de derrotar al diablo en el desierto, el Señor volvió a Galilea. Hizo milagros en Caná y Capernaúm, enseñó en varias sinagogas hasta llegar a Nazaret. Allí donde todos le habían conocido como "el carpintero" (Mr. 6:3), predicó en la sinagoga y dijo con claridad que Él era el Mesías prometido de los judíos.

Cuando Él les recriminó por su incredulidad, ellos quisieron despeñarle, pero la Biblia dice que "pasando por en medio de ellos, se fue" (Lc. 4:30). Algunos le han llamado a ésta la segunda batalla con Satanás, porque nuevamente vemos la misteriosa unión de lo humano y lo divino: la debilidad como de cualquier otro hombre al ser llevado fuera de la sinagoga y de la ciudad por los vecinos enfurecidos, pero la valentía para decirles la verdad, junto con un poder incomparable que Le permitió librarse de sus perseguidores.

Hay varios otros acontecimientos en el ministerio del Señor que encuentran su única explicación en la unión de las dos naturalezas, la humana y divina, en una sola persona. Recordemos cuando:

- el Maestro Divino dormía en la barca durante una tempestad; cuando le despertaron, Él ordenó al viento que se apaciguara y hubo una gran calma;
- pidió agua de la samaritana, pero a la vez Él fue el que se la dio;
- buscó higos para satisfacer Su hambre, y al no encontrar nada sino hojas, secó la higuera estéril con una palabra de autoridad;
- fue clavado a una cruz pero pidió perdón para los que le inmolaron.

Nos preguntamos, ¿dónde termina lo humano y principia lo divino? Consideramos también que no siempre será necesario saber la respuesta. Lo que más importa es que tanto Su naturaleza humana como divina, fueron perfectamente gobernados por el Espíritu Santo (Mt. 3:16; Jn. 3:34; Mt. 12:28; Jn. 8:29).

Consideremos otra pregunta: ¿hasta qué punto podemos decir que los milagros hechos por el Señor Jesús fueron obrados por el Espíritu Santo en Él, y no por Su propia deidad? Vemos que los profetas antiguos también resucitaron a personas por la oración y la fe, aunque ninguno lo hizo en tantas ocasiones como el Señor. Lo mismo puede decirse en cuanto a sanar a leprosos, saber los pensamientos de otras personas, dominar los elementos, etc. (1 R. 18:13-46; 1 R. caps. 3 al 6, etc.).

Así que, Jesucristo fue el único que obró milagros "a diario". Algunos creen que esta diferencia estriba en el hecho de que Jesucristo usó Su propia omnipotencia como Dios encarnado. Otros creen que más bien se debió a que el Espíritu Santo le había sido dado sin medida (Jn. 3:34), y que Él, por su vida pura, fue un instrumento perfecto para que el Espíritu obrara la voluntad Divina.

Por lo tanto, concluimos diciendo que el Verbo voluntariamente se sujetó al Padre en Su humillación, y rehusó emplear un solo atributo independientemente del Padre.

Por otro lado, Jesucristo en Su humanidad, estuvo sujeto al Padre y al Espíritu, mientras que en Su deidad fue igual a Ellos, y quien, con el Padre, envió al Espíritu en el día del Pentecostés.

Tal vez nunca sabremos todo lo que pasó en el jardín de Getsemaní, pero la petición: "No mi voluntad, sino la tuya", tuvo que originarse en la humanidad del Salvador, puesto que la voluntad divina de cualquier persona de la Deidad no puede oponerse a otra de la Trinidad. Debemos interpretar estas aparentes paradojas en las Escrituras, concernientes a la humanidad y a la deidad de Jesucristo, de acuerdo a la verdad de las dos naturalezas unidas que estaban en una sola Persona.

De igual manera, aceptamos la transfiguración en el monte, junto con Moisés, Elías, Pedro, Jacobo y Juan como un resplandor desde el interior, en lugar de una transformación causada por influencias externas. A la vez, vemos a Cristo transpirando gotas de sangre en Su agonía cuando dijo que Su alma estaba triste hasta la muerte.

Así, las experiencias y doctrinas reveladas por el Redentor se corroboran mutuamente.

B. La muerte, sepultura, resurrección y ascensión de Jesucristo, son actos de Dios que se manifestaron en un cuerpo humano

Partiremos de la pregunta que hizo el Señor a sus discípulos: "¿Quién dicen los hombres que es el Hijo del hombre? ...Y vosotros, ¿quién decís que soy?" (Mt. 16:13, 15).

La declaración de Pedro fue la contestación acertada, e inmediatamente el Señor dijo claramente que iba a Jerusalén para morir y resucitar (Mt. 6:21).

Pocas semanas más tarde el sumo sacerdote le preguntó: "¿eres tú el Cristo, el Hijo del Bendito?" (Mr. 14:61). Sin rodeos, el Señor contestó: "Yo soy", y el pontífice le condenó sin preguntar en qué basaba Su afirmación. Cada persona debe decidir si cree que Cristo es el Hijo de Dios, si es Dios encarnado o un mero hombre, puesto que el eterno destino del alma depende de este concepto.

Cuando el Señor terminó de anunciar Su muerte y resurrección después de la gran confesión de Pedro, y de reconvenirle por sus palabras en las cuales sólo estaba viendo las cosas humanamente, Jesucristo les enseñó a los discípulos la necesidad de confiar en Él hasta el punto de estar dispuestos a perderlo todo por seguirle.

Luego, anunció la razón: "Porque el Hijo del Hombre vendrá en la gloria de Su Padre con sus ángeles, y entonces pagará a cada uno conforme a sus obras". Luego, como un sello de esta promesa o afirmación de que regresaría en gloria para establecer Su reino celestial en esta tierra, dijo: "Hay algunos de los que están aquí que no gustarán la muerte, hasta que hayan visto al Hijo del hombre viniendo en su reino" (Mt. 16:27-28).

El apóstol Pedro en su segunda epístola (1:16-18), habla del advenimiento de nuestro Señor Jesucristo, y se refiere a la transfiguración del Salvador, según está relatada en Mateo capítulo 17.

Si comparamos la experiencia de la transfiguración con lo que dice acerca "del Hijo del hombre viniendo en su reino" (o "el reino de Dios que viene con potencia" en Mr. 9:1 y 2 P. 1:16), vemos a Jesucristo transfigurado con gloria, acompañado por Moisés, quien murió pero vive a la semejanza de los santos que murieron y que serán resucitados, y a Elías quien no murió, sino que fue trasladado a la semejanza de los santos que viven (1 Ts. 4:14-17).

Pedro, Jacobo y Juan pueden representar a las gentes que han de estar en la tierra, a la sombra de la gloria, gozando del reino personal de Cristo. No insistimos que ésta sea la única interpretación del pasaje, pero sí identifica al Hijo del hombre que anduvo aquí en el mundo, con el Hijo de Dios que ha de venir en la gloria de Su Padre, con los Suyos, para establecer Su reino.

Notemos también que el camino para llegar a aquel glorioso día es por medio de la muerte y la resurrección. "Cuando descendieron del monte, Jesús les mandó, diciendo: No digáis a nadie la visión, hasta que el Hijo del Hombre resucite de los muertos" (Mt. 17:9).

Esto no sólo quiere decir que la muerte y la resurrección del Salvador son tan fundamentales que no se puede comprender bien el resto de doctrinas mas que a la luz de estas verdades, sino que la idea de gloria y reino sin antes haberse dado la redención era completamente ajena al plan de Dios (Lc. 24:25-26).

En la institución de la Santa Cena, vemos de nuevo que el Señor sabía que iba a morir pero que después se reuniría con los suyos en el reino (Mt. 26:26-29). Habló de Su sangre derramada para la remisión de los pecados como la base del pacto divino. Inmediatamente después tuvo aquella experiencia en Getsemaní donde luchó con el enemigo, venciéndole aunque con un gran costo, para luego continuar resueltamente con su sacrificio en la cruz.

Aun cuando Pilato tácitamente indicó que le podía soltar, Jesucristo no aceptó ni por un momento la idea de librarse de la muerte. No es natural que un hombre vaya resueltamente al patíbulo. El primer instinto del ser humano es el instinto de conservación, así que Jesucristo dio su vida voluntariamente.

Él es el amor que en vez de demandar posesión del amado, primero decidió redimirlo a costo de Su vida, para luego esperar que los amados y redimidos Le manifiesten amor y confianza. No es natural que un padre haga sufrir hasta la muerte a su hijo, y sin embargo, leemos de Jesucristo que "Jehová quiso quebrantarlo, sujetándole a padecimiento" (Is. 53:10).

No es natural que una víctima inocente pida que el Padre Celestial perdone a sus verdugos, en los primeros dolores de la muerte, ni que durante Su agonía piense en los demás. Sin embargo, Jesucristo así lo hizo y nos sentimos obligados a decir: "Verdaderamente éste es el Hijo de Dios".

Posteriormente trataremos más acerca de la doctrina de la redención. Sin embargo, aquí mencionaremos que la muerte del Señor Jesús no fue un simulacro ni tampoco un simple síncope. Fue la muerte real en la que se separó Su espíritu del cuerpo (1 P. 3:18).

En los tipos y profecías del Antiguo Testamento se hace claro el hecho de que es la sangre derramada la que hace la remisión (Lv. 17:11; Ex. 12:6-7; 29:16). Aun en el caso de los dos machos cabríos, el primero era matado, y ofrecido en expiación; el otro era soltado en el desierto, lo cual representaba el efecto de la expiación, esto es, que nuestros pecados son lavados, sepultados en el mar del olvido de Dios, y alejados de nosotros así como el oriente dista del occidente (Sal. 103:12; Jer. 31:32; Is. 38:17; Mi. 7:19; Ro. 6:2-3; 1 Co. 15:3-4).

Vemos así que toda la vida de Jesucristo, sus obras, enseñanzas, autoridad y carácter, sólo fue la preparación para el sacrificio de su vida perfecta, para la expiación del pecado. Las buenas nuevas del Evangelio consisten en la muerte, sepultura y resurrección de Jesucristo conforme a las Escrituras, junto con el testimonio apostólico de estas verdades (1 Co. 15:1-10).

Toda la Trinidad tuvo parte en el sacrifico de Jesucristo. La Biblia dice que el Padre dio a Su Hijo para que realizara la salvación del mundo (Is. 53:10; Jn. 3:16; Ro. 5:8; Gá. 4:4-5, etc.). En 1 Pedro 1:18-21 vemos que este fue el plan eterno de Dios para el mundo. Fue por el Espíritu que el Hijo Se ofreció a Dios (He. 9:14). En Hechos 20:28 recordamos que la palabra traducida como "Señor" es "Theos", y hace referencia clara a la sangre de Dios, que fue derramada para adquirir la Iglesia.

Por otro lado, nos preguntamos, ¿qué quieren decir entonces las palabras del Salvador cuando estaba en la cruz: "Dios mío, ¿por qué me has desamparado?", cuando Él había sido enviado por el Padre para morir? El Padre estuvo presente en el Monte Calvario cuando Su Hijo fue crucificado. Hasta aquel momento Le había acompañado y sostenido en todo, pero como ya había llegado la hora en que Su Hijo iba a llevar sobre Sí los pecados del mundo entero (Hab. 1:13), entonces el Dios Santo se separó de Su Hijo por causa del pecado que había sobre sí (Mt. 7:23).

En cuanto a la pregunta, ¿quién crucificó al Señor Jesús?, la Biblia nombra a los siguientes como responsables: Judas, los sacerdotes judíos, el sanedrín, el pueblo judío, Pilato, los romanos, nosotros los pecadores, y Dios (Mt. 27:4, 12, 20-23, 25-26, 35; Ro. 4:25; 3:25). En Gálatas 2:20 leemos estas preciosas palabras: "El Hijo de Dios, el cual me amó y se entregó a sí mismo por mí".

En cuanto a los detalles de la crucifixión no nos ocuparemos mucho en este curso, pues es "tierra santa". Sólo conviene decir que Jesucristo, al derramar su sangre sobre la cruz, nos habla del perdón para los pecadores (Lc. 23:43) y de la victoria (Jn. 19:30) cuando gritó: "consumado es". El Cordero de Dios había sido sacrificado para quitar los pecados del mundo.

Esta era la muerte tantas veces profetizada y simbolizada, tan cruel, pero tan necesaria y que puso fin a la ley que condenaba al pecador (Ro. 10:4), y abrió el camino para la manifestación de la gracia divina (Jn. 1:17).

La muerte de Jesucristo afectó a todo el mundo, el cual había sido puesto bajo maldición cuando el hombre pecó, simbolizado por la corona de espinas que Él llevó sobre Sus sienes durante la crucifixión, pero que luego fue sujeta a la esperanza de la libertad gloriosa (Gn. 3:17; Mr. 15:17; Ro. 8:19-24; 2 P. 3:12-14).

Luego de morir, el Señor fue sepultado en una tumba cavada en una roca, cuya entrada estaba muy bien sellada. Ahora surge la pregunta: durante el tiempo en que Su cuerpo yació en la tumba, ¿dónde estuvo Su espíritu? El estudiante puede leer Lucas 23:42-43; 1 Pedro 3:18-20; Romanos 10:7; Mateo 12:39-40 y Efesios 4:9-10, y ver que nuestro Salvador sí fue al lugar de los muertos, donde hizo conocer Su triunfo sobre el diablo, el pecado y la muerte (Col. 2:15).

Comentemos ahora en cuanto a la resurrección que ocurrió al tercer día. Sabemos que Su cuerpo y Su espíritu se unieron de nuevo y la misma Persona volvió a vivir. Fue el mismo cuerpo con la heridas de los clavos y la lanza, pero glorificado; es decir, un "cuerpo espiritual", que ya no estaba sujeto a las mismas leyes físicas. Iba y venía como los ángeles, haciéndose visible o invisible a Su voluntad.

Tenía todas las facultades humanas de antes: comía, hablaba, oía, etc., pero ahora sin limitaciones naturales. Hizo once apariciones a Sus discípulos, y en una ocasión hasta se apareció a quinientos, y después ascendió al cielo.

Subió a Su Padre, prueba indiscutible del hecho de que Su sacrificio había cumplido con todo lo requerido para quitar el pecado y satisfacer a la justicia divina. De otro modo el Padre Santísimo no le hubiera permitido entrar en Su presencia y sentarse a Su diestra (He. 1:3; Jn. 16:10).

Este aspecto de la resurrección, como el sello divino de Su sacrificio, es de suma importancia. En Romanos 10:9 se habla de la resurrección como algo esencial en cuanto a la obra de la redención, y que es indispensable para la salvación. Si no fuera por la resurrección, nunca tendríamos certeza en cuanto a la salvación (1 Co. 15:17-19). Su resurrección garantiza nuestra redención y también la resurrección de nuestros cuerpos (1 Co. 15:20-22).

Todas nuestras esperanzas para el futuro dependen de esta verdad de la resurrección, y ¡gloria a Dios que Cristo ha resucitado! Véanse Romanos 1:4; Hechos 2:24; Lucas 24:6, etc.

Repaso de la lección

1. ¿Cómo explica usted la posibilidad de que Jesucristo fuera tentado?
2. ¿Pudo Él haber pecado?
3. ¿En qué sentido puede ser la vida de Jesucristo un ejemplo para nosotros?
4. ¿Qué significa para usted el hecho de que el Señor fue bautizado por Juan el Bautista?
5. ¿A qué conclusión ha llegado usted en cuanto a los milagros del Señor? ¿Fueron obrados por Su propio poder o por el Espíritu Santo que estaba en Él?
6. ¿Qué significado tienen las palabras del Redentor: "Consumado es"?
7. ¿Qué importancia tiene la resurrección de Jesucristo?

Lección 21

El sumo sacerdocio y el reino de Jesucristo

Bosquejo

El Señor Jesucristo dijo: "Estuve muerto, y he aquí que vivo por los siglos de los siglos".

A. Jesucristo en Su ministerio presente

1. Jesucristo y el universo
Aquel que llevó una corona de espinas sobre Su cabeza cuando obró nuestra redención, es el que también compró la liberación del mundo físico de la condenación, a fin de esperar con nosotros la consumación de la salvación.

2. Jesucristo y las naciones
Aquel que hizo las naciones de una sola sangre, es el que ha ordenado que todos busquen al Señor, y ha enviado a Sus siervos para que anuncien a toda criatura el mensaje de salvación.

3. Jesucristo y la iglesia
Jesucristo, quien está en el cielo a la diestra del Padre, ha sido constituido como la Cabeza de la iglesia, la cual es Su cuerpo. Él escogió apóstoles y ministros y los usa junto con todos los miembros. Como Sumo Sacerdote Él hizo la expiación por nuestros pecados, y ahora socorre a todos los que se acercan a Él. Como nuestro Abogado, otorga el perdón de los pecados a aquellos que los confiesan.

B. Jesucristo en el futuro

"Venga tu reino" es la petición para que Cristo reine en muchos corazones, y también para que regrese a establecer Su reino en la tierra. Primeramente, vendrá por Su iglesia; luego el juicio de acuerdo a sus obras, la distribución de galardones, y las bodas del Cordero. También Armagedón, el juicio de las naciones y el reino milenario.

Los mil años en los que Cristo reina con los suyos, será un tiempo de prueba, el cual terminará con la rebelión encabezada por Satanás. Fuego consumirá a los rebeldes, y vendrá el juicio ante el gran trono blanco, sellando así el destino de cada persona.

Después de este juicio final, Cristo entrará en Su reino eterno, en el cual Dios morará con el hombre.

Lección 21

El sumo sacerdocio y el reino de Jesucristo

El Señor Jesucristo dijo: "Yo soy el primero y el último, y el que vivo y estuve muerto; y he aquí que vivo por los siglos de siglos, Amén. Y tengo las llaves del infierno y de la muerte" (Ap. 1:17-18). En cuanto a la condición presente del Señor Jesús, fíjese en las salutaciones a las siete iglesias en Apocalipsis capítulos 2 y 3.

En estos postreros días Dios nos ha hablado por Su Hijo (He. 1:2). El Señor dijo a Sus apóstoles en el solemne mensaje antes de Su muerte, que tenía todavía mayores revelaciones que hacerles, pero que las daría a conocer más tarde por medio del Espíritu Santo. El Espíritu les iba a hacer comprender debidamente la verdadera gloria de Jesucristo (Jn. 16:12-14).

El Salvador dijo: "Yo voy al Padre" (Jn. 16:16-17), y habló de Sí mismo como del Hijo del hombre que subía a donde estaba primero (Jn. 6:62). Dijo que no les iba a dejar huérfanos, y les exhortó a confiar en Él como Dios, orando siempre en Su nombre.

Las palabras: "porque yo vivo, vosotros también viviréis", hacen referencia al tiempo después de Su resurrección (Jn. 14:19). Todo el mensaje registrado en los capítulos 14 al 17 de Juan, tenía como propósito preparar a los apóstoles para Su muerte y resurrección, y que no perdieran su fe al verle crucificado.

Él prometió volver otra vez para buscarles, y nunca les dijo que no tendrían parte en Su reino, sino que les amonestó a velar y a orar porque no sabían la hora de Su regreso.

A. Jesucristo en su ministerio presente

"... Cristo, sumo sacerdote de los bienes venideros ... por Su propia sangre, entró una sola vez para siempre en el Lugar Santísimo, habiendo obtenido eterna redención" (He. 9:11-12).

En Hechos 1:1-2 Lucas dice que en su Evangelio él habló "de todas las cosas que Jesús comenzó a hacer y a enseñar, hasta el día en que fue recibido arriba, después de haber dado mandamientos por el Espíritu Santo a los apóstoles que había escogido".

Está claro que, antes de ascender, el Señor Jesucristo les enseñó a Sus discípulos que tenían una responsabilidad que cumplir en la tierra. Él ha sido dado a la iglesia como cabeza, de manera que ella es Su cuerpo (Ef. 1:22-23). Por lo tanto, no hay ningún representante religioso sobre la tierra que ocupe este lugar.

También sabemos que Jesucristo está a la diestra de Dios en los cielos, sobre todo principado, y potestad, y potencia y señorío ... de lo cual deducimos que Él está encargado de vigilar las actividades de Satanás para que no traspase lo que Dios le ha permitido (Ef. 1:20-21).

"Cristo es el que murió; mas aun, el que también resucitó, quien además está a la diestra de Dios, el que también intercede por nosotros" (Ro. 8:34; 3:25; He. 2:17-18; 4:14-16; 7:25; 1 Jn. 2:2).

1. Jesucristo y el universo. Según Romanos 8:19-22 leemos: "Porque el anhelo ardiente de la creación es el aguardar la manifestación de los hijos de Dios. Porque la creación fue sujetada a vanidad, no por su propia voluntad, sino por causa del que la sujetó en esperanza; porque también la creación misma será libertada de la esclavitud de corrupción, a la libertad gloriosa de los hijos de Dios. Porque sabemos que toda la creación gime a una, y a una está con dolores de parto hasta ahora".

Usted también debe estudiar Colosenses 1:16-17; Efesios 1:20-21 y 1 Corintios 15:24-28.

El Señor Jesucristo dijo antes de Su ascención: "Toda potestad (autoridad) me es dada en el cielo y en la tierra" (Mt. 28:18). Este mundo fue hecho por el Señor quien vio que era bueno, y era una habitación perfecta para el hombre (Is. 45:18).

Cuando el hombre cayó en pecado, la tierra fue condenada a producir espinos y abrojos, sólo dando la abundancia de frutos a costo del sudor del hombre. Desde entonces el mundo "gime" bajo esta condenación, deseando su libertad. En la cruz el Salvador llevó una corona de espinas y después de Su gran sacrificio, que tenía como fin deshacer toda la condenación y corrupción que había obrado el diablo, la creación entera recibió una viva esperanza de una "gloriosa liberación" (1 Jn. 3:8).

Mientras tanto, el Señor Jesucristo está en el cielo, a la diestra de Dios, sustentando todas las cosas con la Palabra de Su poder (He. 1:3; Col. 1:17).

En cuanto al universo, ¿qué está haciendo Dios con él? Por una parte lo está preparando para el futuro, para ser Su instrumento en el cumplimiento de las profecías en la edad que está por venir (Ap. 6:12-17; Mt. 24:7, 29), y por otra parte, para ser la morada adecuada y gloriosa de los redimidos (Jn. 14:2-3; Ap. 21:1-5, etc.).

Él ejerce autoridad sobre los elementos y sobre los poderes de las huestes innumerables de ángeles, de manera que "todas las cosas obren para bien (cooperen juntas) de los que aman a Dios" (Ro. 8:28). Este dominio sobre lo creado se ve, por ejemplo, en Apocalipsis 5:13.

2. Jesucristo y las naciones. Según Hechos 17:29-31, Dios no ha dejado de dar testimonio respecto a Sí mismo entre las naciones (Hch. 14:17; 17:23-28). Jesucristo es el único Soberano y Señor y aquellos que lo rechazan a Él son impíos, y están preparados para condenación (Jud. 4).

Los reinos de este mundo todavía no han llegado a ser los reinos de nuestro Señor, pero pronto llegará aquel bendito día (Ap. 11:15). El príncipe de este mundo, Satanás, el pretendiente y no el legítimo heredero de los reinos, ahora ejerce su poder sobre los hombres, especialmente sobre los incrédulos, como estudiaremos en el próximo curso de doctrina (2 Co. 4:3-4; Jn. 12:31; 14:30; 16:11; Mt. 16:23; Hch. 13:10).

Vemos que el mundo está hoy bajo el poder del diablo, o como se puede parafrasear 1 Juan 5:19: "Sabemos que nosotros somos de Dios, en tanto que todo el mundo yace adormecido en el seno del maligno". No fue una mera ilusión que el tentador ofreciera al Hijo de Dios los reinos de este mundo, diciéndole: "A ti te daré toda esta potestad, y la gloria de ellos; porque a mí me ha sido entregada, y a quien quiero la doy" (Lc. 4:6).

Por cierto, fue el mismo hombre el que entregó su lealtad al diablo, en contra de la voluntad de Dios, dando así al adversario el dominio sobre él. El Creador, respetando el libre albedrío con el que dotó al hombre, no ha querido salvarle violando su voluntad, sino que al mostrarle Su amor en la cruz del Calvario, le invita cariñosamente a creer y a ser salvo (Jn. 3:16; 2 P. 3:9).

Jesucristo es, entonces, el Soberano de los reyes de la tierra, el Salvador de todos los hombres (1 Ti. 6:15; 4:10), pero todavía no establece Su reino en plenitud, ni todos creen en Él para que sean salvos. Él está tomando de entre las naciones un pueblo para Su nombre, individuos que ya no son conocidos por Dios como judíos ni como gentiles, sino como miembros de la Iglesia o del Cuerpo del Señor (Hch. 15:14-18; 1 Co. 10:32).

3. Jesucristo y la iglesia. Durante Su ministerio, Jesucristo dijo que Él iba a edificar Su iglesia, en la cual el apóstol Pedro llegó a ser el primer miembro, por ser el primero que llenó las condiciones (Mt. 16:15-18). Posteriormente la iglesia quedó plenamente constituida en Jerusalén, en el día de Pentecostés. En Efesios 1:22-23 y en Colosenses 1:18 dice que "El es la cabeza del cuerpo, que es la iglesia".

Vemos que Aquel que fue crucificado está ahora exaltado sobre todo gobierno y autoridad y poder y señorío (Ef. 1:21). Cuando se dice que Él es la cabeza del cuerpo que es Su iglesia, ciertamente significa que sostiene una relación especial con todos los regenerados que componen la verdadera iglesia de Dios.

Cuando algún individuo, sea judío o gentil, deposita su confianza en Jesucristo para la eterna salvación de su alma y entrega su vida a Él, en el acto tal persona es aceptada, regenerada y salvada, y es unido con Cristo, como miembro orgánico de Su cuerpo.

Aquí no estamos hablando de ninguna organización en el mundo que se llame iglesia, ni local ni "universal". Así que, son los creyentes sinceros, no importa el nombre de la organización visible a la que pertenezcan los que forman el cuerpo del Señor, quienes Le reconocen a Él por Cabeza, y Le dan en todo la preeminencia (Col. 1:18).

Él, por Su Espíritu que está en ellos, llama a algunos al ministerio en varias formas, pero a todos los usa como "pescadores de hombres", según los dones que el Espíritu Santo les haya repartido (Ef. 4:11-12; 1 Co. 12:11-13). Cada creyente es una carta del Señor al mundo, que comunica un mensaje (que debe ser para la gloria del Salvador), leída por todos en las acciones y palabras de la vida diaria (2 Co. 3:3).

Por otro lado, cada cristiano es también un sacerdote, con Cristo que en el cielo es el Sumo Sacerdote o Pontífice. El creyente ofrece sacrificios de alabanzas al Señor y ora por todos los hombres (1 P. 2:9; He. 13:15; 1 Ti. 2:1-8).

Como vimos en Hebreos, el Señor Jesús, durante los días de Su vida en la carne, estaba preparándose para el Sumo sacerdocio. Su experiencia con pruebas y tentaciones, de las cuales siempre salió victorioso, nos dan mucha confianza en Él como Pontífice poderoso, misericordioso y fiel (He. 2:17-18; 3:1-2; 4:14; 16; 7:25, etc.). Esta realidad es la que da al cristiano mucha confianza para orar con sinceridad (1 Jn. 3:21-22; He. 1:19-23).

En toda esta dispensación, el Cristo exaltado es también nuestro Abogado (1 Jn. 1:7—2:2), que es la misma palabra traducida como "consolador" en Juan 14:16-26, esto es, en lugar de "abogado". Cuando el cristiano peca (esto es, no que vive en el pecado constantemente, sino que cae en el pecado), el diablo inmediatamente le acusa delante del Padre, pero Jesucristo aboga por nosotros en virtud de Su sangre derramada a nuestro favor (Ap. 12:10-11).

Luego, cuando se confiesa el pecado a Dios, el cristiano es perdonado, sin necesidad de un sacerdote humano que interceda por él, pues el Sacerdote perfecto en el cielo es nuestro eficaz y suficiente Abogado. Su ocupación cada momento es la de interceder a favor de los Suyos (He. 7:25).

No debemos despreciarle buscando a otros intercesores inferiores, por cuanto Él es el único que nos ama con un amor perfecto y nos convida a venir a Él para el oportuno socorro. Los que pretenden decir que hombres o mujeres, muertos o vivos, pueden auxiliarnos mejor que Jesucristo, deben recordar que el único mediador entre Dios y los hombres tiene en Sus manos la marca de unos clavos que las traspasaron un día en el monte Calvario (1 Ti. 2:5; Is. 8:19-20; Lc. 16:27-31; etc.).

El Sumo Sacerdote o Pontífice en el Antiguo Testamento, era consagrado mediante una ceremonia especial, en la que era ungido con óleo sagrado (Ex. 29:7; 30:22-23; Lv. 8:12; 21:10), además de ser lavado y rociado con aceite, etc., cosa que se les hacía también a todos los sacerdotes (Ex. 29:4, 20, 21).

La vestidura del Sumo Sacerdote también era especial, porque llevaba sobre sus hombres y sobre su pecho piedras con los nombres de las doce tribus de los hijos de Israel, simbolizando la preocupación y cuidado por el pueblo. Nuestro gran Sumo Sacerdote también llevó nuestros pecados sobre Su cuerpo en el madero (Ex. 28; Is. 53:6; 1 P. 2:24).

La función especial y más solemne del Sumo Sacerdote era entrar al lugar santísimo una vez al año, en el Día de la Expiación, para hacer expiación por los pecados de la nación (Lv. 16). Jesucristo también entró detrás del velo con Su propia sangre e hizo expiación eterna a favor de nosotros (He. 9:23-28).

El Sumo Sacerdote dirigía a muchos sacerdotes en sus turnos en cuanto al servicio en el Tabernáculo o Templo. Jesucristo también es Cabeza sobre todas las cosas en la iglesia, y es el que dirige a los Suyos, los cristianos, en su ministerio. Él, por Su Espíritu pone sobre nosotros el peso de la oración (nos invita a orar), y es por Él, esto es, en Su nombre y por Sus méritos, que nos acercamos al trono de la gracia (He. 10:19-22; 4:14-16).

El concepto correcto de lo que venimos diciendo es que Jesucristo como Pontífice en el cielo, recibe las plegarias hechas en Su nombre y las presenta ante el Padre como suyas (Ap. 14:13-14; etc.). Así vemos cómo en verdad vive para interceder por nosotros (He. 7:25).

B. Jesucristo en relación al futuro

Ahora el Señor Jesús está sentado a la diestra de Dios, con el Padre en Su trono, pero viene el día cuando Se sentará sobre Su propio trono para reinar sobre todo poderío, autoridad y gobierno (He. 1:3; Ap. 3:21; 1 P. 3:22; He. 8:1; Mt. 25:31, etc.).

Cuando los dos hijos de Zebedeo vinieron con su madre al Señor, pidiéndole que se les permitiese sentar en aquellos lugares de preferencia en el reino de Cristo, Él no negó que tendría algún día Su reino propio; más bien, lo afirmó diciendo que tales puestos han sido reservados para ciertas personas dignas (Mt. 20:20-23).

El ladrón moribundo que Se arrepintió estando en la cruz, le pidió al Salvador diciendo: "Señor, acuérdate de mí cuando vengas a tu reino", ante lo cual el Señor le dijo que sí (Lc. 23:42-43).

Jesucristo le había explicado a Pilato que Él era un Rey, pero que Su reino no era de este mundo (Jn. 18:36-37). Cuando un poco antes de Su ascención los discípulos le preguntaron si ya iba a restituir el reino a Israel, Él no dijo que tal cosa jamás acontecería, sino que todavía no era tiempo para aquello (Hch. 1:6-8). Varias parábolas enseñan claramente la verdad en cuanto al futuro del reino del Señor Jesús, como en la de los talentos en Mateo 25:14-30.

Cuando oramos el "Padre Nuestro" y expresamos "venga tu reino", la mayoría piensa que significa lo siguiente: "Sea hecha tu voluntad, como en el cielo, así también en la tierra" (Mt. 6:9-10). Algunos acostumbran a referirse al "reino", sea de Cristo o de Dios, como una realidad presente, queriendo decir el reino o dominio espiritual del Señor sobre los corazones de Sus discípulos.

Por esta razón, la petición: "venga tu reino", es para muchos una vaga súplica o deseo general de que más almas se entregen al Salvador para que Él reine en sus corazones. Pero el hecho es que hay más que esto en dicho ruego. Por supuesto que en Su primera venida, Cristo no estableció Su reino. "A lo suyo vino y los suyos no le recibieron" (Jn. 1:11), sino que gritaron: "No tenemos rey sino a César" (Jn. 19:15).

La verdad es que con la venida de Jesucristo, el Rey del reino estaba entre los hombres ofreciéndose a ellos, de modo que no era una pretensión decir: "Arrepentíos, porque el reino de los cielos se ha acercado" (Mt. 3:2). Muchas personas que han recibido al Señor conforme a Juan 1:12, han llegado a ser los súbditos del reino celestial (Jn. 18:36; la palabra "servidores" en los versículos 3, 12 y 18 es la misma que en el griego significa "ministros", y que puede traducirse también por la palabra "oficiales").

En el libro del Apocalipsis, el apóstol Juan vio en visión el reino de Cristo y esto cautivó tanto su corazón, que terminó el libro con la oración: "Ven, Señor Jesús". Aunque desde los días de los apóstoles algunas personas se han mofado de la verdad sobre el regreso del Salvador al mundo (2 P. 3:3-4), otros aman Su venida (2 Ti. 4:8).

Las palabras del Señor Jesús: "Vendré otra vez" (Jn. 14:3), y las de los ángeles: "Este mismo Jesús ... así vendrá como le habéis visto ir al cielo" (Hch. 1:11), son claras y sencillas. San Pablo escribió: "Este mismo Señor ... descenderá del cielo" (1 Ts. 4:16).

Sí, Jesucristo recibirá a Su esposa, la iglesia, y la presentará a Sí mismo; serán celebradas las bodas del Cordero; habrá el juicio de las obras de los creyentes para determinar el puesto de cada uno en el ejército del Señor y en el reino que el Señor establecerá, y así se organizará el reino de Jesucristo (1 Ts. 4:16-17; Ef. 5:27; Ap. 19:7 con Mt. 25:10; 2 Co. 5:10; 1 Co. 3:10-17; Ap. 3:21; etc.).

Estudiaremos más de esto posteriormente. Por ahora el estudiante debe leer con cuidado los siguientes pasajes: Judas 14-15; Salmo 2:6-9; Isaías

63:1-6; 1 Corintios 15:24-26; 2 Tesalonicenses 1:7-10; 2:8-12; Daniel 2:34-35; Isaías 59:20, Zacarías 14:1-4.

Finalmente, diremos que después del "reino milenario" de Jesucristo, las naciones se unirán bajo la bandera satánica para hacer el último esfuerzo en resistir a Dios, pero los rebeldes serán consumidos por el fuego que caerá del cielo (Ap. 20:7-10).

Apocalipsis 20:11 habla de "un gran trono blanco y al que estaba sentado en él, de delante del cual huyeron la tierra y el cielo". Recuerde que cuando Jesucristo fue crucificado el sol se obscureció por tres horas y hubieron grandes señales en la naturaleza. Asimismo, cuando Él vuelva a la tierra otra vez en gloria, nuevamente sucederán grandes maravillas en los elementos (Mt. 27:45; 50-54; 24:27-30; 2 P. 3:10-13; Ap. 20:1—21:1).

Pero nada de esto se comparará con lo que pasará al fin del reino milenario de Jesucristo, cuando el último tribunal de justicia se abra en el cielo, y toda alma esté delante del trono del Señor Jesús. Ninguno que haya vivido en la tierra estará ausente en aquel día. Posteriormente, habrá una nueva creación, sin rastro de pecado ni sus efectos; no habrá ni memoria de la muerte, del dolor, ni de ninguna otra abominación.

Usted debe leer los siguientes pasajes detenidamente, los cuales prueban el carácter eterno del reino de Cristo: 2 Samuel 7:16; 28-29; Salmos 89:3-4, 34-37; 45:6; 72:5, 17; Isaías 9:6-7; Jeremías 33:14-17, 20-21; Ezequiel 37:24-28; Daniel 7:13-14, 27; Lucas 1:30-33; 1 Timoteo 1:17; Hebreos 1:8-12; Apocalipsis 11:15.

En vista de estas pruebas preponderantes de la eternidad del reino de Jesucristo, ¿qué significa el pasaje en 1 Corintios 15:24-28, cuando dice: "Luego el fin, cuando entregue el reino al Dios y Padre"? El apóstol habla de una serie de resurrecciones:

1. Cristo, las primicias (el primero en resucitar para no morir otra vez).
2. Después los que son de Cristo y que resucitarán cuando Él regrese por segunda vez;
3. Por último (al final de la serie y de toda resurrección por cuanto no habrá más muerte), la resurrección de todos aquellos que no tuvieron parte en la "primer" o anterior resurrección (Ap. 20:5-6, 12-13). Aquella es la resurrección de los justos para vida (Lc. 14:14 y Jn. 5:29), mientras que la otra es la resurrección para juicio (Ap. 20:12).

Habrá el juicio de las obras de los salvados, el cual determinará la distribución de galardones o responsabilidades, y que prepara al ejército de los santos para la guerra de Armagedón (2 Co. 5:10; 1 Co. 3:11-17, etc.).

También habrá el juicio de los naciones, que determinará quiénes participarán en el reino milenario de Cristo (Mt. 25:31-46); y luego el juicio final ante el gran trono blanco que encaminará todo hacia el reino eterno del Señor Jesucristo.

Le sugerimos a usted que lea el Salmo 2 y el 110, con 1 Pedro 3:22, que se refiere al reino milenario del Señor, así como el Salmo 102:25-27 y Hebreos 1:8-12 que se refiere a Su reino eterno.

Al leer en Apocalipsis 20 acerca de la Nueva Jerusalén que desciende del cielo, recordamos las palabras del Salvador; "Voy pues, a preparar un lugar para vosotros" (Jn. 14:2). Una interpretación aceptable de los pasajes anteriores es que la Santa Ciudad viene de Dios a una nueva tierra, habitada tal vez por aquellos que estarán en el reino milenario, y que no participaron de la última rebelión bajo Satanás.

Con los salvados, la iglesia verdadera, viviremos con Cristo como Su esposa en la Nueva Jerusalén, y las naciones habitarán en el nuevo mundo bajo el gobierno de Cristo. Los hombres serán santos como Adán antes de su caída, y ya no habrá la posibilidad de que Satanás aparezca más para tentar al hombre. Bajo la bendición de Dios, los habitantes de la tierra se multiplicarán y seguirán ocupando nuevos mundos para la gloria del Señor.

Cabe notar que los hijos de Israel tendrán un lugar prominente en aquel tiempo, en el que se multiplicarán como cumplimiento de las promesas hechas a Abraham, Isaac y Jacob en el libro de Génesis (13:16; 15:5; 22:17; 26:24; 28:14 y 32:12).

Sin embargo, no se ha de limitar a ellos, sino a todos. En Isaías 9:7 dice: "y lo dilatado de Su imperio y la paz no tendrán límite".

Así llegamos al fin de las cosas presentes. Cristo ha reinado hasta poner a todos Sus enemigos bajo Sus pies, y ahora Dios puede habitar con el hombre. Pero es el mismo Padre Eterno y Se manifiesta por el Hijo, el Cordero, la luz que alumbra a todo hombre. El Padre le ha dicho al Hijo: "Tu trono, oh Dios, es por los siglos de los siglos". Su Espíritu también morará en los corazones (Jer. 31:33-34).

El cuadro con el que termina la revelación escrita es del Dios Trino, habitando con el hombre santo en una tierra santa.

Terminamos esta lección con una consideración de las siguientes palabras:

"... He aquí el tabernáculo de Dios con los hombres, y él morará con ellos; y ellos serán su pueblo, y Dios mismo estará con ellos como su Dios. Enjugará Dios toda lágrima de los ojos de ellos; y ya no habrá muerte, ni habrá más llanto, ni clamor, ni dolor; porque las primeras cosas pasaron" (Ap. 21:3-4).

"Y no habrá más maldición; y el trono de Dios y del Cordero estará en ella, y Sus siervos le servirán, y verán su rostro, y Su nombre estará en sus frentes. No habrá allí más noche, y no tienen necesidad de luz de lámpara, ni de luz del sol, porque Dios el Señor los iluminará y reinarán por los siglos de los siglos" (Ap. 22:3-5).

Repaso de la lección

1. ¿Sabía Cristo que tendría un reino cuando estuvo sobre la tierra?
2. ¿Qué efecto causó en la creación la redención de Cristo?
3. ¿Qué relación sostiene el Señor hoy con las naciones del mundo?
4. Explique el ministerio presente de Jesucristo, con respecto a Su iglesia.
5. ¿Cuáles eventos prepararán al mundo para el establecimiento del reino milenario de Cristo?
6. ¿Qué pasará cuando se terminen los mil años del reinado del Señor?
7. ¿Cuáles son algunas características del reino eterno?

Lección 22

Dios el Espíritu Santo

Bosquejo

Jesucristo vino a la tierra por obra del Espíritu Santo y prometió que, al ascender al Padre, enviaría al Espíritu Santo para un ministerio especial.

A. El Espíritu Santo es la Tercera Persona de la Deidad

A través del Hijo o Verbo Dios Se revela, y del Espíritu Santo, Dios Se imparte a Sus criaturas. El Espíritu Santo es Dios inmanente en Su creación, obrando desde adentro tanto como sobre lo creado, aunque soberano e independiente del universo.

El Espíritu Santo procede del Padre y del Hijo así como dijimos que el Hijo ha sido engendrado por el Padre; pero estas procedencias son espirituales y eternas, de manera que las tres Personas de la Deidad son co-substanciales, co-eternas, co-iguales. Cada Una es la misma Esencia de Dios.

B. La Persona del Espíritu Santo
1. Términos que demuestran Su Personalidad
2. Las características con otras personas
3. Su relación con otras personas
4. Obras propias de una personalidad
5. Es afectado por las acciones de otras personas

C. La Deidad del Espíritu Santo
1. Nombres Divinos
2. Atributos Divinos
3. Obras Divinas
4. Su nombre está ligado con los del Padre y del Hijo

D. La obra del Espíritu Santo

Es una obra de perfeccionamiento en cuanto a:
1. La preparación de Cristo para Su obra redentora
2. La inspiración de la Biblia
3. La fundación y el crecimiento de la iglesia
4. La enseñanza y dirección de la iglesia

Lección 22

Dios el Espíritu Santo

El Señor Jesucristo fue concebido por el Espíritu Santo en el cuerpo de la virgen María, Su madre. En Su bautismo fue ungido por el Espíritu, Quien reposó sobre Él en forma corporal.

Durante Su ministerio, el Espíritu de Dios habló por medio de Él. Leemos en 2 Corintios 5:19 que "Dios estaba en Cristo reconciliando consigo mismo al mundo, no tomándoles en cuenta a los hombres sus pecados".

En Hebreos 9:14 dice que "Cristo, el cual mediante el Espíritu eterno se ofreció a si mismo sin mancha a Dios". De esto deducimos que fue Dios el Espíritu Santo quien estaba en Cristo obrando la reconciliación. También entendemos que el Espíritu obró en Jesucristo desde Su nacimiento y le guardó de toda mancha durante Su niñez, juventud y ministerio.

El Señor Jesús enseñó que era necesario nacer del Espíritu para poder ser salvo (Jn. 3:5-8), acerca de la inspiración del Espíritu para escribir ambos Testamentos (Mt. 10:20; Mr. 12:36; Jn. 14:26; 16:13), y que era fatal blasfemar contra el Espíritu, lo cual se refiere a atribuir Sus obras al diablo (Mt. 12:32; Mr. 3:29; Lc. 12:10). Además prometió enviar al Espíritu Santo una vez que Él mismo fuese glorificado (Jn. 14:26; 16:7).

A. El Espíritu Santo, la tercera persona de la Deidad

El Espíritu Santo es la misma esencia de Dios, y en Su carácter de Espíritu obra la voluntad divina. Él siempre ha sido "el don de Dios", aunque no fue dado en Su plenitud hasta el día señalado.

En el principio de los dos Testamentos encontramos referencias al Espíritu cuando hacía la obra de Dios en el universo y en la criatura, y considerándolo a Él implícitamente como Dios (Gn. 1:2; Mt. 1:18).

La primera mención en Génesis 1:2 nos presenta al Espíritu obrando como sólo Dios puede obrar, esto es, trayendo orden, belleza y utilidad de la masa confusa y desordenada (caos material) que había. El Espíritu obró dependiente de y soberano sobre la materia mientras estuvo presente "cobijando", y ejecutando la voluntad divina de la creación.

Así vemos que Dios no sólo creó los cielos y la tierra, sino que también envió Su Espíritu para hermosearlos (Job 26:13). Otra vez vemos que Dios es Uno en esencia, pero que existe en tres Personas co-eternas y co-iguales. Cualquier subordinación es en relación a Sus funciones, y no a Sus atributos o esencia.

Por eso se dice que la obra particular (aunque no exclusiva) del Padre es la creación, la del Hijo la redención, y la del Espíritu la santificación. Sin embargo, vemos en todas estas obras que las tres Personas de la Deidad tomaron parte.

El Espíritu Santo es revelado como alguien que parte del Padre (Jn. 15:26) y es dado tanto por el Padre, como por el Hijo (Jn. 14:16-20; 16:7, 13, 14).

En Juan 7:39 dice que el Espíritu Santo no había sido dado por cuanto el Señor Jesús no había sido glorificado. En Hechos 2:33 leemos acerca de la exaltación de Cristo y del derramamiento o el don del Espíritu Santo. Una vez que el Salvador fue al cielo a la diestra del Padre, vino el Espíritu Santo para encargarse de la obra de Dios en el mundo.

Según 1 Corintios 2:10-11 aprendemos que, lo que es el espíritu del hombre al hombre, así es el Espíritu Santo a Dios. En Juan 16:14-15 vemos la perfecta unidad que incluye al Espíritu Santo.

En cuanto al ministerio, la obra del Espíritu depende de Su unión con el Padre y con el Hijo. Por ser engendrado por el Padre, el Hijo tiene toda la plenitud de la Deidad, mientras que por proceder del Padre y del Hijo, el Espíritu Santo es también la misma esencia eterna de Dios.

Reconocemos nuestra incapacidad para explicar lo relacionado a "engendrar" y "proceder", pero son conceptos bíblicos y son los que tenemos para referirnos a la eterna Trinidad. Hasta qué punto estos verbos son literales o simplemente ilustrativos no lo sabemos, pero podemos estar seguros de que son los términos que con más exactitud enseñan lo que Dios quiso revelar. Hay también Ilustraciones humanas, pero siempre fallan en parte.

B. La personalidad del Espíritu Santo

Cuando Jesucristo prometió que el Espíritu Santo iba a venir (Jn. 14:16, 26; 15:26), es claro que estaba hablando de Uno igual a Él mismo; tan personal, poderoso y divino como Aquel que hacía la promesa. ¿Cómo podría el "otro Consolador" hacer en la tierra las veces del primer Consolador (Jn. 14:16), a menos que fuera una persona?

El Consolador iba a venir para enseñar, redargüir, juzgar, oír, hablar, interceder, testificar, escoger o querer, etc. (1 Co. 2:10, 11; 12:11; Hch. 15:28; 13:2; Jn. 4:26; 16:13; 15:26; Ro. 8:27; Ap. 2:7, etc.). Así que declaramos que el Espíritu Santo es una Persona y no simplemente una influencia o poder impersonal.

1. Referencias al Espíritu Santo que claramente demuestran Su Personalidad:

a. Se habla de Él usando pronombres personales: "Él me glorificará: porque tomará de lo mío, y os lo hará saber" (Jn. 16:14; 15:26; 16:7-13).

b. Él es llamado el Consolador (Jn. 16:7, etc.), nombre que significa ayudador, y cuya acción ciertamente requiere una personalidad. El Espíritu

Santo hace lo que sea necesario, lo cual presupone sabiduría, voluntad, y que tiene recursos perfectos.

2. Posee características de una Persona:

a. Inteligencia (Jn. 14:26; 15:26; Ro. 8:16).
b. Voluntad (Hch. 16:7; 1 Co. 12:11).
c. Sentimientos (Is. 63:10; Ef. 4:30).

3. Se le presenta relacionándose con otras personas de tal manera que se ve Su Personalidad:

a. Con los apóstoles y cristianos (Hch. 15:28).
b. Con Jesucristo (Jn. 16:14).
c. Con el Padre y el Hijo (Mt. 28:19; 2 Co. 13:13; 1 P. 1:1, 2; Jud. 20, 21).

4. Hace obras propias de una persona.

a. Oye (Jn. 16:13).
b. Escudriña (1 Co. 2:10-11).
c. Habla (Hch. 8:29; 13:2; 16:6-7).
d. Enseña (Jn. 14:26).
e. Juzga (Hch. 15:28).
f. Convence de pecado (Jn. 16:8).
g. Ejerce voluntad (1 Co. 12:8, 11).
h. Escoge y envía (Hch. 13:2; 20:28).
i. Guía (Ro. 8:14).
j. Intercede (Ro. 8:27), etc.

5. Es afectado por las acciones de otras personas y reacciona:

a. Es incitado a ira (Is. 63:10).
b. Puede ser blasfemado (Mt. 12:31).
c. Ama, por lo tanto puede ser contristado (Ro. 15:30 con Ef. 4:30).
d. Es posible mentirle y tentarle (Hch. 5:3-9).

6. Es independiente de su propio poder, y de las otras dos Personas de la Deidad: Lucas 1:33; 3:21; 4:14; Mateo 3:16-17; Hechos 10:38; Romanos 15:13; 1 Corintios 2:4.

C. La deidad del Espíritu Santo

El Espíritu no es sólo una Persona, sino que es Dios mismo, tanto como el Padre y el Hijo o Verbo.

1. Se Le atribuyen nombres divinos:

a. Es llamado "Dios" (Hch. 5:3-5; 1 Co. 3:16; 6:19; 12:6-7; Ex. 17:7 con He. 3:7-9; 2 Ti. 3:16 con 2 P. 1:21).

b. Es llamado "Señor" (1 Co. 12:5, 7, 11; 2 Co. 3:17, 18).

2. Posee atributos divinos:

a. Es eterno (He. 9:14; Gn. 1:2).

b. Es omnipresente (Sal. 139:7-10).

c. Es omnisciente (1 Co. 2:10-11; Is. 40:13, 14 con Ro. 11:34).

d. Es omnipotente (1 Co. 2:10-11; Ro. 15:19).

3. Hace obras divinas:

a. Tomó parte en la creación (Gn. 1:2; Job 33:4; Sal. 104:30).

b. Echó fuera demonios (Mt. 12:28).

c. Convence de pecado (Jn. 16:4-8).

d. Resucitó a Jesucristo (Ro. 8:11).

e. Regenera a los pecadores (Jn. 3:5).

4. Su nombre está ligado en igual plano al del Padre y el Hijo. Esto se puede ver en:

a. La comisión apostólica (Mt. 12:28).

b. La administración de los asuntos de la iglesia (1 Co. 12:4-6).

c. La bendición apostólica (2 Co. 13:14).

D. La obra del Espíritu Santo

El Dr. L. Berkhof (*Systematic Theology*, p. 98) dice: "Hay ciertas obras que son atribuidas particularmente al Espíritu Santo, no sólo en la economía general de Dios, sino también en la economía especifica de la redención. En términos generales podemos decir que es la tarea especial del Espíritu Santo llevar las cosas a su terminación, completarlas, actuando directamente a través de la criatura.

"Justamente Él mismo es la Persona que completa la Trinidad, y Él obra la perfección entre el contacto de Dios con Sus criaturas y consume la obra de Dios en cada esfera. Sigue la obra del Hijo tal como la obra del Hijo sigue la del Padre.

"Es importante recordar esto siempre, porque si la obra del Espíritu Santo está divorciada de la obra objetiva del Hijo, entonces resulta un falso misticismo.

"La obra del Espíritu Santo, en la esfera de lo natural, incluye lo siguiente:

1. La generación de vida. La vida es mediada por el Espíritu Santo (Gn. 1:3; Job 26:13; Sal. 33:6; 104:30). Al respecto, Él puso Su toque perfeccionador en la obra de la creación.

2. La inspiración general y la calificación de los hombres. El Espíritu Santo es el que inspira y prepara a los hombres para sus labores especiales en cuanto a las ciencias, las artes, etc. (Ex. 28:3; 31:2, 3, 6; 35:35; 1 S. 11:6; 16:13, 14).

"De aun mayor importancia es la obra del Espíritu Santo en la esfera de la redención. Aquí podemos mencionar los siguientes puntos:

a. Él preparó y calificó a Cristo para Su obra mediadora. Él Le proporcionó a Cristo de un cuerpo y Le habilitó para que llegase a hacer el sacrificio por el pecado (Lc. 1:35; He. 10:5-7).

Según He. 10:5 que dice "Me has preparado cuerpo", podemos ver que significa también: "Por la preparación de un cuerpo santo me has habilitado para llegar a ser un sacrificio real".

En Su bautismo Cristo fue ungido por el Espíritu Santo (Lc. 3:22) y recibió los dones habilitadores del Espíritu Santo sin medida (Jn. 3:34).

b. El Espíritu Santo inspiró las Escrituras, y así trajo a los hombres la revelación especial de Dios (1 Co. 2:13; 2 P. 1:21), y sobre todo el entendimiento de la obra de la redención que es en Cristo Jesús.

c. El Espíritu Santo forma e incrementa la iglesia, el cuerpo místico de Cristo Jesús mediante la regeneración y la santificación, y mora Él en ella como el agente constitutivo de la nueva vida (Ef. 1:22, 23; 2:22; 1 Co. 3:16; 12:4-12).

d. Enseña y dirige a la iglesia, testifica de Cristo y dirige la iglesia a toda verdad. Haciendo esto Él manifiesta la gloria de Dios y de Cristo, acrecentando el conocimiento acerca del Salvador; protege a la iglesia del error, y la prepara para Su destino eterno (Jn. 14:26; 15:26; 16:13, 14; Hch. 5:32; He. 10:15; 1 Jn. 2:27)."

CONCLUSIÓN DE LA DOCTRINA DE DIOS

Hasta aquí hemos cubierto el estudio de la doctrina de Dios, en este primer curso de Doctrina. Es evidente que la verdad revelada acerca de Dios es la misma a través de toda la Biblia, aunque hay progresión en claridad mientras el estudiante avanza en la Palabra.

No es extraño que la revelación del "Padre, Hijo y Espíritu Santo", se esclarezca en el Nuevo Testamento, sin embargo no hay nada en el Antiguo Testamento que contradiga tal enseñanza.

Está confirmado que el Jesucristo del Nuevo Testamento es el mismo Jehová del Antiguo Testamento, y que el Espíritu Santo del Nuevo Testamento es el Espíritu de Dios en el Antiguo.

La Biblia, que consta de 66 libros escrita por más de cuarenta hombres durante dieciséis siglos, es un solo volumen con un solo tema: la revelación de Dios.

Dios es Espíritu, Luz, Vida, Amor. No es adorado ni honrado con la obra de manos de hombres (Hch. 17:24).

Dios es eterno, Uno indivisible, pero en Su misma esencia existe en tres Personas. El Padre engendró al Hijo; del Padre y del Hijo procedió el Espíritu Santo, desde la eternidad pasada antes de haber principio.

Dios es Padre en Su carácter, y es Verbo o Hijo por cuanto deseó revelarse, y es Espíritu Santo porque quiere impartirse. Aquel que revela a Dios con perfección ha de ser Dios mismo, y Aquel que nos imparte a Dios tiene que ser también el mismo Dios.

Así, como dice Bavinck: "la doctrina de la Trinidad nos revela a Dios como la plenitud de Esencia, de vida genuina y gloria eterna". No puede haber más Personas en la Deidad porque ya está completo como es: Padre, Verbo, Espíritu.

Padre— "el principio de origen o de producción"; Hijo— "el principio de operación"; el Espíritu— "el principio de consumación". De tal manera que Dios vive, se revela y se imparte.

Cada Uno es Dios, siendo que entre el Creador y la criatura no hay lugar intermedio. Las tres Personas son co-iguales, co-substanciales, nada menos que Dios ni nada que no sea Dios. Son reveladas como Personas distintas, pero en una perfecta Unidad.

Hay ciertas ilustraciones y analogías de la Trinidad en la naturaleza, pero la Tri-unidad de la Deidad es un misterio divino revelado únicamente en la Biblia.

Nada en el paganismo se acerca al concepto cristiano de Dios, quien es completo en Sí, soberano e independiente del universo que creó, a la vez que es inmanente en Su creación, y la guía en Su infinita sabiduría, hacia un fin determinado.

La verdad de la tri-unidad de Dios nos revela una doctrina muy práctica y adecuada en la vida diaria. Explica satisfactoriamente la obra trina en la creación y en la redención. Y puesto que Dios es trino, también el hombre es trino.

Somos salvos porque correspondemos con la fe al amor del Padre que envió a Su Hijo, quien murió por nuestros pecados, tomando sobre Sí nuestra condenación y dándonos Su propia justicia; luego el Espíritu fue enviado por el Padre y el Hijo para enseñarnos la verdad, obrar el arrepentimiento y la fe, e impartirnos la nueva vida, espiritual y eterna.

Conocemos "la gracia del Señor Jesucristo, el amor de Dios, y la comunión del Espíritu Santo". Así que, dentro y fuera de nosotros conocemos al Dios Trino.

El concepto bíblico y cristiano de Dios es el más adecuado, completo y satisfactorio por cuanto Dios actúa como tres Personas en perfecta Unidad. La experiencia es conforme a la verdad revelada.

Repaso de la lección

1. ¿Qué importancia le dio el Señor Jesús al Espíritu Santo?
2. ¿Qué pruebas pueden presentarse para demostrar que el Espíritu Santo es una Persona?
3. ¿Cuán importante es reconocer que el Espíritu Santo es una Persona y Divina, y la que forma parte de la Deidad?
4. ¿Cuál es la obra característica del Espíritu Santo?
5. ¿Por qué decimos que el concepto cristiano de Dios es el único adecuado, completo y satisfactorio?
6. ¿Cuál lección de este curso ha sido el de mayor provecho para Ud.?
7. ¿En qué ha cambiado su concepto de Dios debido al estudio de estas lecciones?